W0087991

NAGEL & KIMCHE

1. Auflage 2020
© 2020 Nagel & Kimche
in der MG Medien Verlags GmbH, München
Karten: Peter Palm, Berlin
Satz: im Verlag, gesetzt aus der Sabon Next LT Pro
Herstellung: JournalMedia GmbH, München
Umschlaggestaltung: JournalMedia GmbH
unter Verwendung eines Motivs von Adobe Stock
Druck und Bindung: CPI Books GmbH

ISBN 978-3-312-01183-4
Printed in Germany

Lena Bodewein

Am Ende der Welt, der Welt, wie wir sie kennen

Als Reporterin in Südostasien:
das Klima, der Mensch und der Müll

NAGEL & KIMCHE

Für Holger –
für Sinn und Unsinn

Für meine Eltern –
für Herz und Verstand

Inhalt

Einleitung

Am Ende der Welt, wie wir sie kennen: Als Südostasien-Korrespondentin für den Hörfunk der ARD durfte ich in den vergangenen Jahren Ecken und Flecken kennenlernen, die mir vor meiner Zeit hier unendlich weit entfernt schienen. Nicht nur geographisch, auch von der Lebenswelt her war ich mir nicht sicher, was uns verbindet.

Aber verbunden sind wir, auf vielfältige Weise auf diesem letztlich so kleinen und fragilen Planeten. Der giftige Rauch von den verheerenden Bränden in Australien zieht durch die Atmosphäre bis nach Europa. Und weil wir cremigen Schokoaufstrich, geschmeidiges Shampoo und knusprige Kekse haben wollen, wird der Lebensraum der Orang-Utans knapp: eine Folge des Palmöl-Booms. Regenwälder in Indonesien und Malaysia mit ihrer unvergleichlichen Artenvielfalt müssen Plantagen weichen, Dorfbewohner, die ihre Familie ernähren wollen, opfern ihre Wälder für geringe Prozente, der ätzende Rauch der Brandrodungen zieht über die ganze Region.

Kiribati, der kleine Pazifikstaat, wird womöglich als erstes Land komplett von der Weltkarte verschwinden. Die Atolle liegen nur zwei Meter über dem Meeresspiegel, und der frühere Präsident hat schon Land auf Fidschi gekauft, auf das seine Bevölkerung umsiedeln kann. Mit ihm sitze ich am Ozean, trinke ein Bier und spreche über Gier und die Einsamkeit des westlichen Lebensstils.

Auch Bangkok und andere Städte Südostasiens sind von Hochwasser bedroht, meistens durch den Klimawandel, manchmal graben sich die Menschen auch direkt selbst das Wasser ab. Ich stehe auf den Hochwasserschutzmauern des versinkenden Jakartas – die Metropole mit zehn Millionen Einwohnern sackt jährlich bis zu 25 Zentimeter ab. Drei Viertel der Menschen haben keinen Wasseranschluss, kaufen Wasser vom Tankwagen oder bohren illegale Grundwasserbrunnen. Und dem sumpfigen Boden fehlt Stabilität, er sinkt zusammen und immer weiter ab.

Die Bilder aus Australien haben sich uns eingebrannt, der Horror, den der Klimawandel mit sich bringen kann, wird hier geradezu apokalyptisch deutlich. Riesige Rauchschwaden und Feuerstürme ziehen über das Land, schwarz verkohlte Kängurus und Koalas bleiben zurück. Doch schon vor den Bränden hat jahrelange Dürre den Kontinent heimgesucht; Weiden verdorren, Kühe und Schafe sterben, Bauern begehen Selbstmord.

Der Plastikmüll, den wir in Europa in dem Glauben sammeln, er würde recycelt, landet in Malaysia, Indonesien, auf den Philippinen und wird dort oft illegal verbrannt. Doch inzwischen schicken die armen Länder immer öfter die Container zurück; sie wollen nicht mehr die Müllkippe des reichen Nordens sein.

Was am Ende der Welt passiert, betrifft uns genauso. Was dort geschieht, wird uns auch ereilen, oder aber wir sind mit dafür verantwortlich. Durch unseren Konsum beeinflussen wir, ob Tierarten aussterben, ob Wälder abgeholzt werden, ob kleine Inseln langsam vom Ozean verschluckt werden. Was wir in Jülich, München oder Zürich tun, hat Auswirkungen auf das, was in Südostasien und Ozeanien und an anderen Orten der Welt passiert. Natürlich sind wir im Westen nicht alleine schuld an allem, was geschieht: Gedankenlosigkeit ist ein globales Phänomen.

Vor uns baut sich eine Sintflut auf. Wir befinden uns zwischen Plastikstrand und Untergang. Doch zur Sintflut gehören auch Rettungsboote: Ich habe Tierschützer getroffen, die Orang-Utans retten wollen, Tüftler, die aus Plastikmüll Mopedtreibstoff destillieren, eine Lehrerin, die auf ihrer Insel eine Müll-Bank betreibt.

Teilweise habe ich die Namen meiner Gesprächspartner zu ihrem Schutz geändert. Denn es ist in einigen Ländern dieser Region nicht ungefährlich, sich als Tierschützer, Umweltaktivist oder einfach als kritischer Mensch zu äußern.

Welche Chance bietet ein vernünftiger Tourismus? Wie können wir die Städte der Zukunft kühlen, ohne durch den immensen Energieverbrauch noch mehr Hitze zu erzeugen? Oft gibt es keine klaren Antworten. Es ist nicht alles schwarzweiß – das wird mir hier immer klarer: Palmöl heißt für viele Kleinbauern zum Beispiel, dass sie ein Einkommen haben, das durch einen Boykott der EU gefährdet wird. Es gibt Initiativen zum nachhaltigen Anbau – und vor allem das Argument, dass jedes andere Pflanzenöl eine vielfach größere Anbaufläche benötigt.

Es geht also auch um ein Nachdenken über die Konsequenzen unseres Konsums. Was ist wichtig? Warum müssen wir Palmöl in so großen Mengen verbrauchen, egal ob nachhaltig oder nicht? Worauf können wir verzichten, zum Wohle anderer und zu unserem eigenen? Wann hören wir damit auf, dem Wachstum nachzurennen?

Am Ende der Welt, wie wir sie kennen, habe ich gesehen: Ein Ende ist nicht immer schlecht, es kommt nur auf die Perspektive an, dann kann es auch eine Chance bedeuten. Einen Anfang.

Danke an all die wunderbaren Menschen, von deren Engagement ich hier erzählen kann, die mir ihre Welt, ihre Probleme und ihre Ideen gezeigt haben und ohne die es dieses Buch gar nicht gäbe.

Es beginnt beim allertäglichsten aller Gegenstände…

1 Plastic Beach – Südostasien versinkt im Kunststoffmüll

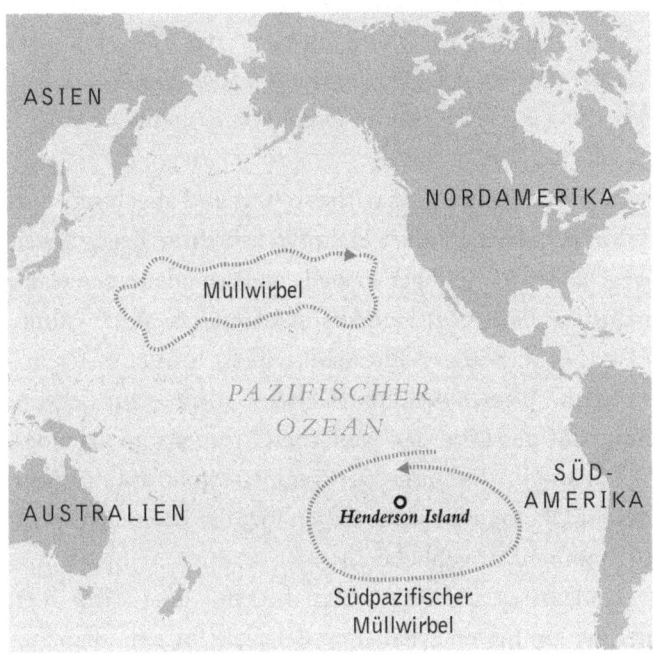

Plastik ist allgegenwärtig, und gerade in Asien drängt sich der Sinn dieses Materials unmittelbar auf: Es hat den Armen ermöglicht, unkaputtbare Haushaltsgegenstände zu besitzen, kostbares Wasser kann darin aufgefangen werden, als Plane schützt es vor dem tropischen Regen – so sehen wir es auch oft auf Bildern aus Flüchtlingslagern; dauernde Nässe, Rott und Schimmel hatten ein Ende mit dem Einzug des Plastiks. Das ist der Segen, der in diesem vielfältig einsetzbaren »Kunst«-Stoff liegt. Aber gerade in Asien drängt sich auch der Fluch auf, der mit ihm einhergeht, vor allem, wenn Plastik als Einwegver-

packung dient. In welchem Maße uns der deutsche Müll auch nach Südostasien verfolgen würde, war mir nicht klar – sowohl in unserer Arbeit als auch in unserem Alltag. Das Thema Plastikmüllexport begleitet uns seit Jahren in der Berichterstattung, egal, wie weit weg wir von Deutschland sind. Doch es ist nicht nur der Müllhandel. Der Kunststoff taucht überall auf, egal, wie weit wir von jeglicher Zivilisation entfernt sind…

Weit, weit weg im Südpazifik, so weit und abgelegen, dass Tahiti geradezu an einer Hauptverkehrslinie liegt, so weit weg, dass man nicht genau weiß, ob Peru oder Neuseeland näher ist: Dort liegt Henderson Island. Das unbewohnte Eiland gehört zu den Pitcairninseln, ist britisches Territorium und Unesco-Welterbe. Denn, so heißt es zur Begründung auf der Liste der Welterbe-Organisation: »Henderson Island […] ist eines der wenigen Atolle auf der Welt, dessen Ökologie von der Gegenwart der Menschen praktisch unberührt geblieben ist.«

Und weiter: »Dieses Juwel in der Mitte des Pazifik ist eines der am besten erhaltenen Beispiele für ein erhabenes Korallenatoll-Ökosystem. […] Es ist von herausragendem universalem Wert wegen des vergleichsweise geringen Grades an Beeinträchtigung […], und seine Isoliertheit macht es ideal, die Dynamik der Inselevolution und natürlichen Selektion zu studieren.«

Henderson Island also, dieses unbewohnte Atoll mit weißen Stränden und wilder Vegetation, umgeben von rasiermesserscharfen Korallen, liegt vielleicht fern der Zivilisation und der Schifffahrtsrouten. Doch das hindert die Zivilisation nicht, nach Henderson Island zu kommen: Das »Juwel« ist eine Müllkippe. Siebzehneinhalb Tonnen

Plastik, fast 38 Millionen Teile sind hier angeschwemmt worden, alte Bojen, Zahnbürsten und Spülmittelflaschen, Fischernetze, Toilettensitze und Spielzeugsoldaten, Einwegfeuerzeuge, Getränkeflaschen und Flip-Flops. Das waren die niederschmetternden Forschungsergebnisse von Wissenschaftlern der Universität Tasmanien, die 2017 bekannt wurden. Denn Henderson Island liegt am Rande des Südpazifik-Wirbels, einem der großen Strudel, die auf den Weltmeeren Plastikteile zirkulieren lassen.

Pro Quadratmeter haben die Forscher um Jennifer Lavers 672 Teile Müll gezählt. Und jeden Tag kamen zwischen zwei und dreißig neue Teile dazu. Lavers' Feststellung hier und bei späteren Studien: Nur zehn Prozent des Mülls liegen überhaupt an der Oberfläche, der Rest ist schon tiefer in den Sand hinabgesunken.

Die Plastikverschmutzung auf dem gar nicht mehr unberührten Eiland hat Folgen für die einzigartige Tierwelt dort: Schildkröten haben Schwierigkeiten, an Land zu kommen und ihre Eier abzulegen, einige der einheimischen Vogelarten bekamen Probleme bei der Futtersuche.

Und am Ende sind es dann vor allem wir, die es schwer haben mit unserem »Futter«.

Sagt der Mann an der Fischtheke:
»Kann ich noch 'nen Plastikbeutel für den Fisch haben?«
»Ist schon drin.«

Wir stehen am Ende der Nahrungskette, und wenn überall, in den Meeren, in Flüssen, in der Antarktis, kleine Teile Plastik zu finden sind, dann sind sie es auch in uns. Allerkleinste Teile, Mikroplastik, sind überall, dafür müssen wir noch nicht einmal etwas essen, um sie aufzunehmen: Eine Studie der Universität Newcastle in Australien besagt, dass jeder Mensch in jeder Woche Plastik von der Menge einer Kreditkarte konsumiert. Und zwar hauptsächlich durch sein Trinkwasser. Der Anteil ist in den USA und Indien höher als etwa in Europa oder Indonesien. Aber dennoch ist es ein globales Problem.

Knapp 400 Millionen Tonnen Kunststoff werden pro Jahr auf der ganzen Welt produziert, zwölfeinhalb Tonnen in jeder Sekunde. Sprich: Die Müllmenge, die auf Henderson Island gelandet ist, wurde in weniger als zwei Sekunden produziert. Nicht alle 400 Millionen Tonnen der weltweiten Produktion landen im Meer, natürlich, aber zehn Millionen Tonnen, wie die Schätzungen sind, reichen schon, um Meerestiere umzubringen. Schildkröten gehen an Plastiktüten zugrunde, die sie für Quallen gehalten haben, Seevögel verhungern, weil das unzersetzte Plastik in ihrem Magen ihnen vorgaukelt, dass sie satt seien. Ich selbst musste immer wieder als Korrespondentin über tote Wale und Delfine berichten, die in Thailand, Vietnam oder Indonesien gefunden wurden – und ihre Mägen waren voller Plastik, kiloweise.

Während der größte Teil des Plastikmülls in den Meeren aus Verpackungsmaterial und Einwegprodukten besteht, ist ein anderer Teil nicht weniger gefährlich: der Müll aus der Fischerei. Er macht zwischen 10 (konservativ geschätzt) und 20 Prozent (laut Greenpeace) des Plastikmülls in den Meeren aus. Netze, Fallen, Langleinen, die nicht mehr gebraucht werden, die nicht mehr repariert werden können, werden oft im Meer hinterlassen. Und selbst wenn die Fischer sie nicht mehr benutzen, machen die Geisternetze, die herrenlos durch die Ozeane treiben, noch weiter Beute: Bilder von Schildkröten, Albatrossen oder Robben, die sich in alten Fischernetzen oder Leinen von Kilometerlänge verheddert haben, erreichen immer mal wieder die Öffentlichkeit. Oft genug locken die verwesenden Kadaver viele weitere hungrige Tiere an, die sich dann ebenfalls verfangen – und verenden.

Bei einer Geschichte über diese Geisternetze hatte ich eine beeindruckende Begegnung in einem Singapurer Museum. Künstler des australischen indigenen Volkes der Erub, das auf einer Insel der Torres-Straße zwischen Australien und Papua-Neuguinea lebt, stellten hier aus: Ihre Traditionen sind eng verbunden mit der See, den Korallenriffen und der marinen Lebenswelt. Kunstvoll geschnitzte und verzierte Kanus, steinerne Statuetten, Tanzkostüme prägen ihren Alltag.

»Wir sind ein Volk des Meeres, Salzwassermenschen, wir nehmen alles aus der See. Das Wasser ist unsere Straße, unsere Verbindung, und wir sind mit allen Lebensformen des Meeres aufgewachsen«, sagt Florence Mabel Gutchen; sie ist eine der Erub-Künstlerinnen. Immer wieder treffen sie auf die Geisternetze der globalen Fangflotten – und sie verwandeln sie: in riesige wundervolle Skulpturen. Im Singapurer Asian Civilisations Museum hangen bunte, immense Fischschwärme von der Decke der Ausstellungsräume, fünf Meter lange Haie, Korallenstrukturen, man fühlt sich wie in einem Aquarium – alles aus alten Geisternetzen gefertigt. Die Erub-Künstler reinigen das Material, verdrillen es und formen es zu ihren Skulpturen. Schöpfung und Mahnung zugleich: »Wir müssen auf unsere Meere und ihre Geschöpfe achtgeben für die kommenden Generationen«, betonen sie, »diese Netze zerstören unsere Tierwelt. 80 Prozent der Meeresschildkröten verfangen sich darin und sterben, dabei sind sie Nahrung und Totem für uns«, erklärt Florence Mabel Gutchen. Die Künstlerin mit dem graumelierten Haarschopf und dem bunt gemusterten Kleid – ein Print aus der Erub-Stoffdesign-Kollektion – steht neben einer riesigen Schildkröte – genau aus den Netzen gefertigt, die die echten Schildkröten umbringen. »Wir verwandeln die tödlichen Netze in Schönheit, und wir wollen, dass die Welt das sieht. Damit unser Lebensraum für die Zukunft gewahrt wird, für die kommenden Generationen!«, fordert Gutchen.

Geisternetze töten jährlich Hunderttausende Meerestiere. Sie treiben nur deshalb in den Ozeanen, weil riesige Fangflotten mit immer längeren Leinen, engmaschigeren Netzen und an immer neuen Orten unseren Hunger nach Fisch stillen wollen. Doch für jeden Fisch, der auf unserem Teller landet, sterben andere Tiere vergeblich: 38 Millionen Tonnen Meerestiere werden jährlich aus den Ozeanen geholt, 40 Prozent sind ungewollter Beifang. Zu jung, falsche Sorte, nicht erlaubt, oder eben in aufgegebenen Netzen verfangen. So ruinieren wir das, wovon wir leben. Mit ihrer Kunst erinnern die Erub genau daran: »Wir lieben das Land, den Himmel und das Meer. Wir hüten das Meer, wir hüten die Tiere darin, denn sie sind unsere Nahrung.«

Ein Inselvolk zwischen Australien und Papua-Neuguinea, Geisternetze in den Tiefen der Ozeane oder Plastikmüllkippen in den einsamsten Weiten des Pazifiks – das scheint alles weit weg, oder? Wie so oft, ist es auch hier die Entfernung von einer Sache, die uns faul macht, die uns nicht handeln lässt – mit wachsender Distanz schrumpft der Handlungsbedarf, so scheint es. Und so ist es eigentlich kein Wunder, dass wir auch lange versucht haben, unser Müllproblem in weite Ferne zu schieben. Doch das funktioniert seit einiger Zeit nicht mehr.

Es heißt Abfuhr für Abfall: Die Philippinen tun es, Indonesien tut es, Malaysia auch – Tausende Tonnen von Müll in die Ursprungsländer zurückzuschicken. Die reichen Länder sollen ihren Mist selbst entsorgen, sagen sie, Südostasien sei nicht die Müllkippe der Welt. Eine Szene Anfang 2019 im Hafen von Manila: Container um Container wird auf die MV Bavaria gehievt – 69 Stück enthalten brisante Fracht: mehr als 1300 Tonnen kanadischen Müll, der seit Jahren auf den Philippinen lagert. Offiziell sollte es Plastikmüll sein, der in dem südostasiatischen Land recycelt werden sollte. Aber es waren: Hausmüll, Altpapier, Plastikflaschen und – alte Windeln. Und diesen Müll wollten die Philippinen nicht haben. Jahrelang hatten die beiden Länder verhandelt, in den vergangenen Monaten heftig gestritten, was damit nun geschehen sollte, die Philippinen zogen ihren Botschafter aus Kanada ab, Präsident Duterte drohte in seiner üblichen drastischen Rhetorik sogar mit Krieg – schließlich war es soweit.

»Sie beladen das Schiff und sobald das getan ist, fährt es über den chinesischen Hafen Kaohsiung zu seiner Endstation, dem internationalen Hafen von Vancouver.« So verkündet es die Chefin der Hafenbehörde, und fügt hinzu: Das sei ein Moment des Stolzes für alle Philippiner. Der Außenminister des Landes erklärt die Angelegenheit damit für beendet. Begleitet wird die Abfahrt von Protesten, Demonstranten halten Schilder und Plakate, »Nehmt jetzt euren Müll zurück!«, steht da und: »Die Philippinen sind nicht die Müllhalde der Welt«. Lea Guerrerro von der philippinischen Greenpeace-Organisation steht an der Kaimauer und sieht dem Schiff nach: »Der Müllhandel ist nicht akzeptabel!«, sagt sie. »Das ist eine verabscheuungswürdige Methode, die vor allem der globale Norden anwendet, um den Müll loszuwerden, den sie in ihren Ländern nicht verarbeiten können. Dieser Müllhandel wirkt sich negativ auf die Menschenrechte derer aus, die den Müll annehmen.«

Seit mehr und mehr Bilder von Plastikbergen, Halden, die ganze Dörfer umgeben, illegal abgefackelten Plastikhaufen aus Indonesien, Malaysia und anderen Ländern Südostasiens auftauchen, wächst auch der Widerstand in diesen Ländern: Der reiche Norden soll seinen Müll behalten. China nimmt seit 2018 keinen Plastikmüll mehr aus den Industrieländern auf, seitdem wurde der »globale Norden«, wie Lea Guerrerro sagt, mit der Frage konfrontiert: und nun?

Also wird der Müllstrom umgeleitet, nicht etwa gestoppt, und vieles wird nach Südostasien geschickt. Offiziell zum Recyceln. Doch wie Malaysias frühere Umweltministerin erklärte: »Die Bürger Großbritanniens etwa glauben, dass dieses Material hierher zum Recyceln geschickt wird. Aber es wird nur in unserem Land als Müll abgeladen.«

Viele Unternehmen senden Abfall nach Malaysia, ohne sich darum zu kümmern, ob das Material recycelbar ist, ob die Partnerfabriken arbeitsfähig sind, und ob das Land diese Aufgabe überhaupt übernehmen kann oder möchte. Malaysia versinkt im Müll – und macht nun wie die Philippinen nicht mehr mit. Es schickt 3000 Tonnen Plastikmüll zurück in seine Herkunftsländer. »Die Malaysier haben wie die Bürger aller anderen Entwicklungsländer auch ein Recht auf saubere Luft, sauberes Wasser, nachhaltige Ressourcen und eine saubere Umwelt, so wie Bürger von Industrieländern auch«, sagt die Umweltministerin.

Malaysia und Indonesien sind die Hauptanlaufstellen der Müllexporteure, seit China ausgestiegen ist. »Der globale Norden«, die reichen Länder machen viel Müll, kommen damit nicht klar, schicken ihn weg, ohne sich um die Konsequenzen zu kümmern – anstatt ihren Müll selbst zu verarbeiten, ihn zu reduzieren oder gar zu vermeiden. Wohlstand ist kein Anstand, wir gerieren uns als Müllionäre. Abgesehen von der prinzipiellen Unanständigkeit des Konstrukts gibt es auf beiden Seiten, bei Sender und Empfänger zu viele schwarze Schafe, um das Ganze zu einem sauberen Geschäft zu machen. Wir schicken nicht etwa reines, recyclingfähiges Material, sondern gemischten Müll, mit Batterien, Problemstoffen, Unrat voller Chemikalien. Und in Südostasien operieren häufig Akteure ohne Lizenz, die den Müll nicht recyceln, sondern einfach irgendwo abwerfen, verbrennen, schreddern oder anderweitig unsachgemäß behandeln.

Die malaysische Regierung hat bereits mehr als 200 Plastikrecycling-Fabriken geschlossen, weil sie die Vorschriften missachteten. Und Greenpeace hat im Mai 2020 berichtet, dass Schwermetalle und giftige Chemikalien in Boden und Wasserproben rund um illegale Müllplätze enthalten sind – dort, wo der Abfall aus dem Westen einfach abgekippt wurde, aus Deutschland, Japan, Großbritannien, den USA, Australien und Italien etwa. Die Dorfbewohner in Malaysia sind den Reststoffen ausgesetzt, Blei und Kadmium im Erdboden, Phospor, Nickel und Antimon in den Flüssen. »Wenn Plastik von einem Land ins andere exportiert wird, dann kann es eine ganze Reihe von gefährlichen Chemikalien mit sich bringen«, sagt Dr. Kevin Brigden, der als Wissenschaftler für Greenpeace arbeitet. »Und unsachgemäße Lagerung und Behandlung setzt diese Chemikalien in der Umgebung frei; sie zu verbrennen, kann sogar neue gefährliche Chemikalien erschaffen.«

In Indonesien berichten die Anwohner von Burangkeng, einem Dorf nicht weit von der Hauptstadt Jakarta, dass die Müllkippe in ihrer Nachbarschaft immer größer wird – aber der Müll ist kein indonesischer: Vollkornbrotverpackungen aus den USA, Quinoa aus Kanada, Gemüsechips aus Australien, das haben Reporter des Singapurer Fernsehsenders Channel News Asia gefunden. Waren, die nicht in indonesischen Supermärkten verkauft werden. Eigentlich erlaubt Indonesien nur die Einfuhr von Altpapier, um es zu recyceln. Aber die Container, die in indonesischen Häfen landen, sind voll mit allen möglichen Dingen – nur nicht mit Altpapier. Die Kontrollen an den Häfen sind zwar strenger geworden, seit immer mehr illegal ins Land gebrachter Fremdmüll auftaucht, doch wenn der Müll erstmal im Land ist, dann ist es schwer, ihn wieder herauszubringen.

Die Dorfbewohner von Burangkeng sagen, dass sie Ausschlag bekommen, wenn sie duschen, weil der Müll ihr Wasser kontaminiert. Und wer von ihnen brauchbaren Abfall auf der Müllkippe sucht, dessen Haut wird später auch oft krank, erzählen sie. Also bleibe ihnen nichts anderes übrig, als Erde unter den Müll zu mischen und zu hoffen, dass er irgendwann zu Kompost wird. An manchen Orten befeuern sie ihre kleinen Öfen mit dem Plastik – das sei schließlich gutes Brennmaterial. Doch die Dämpfe, die sie dabei einatmen, sind toxisch. Das ist eines der Probleme der illegalen Müllverfolgung in Indonesien: Der Archipel ist riesig, es gibt unglaublich viel Land und Siedlungen mit Bewohnern, die oft nicht genügend Informationen über die heiklen Stoffe haben, die vor ihren Häusern und Hütten landen.

Australien hat jetzt zugesagt, keinen Müll mehr ins Ausland zu schicken, es will einen Zeitplan aufstellen, um künftig Plastikmüll, Papier, Glas und Reifen vollständig im eigenen Land zu recyceln oder zu entsorgen. Zumindest soll es keinen Müllexport mehr in Länder geben, in denen das Risiko besteht, dass der Müll am Ende in unseren Ozeanen herumschwimmt, meinte der Premier des Landes, Scott Morrison. 80 Prozent des australischen exportierten Abfalls landen bisher in Südostasien. Und eben auch auf der Müllkippe von Burangkeng.

Bei all unserer Arroganz anzunehmen, dass es in Ordnung wäre, anderen Ländern unseren Müll aufzudrängen: Sie haben selbst genug davon. Laut einem McKinsey-Report zählen Thailand, die Philippinen und Vietnam aufgrund ihrer schnell wachsenden Wirtschaftskraft zu den größten Plastikmüll-Produzenten. Und Indonesien ist nach China der größte Plastikvermüller der Meere. Strohhalme, Plastiktüten, Einwegflaschen, Becher, Getränketütchen – je mehr Wohlstand herrscht, desto mehr Plastikmüll wird zunächst produziert. Es scheint einen regelrechten Nachholbedarf zu geben. Und anders als in Deutschland ist wegen der Hitze der Hygienefaktor von

Plastikverpackungen in diesen Ländern zumindest oberflächlich betrachtet ein Argument. Plastik bringt Komfort, so scheint es auf kurze Sicht.

Mit dem modernen Lebensstil kam auch der Müll. Unsere Beziehung zu Kunststoff war zu Beginn sogar eine Liebesgeschichte: ein günstig herzustellendes leichtes Produkt, das das Leben vereinfachte, Glasflaschen und Steingut oder auch Elfenbein ersetzte, Gewicht sparte, ein Wunderstoff, der sich formen ließ, wie man es wollte, so dünn wie ein Hauch, so stabil wie eine Wand. Und dass man es wegschmeißen konnte und nicht wiederverwenden musste, das erschien in den 1960er-Jahren wie unglaublicher Luxus!

In vielen Ländern gilt dieser Wohlstandsstatus von Einwegverpackungen immer noch. Gleichzeitig gibt es dort aber kaum Recycling und keine umfassende Müllentsorgung, sodass der Abfall in der Landschaft, in den Flüssen, im Meer landet. In Indonesien stehen die Müllkippen kurz vor der Überfüllung, dabei werden nur 60 bis 70 Prozent der städtischen Abfälle überhaupt auf Deponien entsorgt; in den Dörfern sieht es noch schlechter aus. Einige Flüsse ersticken beinahe unter der schwimmenden Mülllast, zum Teil so sehr, dass sie nicht abfließen können und über die Ufer treten.

Dabei gibt es eindrucksvolle Initiativen von eindrucksvollen Menschen, die ich in Indonesien kennengelernt habe.

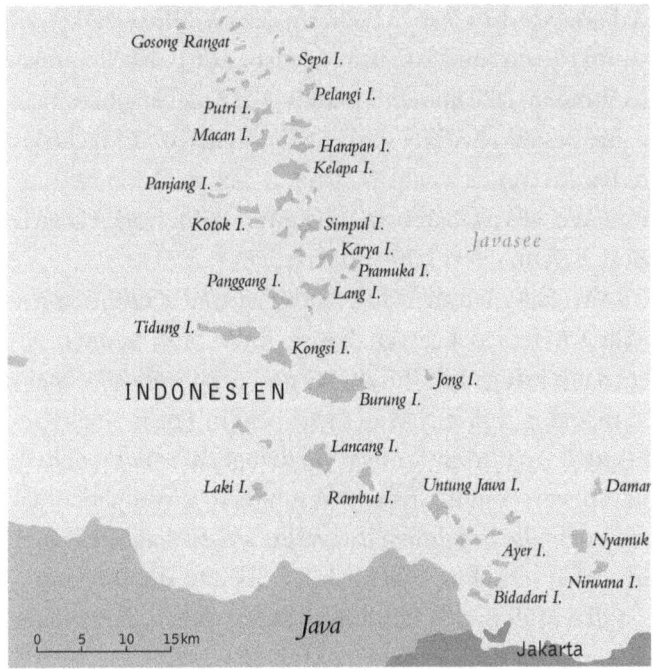

Gosong Rangat
Sepa I.
Pelangi I.
Putri I.
Macan I.
Harapan I.
Kelapa I.
Panjang I.
Kotok I.
Simpul I.
Karya I.
Pramuka I.
Panggang I.
Lang I.
Tidung I.
Kongsi I.
INDONESIEN
Jong I.
Burung I.
Lancang I.
Laki I.
Rambut I.
Untung Jawa I.
Damar
Ayer I.
Nyamuk
Nirwana I.
Bidadari I.
Java
Jakarta
Javasee
0   5   10   15 km

Die Thousand Islands, Pulau Seribu, liegen vor Indonesiens Hauptstadt Jakarta, sie sind beliebte Ausflugsziele – kleine Inseln im türkisfarbenen Meer, heller Sand, bunte Fischerboote, Ausflugsschiffchen in blau-rot-weiß bringen einen überall hin, kreischende Kinder sausen auf Bananenbooten übers Wasser, Taucher und Schnorchler haben hier Wochenendspaß – und überall schwimmt Plastik. Cola-, Limo-, Wasserflaschen, Tütchen mit Instanttee und Instantkaffee, Plastiktüten ohne Ende.

»2009 fiel mir auf, wie groß das Müllproblem ist: Damals wurden unsere Mangrovenpflanzungen krank und starben – sie wurden von Plastik erstickt. Dabei brauchen wir sie: Mangroven schützen unsere Inseln vor der Erosion«, sagt

25

Maharia Sandri, einstige Lehrerin, jetzt Müllbank-Direktorin und Recycling-Aktivistin. Sie lebt auf Pulau Pramuka, der größten der Thousand Islands. Am Anleger gibt es viele kleine Restaurants, hier starten Schnorchel- und Tauchtrips in den Meeresnationalpark. Und es gibt noch eine Attraktion: die »Bank Sampah«, die Müll-Bank von Maharia Sandri. Denn sie will ihre Insel retten.

»Also habe ich die Müll-Bank gegründet und den Bewohnern der Insel gesagt, dass sie ihren Müll trennen sollen, dann bringen sie ihn zu uns und bekommen dafür ein Guthaben auf ihrem Müll-Sparbuch. In Form eines Kredits, den sie nutzen können für Dinge, die sie brauchen: die Stromrechnung, Essen, Gesundheitsleistungen.« Maharia sieht das Ergebnis: »Das verbessert die Lage hier rund um die Insel schon erheblich. Und wenn die Regierung erst den Müll in den Flüssen in den Griff bekommt, dann kommt auch bei uns weniger Müll an.«

Ein Teil des Problems: Bis vor gar nicht allzu langer Zeit wurden in Indonesien viele Snacks zum Beispiel in natürliche Verpackungen gewickelt, Bananenblätter, Palmstroh-körbchen – die konnten die Konsumenten einfach fallen lassen, weil sie schnell zerfielen und die Umwelt nicht belasteten. Jetzt gibt es dieselben Snacks in Plastik verpackt – und das Fallenlassen ist geblieben. Außerdem spielt auch die Armut eine Rolle: Eine große Flasche Shampoo oder Geschirrspülmittel zu kaufen, ist für viele zu teuer. Also kaufen sie es in kleinen Portionspackungen. Müll wird einfach in Gräben und Flüsse gekippt oder eben »ins Meer«, sagt Maharia Sandri. »Den Müll ins Meer zu schmeißen, diese Gewohnheit ist ein schwieriges Problem, diese Gewohnheit will ich bekämpfen. Dafür habe ich zwei Zielgruppen: Hausfrauen und Kinder.« Tatsächlich sind es meistens die Frauen, die sich als erste für die Idee der Müll-Bank begeistern; später zeigen auch viele männliche Inselbewohner während eines Rundgangs durchs Dorf stolz die blauen Säcke der »Bank Sampah«, die vor ihrem Haus hängen und Tag für Tag voller werden. Wer also ein Konto eröffnet, bekommt diese Müllsammelsäcke, trennt seine Reststoffe und bringt die vollen Säcke dann zur Bank, getrennt nach Plastik, Papier, Bio und anderen Dingen.

Müll-Bank: zwei Wortbestandteile, mit denen man nicht unbedingt einen schönen Ort verbindet, eher Gestank und Hässlichkeit mit dem einen Teil, Protz und Kühle mit dem anderen. Die Bank Sampah ist: grün, ruhig, duftig, bunt und einladend. Unter hohen Bäumen gibt es einige kleinere Hütten, einen Schafstall, dazwischen viel Platz. Die Ortswahl war Maharia Sandri wichtig: »Es ist die einzige Stelle auf der Insel, wo es noch genügend Bäume für einen kleinen Wald gibt, ich hoffe, damit können wir die Wasserkonservierung noch etwas verbessern; es soll ein einladender Bereich des Lernens sein für alle Menschen auf der Insel.«

Im Garten der Müll-Bank rahmen umgedrehte Plastikflaschen die Beete ein, hier wachsen Papaya, Spinat, Pak Choy und Chili; es gibt Blumenbänke zum Umpflanzen, auf denen Setzlinge schon auf ihren nächsten Standort warten, und an einem Komposthaufen kann man den Würmern beim Zersetzen des Bioabfalls zusehen. Denn Maharia bringt den Inselbewohnern auch bei, wie man Gemüse zieht und organischen Müll zu Kompost macht. »Jeden Sonntag treffen wir uns, um gemeinsam zu pflanzen und zu düngen. Eines der Probleme auf dieser Insel ist die Nahrungsversorgung; wir hängen vom Festland ab und bekommen immer nur wenig Gemüse; also bringe ich den Leuten bei, wie man seine eigene Nahrung anbaut. Außerdem erkläre ich den Kindern, wie das Ökosystem ihrer Insel funktioniert – und wie sie es bewahren können. Wir arbeiten uns von den Korallen im Wasser zu den Mangroven am Strand vor und ich erkläre den Anwohnern, wie wichtig es ist, sie zu schützen. Ich zeige ihnen, wie man mit dem Müll umgeht, den wir selbst produzieren, und mit dem, den die Strömung über das Meer von den anderen Menschen hierher bringt.«

Ihren früheren Beruf als Lehrerin kann sie nicht verleugnen, aber in ihrer neuen Funktion wird noch viel klarer, dass Lernen Leben bedeutet. Lernen ist Leben, und zwar nicht nur für Maharia, sondern für alle, denen sie die Zusammenhänge des Ökosystems und ihre eigene Rolle darin erklärt, vom Gemüsezüchten bis zum Müllverwerten.

Neben dem Schafstall steht eine große Schneidemaschine; hier wird Plastik sortiert, zerkleinert und später an Plastikverwerter verkauft. Die Regierung garantiert die Abnahme zu einem fixen Preis und verkauft die Wertstoffe dann an Händler – die wiederum an Plastikmühlen im ganzen Land. Abnehmer sind Regierungsprogramme. Säcke voller sortiertem Plastik stehen zum Abtransport bereit, hellerer oder blauerer Kunststoff, je nachdem – die ganz durchsichtigen Teile bringen am meisten Geld.

Anderen Verpackungsmüll, zum Beispiel Plastiktütchen von Instantgetränken, sammeln Maharia und ihre Mitstreiterinnen heraus und stellen daraus Taschen, Schürzen oder Ketten her, die sie hier verkaufen. Und alles, auch den kleinen Verdienst, den sie pro Kilo Plastik machen, stecken sie hier in die Müll-Bank. Die ist schon zu etwas Größerem geworden: ein echtes Recycling-Center, zentral ist dabei, sich miteinander auszutauschen. Der Zugewinn an Wissen wird hier als wertvoller betrachtet als der finanzielle, scheint es.

»Ich lerne, indem ich mich den Herausforderungen stelle«, sagt Maharia Sandri. »Ich habe verstanden, dass nicht nur der Müll das Problem ist, sondern das Verhalten der Menschen, also lerne ich Dinge, um damit umgehen zu können. Jedes Mal, wenn ich etwas Neues gelernt habe und es verkünden kann, versuche ich, ein Beispiel zu setzen. Erst auf ganz lokaler Ebene, dann wende ich mich an die nächsthöhere Instanz auf der Insel. Die Menschen wollen nicht zu viel technisches Wissen, sie wollen praktische Dinge, die sie anwenden können. Also schaue ich im Internet nach, was gut für uns wäre, lerne es selbst und bringe es dann den Menschen hier bei. Und die geben ihr Wissen dann ebenfalls weiter.«

Wie sie so von Tür zu Tür wandert und neues Wissen verkündet – das klingt, als wäre sie eine Recycling-Apostelin. Und irgendwie verbreitet sie ja auch eine frohe Botschaft. Sie ist stolz auf die Institution, zu der die Müll-Bank geworden ist; 35 Freiwillige arbeiten hier regelmäßig mit, einmal im Jahr laden sie Experten jeglicher Fachrichtung ein und lernen gemeinsam in einem Workshop etwas Neues. Fast jeder, der mitmacht, möchte sein Wissen mit anderen teilen und dafür anderes erfahren. Es klingt wie eine ideale Tauschhandelsgesellschaft.

»Es gibt viele Möglichkeiten: Taucher, die hierherkommen, sollen erst einmal im Meer aufräumen und Müll sammeln, bevor sie ihren richtigen Tauchgang antreten und die See genießen«, sagt Maharia Sandri. Dreißig Tonnen Müll sammeln sich jeden Monat auf den Thousand Islands an. Vor allem von den Wochenendtouristen, die eine Menge zu essen und zu trinken vom Festland mitbringen, weil sie glauben, auf den Inseln selbst gäbe es nichts – und dann bleibt der Müll da. Kampagnen, ihren Abfall wieder mitzunehmen oder erst gar nichts mitzubringen, verhallen bisher ungehört.

Den Müll, den die Taucher sammeln, und andere Wertstoffe, die zum Beispiel durch Meerwasser zu dreckig sind, verwandelt Maharia Sandri seit Kurzem in Ziegel, die Eco-Bricks. Buniana, eine Hausfrau von der Insel und seit einiger Zeit auch überzeugte Recycling-Aktivistin, führt sie vor: Mit Schwung pfeffert sie den Quader auf den Boden – der eine Katsche davonträgt. Der Ziegel hält. »Die sind aus Styropor und Plastik und ein bisschen Sand, wir haben in einem Workshop gelernt, sie anzufertigen. Dafür bekommen wir auch die alten Essensverpackungen von Restaurants, das nützt ihnen und uns.« Buniana deutet auf eine kleine Plastikflasche voller zerschredderter Schnipsel – Überbleibsel der Dinge, die sich nicht verkaufen und nicht verarbeiten lassen: alles ab damit in den Ziegel. Sie schmelzen dafür Styropor, mischen Plastikfetzen und Papier hinein, am Ende bedecken sie es wieder mit einer Schicht geschmolzenen Styropors. Fertig. Die Ziegel werden hier auf der Insel verbaut. Als auf Sulawesi ein Tsunami mit nachfolgendem Erdbeben die Stadt Palu erschütterte, bot Maharia ihr Wissen über die Eco-Bricks schnell in Workshops an: Denn es waren ja nicht nur Tausende Häuser zerstört und vom Schlamm verschluckt worden, sondern das

Meer hatte auch Unmengen von Müll aufs Land gespült. Und so konnte er direkt verarbeitet werden – in neue Heime für die gebeutelten Einwohner Palus.

Wasser ist Leben, und Wasserflaschen sind Müll: Sie machen einen Großteil des Plastikproblems aus. Weil Leitungswasser nicht trinkbar ist, müssen die Indonesier Wasser in Flaschen kaufen. In Halbliter- oder Anderthalbliterflaschen, einmal zum Trinken angesetzt, in der ewigen Hitze ist der Durst groß, und schon entsorgt, schon zu einem Teil des riesigen Plastikbergs geworden. Dagegen wollen immer mehr Indonesier etwas tun: In der Stadt Surabaya können die Bewohner Plastikflaschen gegen Busfahrkarten eintauschen. Das Programm kommt an: In der Stadt mit 2,9 Millionen Einwohnern erhalten immerhin 16 000 Menschen pro Woche Freifahrten – nur dafür, dass sie ihre leeren Wasserflaschen sammeln und mitbringen, anstatt sie wegzuwerfen. Oder die Initiative »Garbage Clinical Insurance«: Hier wird medizinische Behandlung durch Recycling finanziert. Die Teilnehmer des Programmes versprechen, eine bestimmte Mindestmenge an recycelfähigem Müll pro Monat zu sammeln, die Kosten, die für eine teurere Behandlung fehlen, ergänzen entweder Regierungsprogramme oder Sponsoren. So werden Verantwortung füreinander und für die Umwelt gefördert.

Das Grundproblem bleibt jedoch: Dieser Müll sollte eigentlich vermieden werden. Recycelte Plastikflaschen sind immer noch schlechter als gar keine Plastikflaschen. Doch Maharia Sandri hat auch dafür eine Idee. »Früher haben die Menschen Regenwasser gesammelt und das getrunken; das möchte ich wieder einführen. Gleichzeitig versuchen wir die Qualität des Grundwassers zu verbessern –

und am Ende muss niemand mehr Wasser in Plastikflaschen kaufen.«

Auf Pulau Pramuka sind schon einige Zisternen zu sehen; eine Teilnehmerin an Maharias Workshops sitzt vor ihrem Haus, das begrünt und bepflanzt ist, und zeigt auf ihren Regenwassertank: »Dort drüben filtern wir es dann und kochen es ab, bevor wir es trinken. Wir wollen die Ressourcen nutzen, die auf natürlichem Wege zu uns gelangen.« Die Müll-Missionarin ist da auch gar nicht so streng: Wenn die Menschen Wasser aus Flaschen trinken wollen, bitte sehr. Aber zum Kochen und ähnliches genüge doch das aus der Zisterne.

Damit die Insel nicht unter Trockenheit leidet, hat sich Maharia Sandri wiederum im Internet schlau gemacht und ist dabei auf das Konzept des »Biopori« gestoßen, Bio-Poren sozusagen. Eine simple, aber wirkungsvolle Methode, versiegelte Flächen zu entsiegeln und die Wasserspeicherkapazität des Bodens zu steigern. Gerade in Indonesien, aber auch in den anderen Ländern Südostasiens wachsen die Metropolen, immer mehr Boden wird bebaut, asphaltiert, verschlossen.

Damit finden die heftigen Monsunregen kaum Eingang ins Erdreich, nur 15 Prozent aller Pfützen versickern. Anstatt in den Grund zu gelangen, überschwemmen die Wassermassen die Städte, Straßen und Häuser; dann laufen sie ungenutzt, aber mit allem Schmutz und Müll der Straßen ins Meer. Ein Problem, mit dem auch die indonesische Hauptstadt Jakarta zu kämpfen hat, aber dazu an anderer Stelle mehr.

Biopori-Löcher werden einfach mit einem Durchmesser von zehn Zentimetern einen Meter tief in den Boden gebohrt, mit einem perforierten Plastikrohr ausgekleidet und dann mit Bio-Abfällen gefüllt. Ein gelöcherter Deckel schließt das Ganze ab. Von diesen Bio-Poren gibt es auf Pulau Pramukas kleinen Straßen schon einige, Maharia weist bei einem Rundgang darauf hin: »Jeder Haushalt sollte ein Biopori-Loch haben. Sie können ihren Bioabfall dort hineinfüllen, das stinkt nicht, riecht nicht, denn solange es im Boden ist, zersetzen die Würmer es. So bekommen die Bewohner Kompost und gleichzeitig hilft es, das Wasser länger im Boden zu halten.« Das Regenwasser wird leichter absorbiert, die Bio-Poren sollen den Einsickerbereich um 40 Prozent steigern; Pfützen, ideale Brutstätten für Moskitos und damit für Krankheiten, werden reduziert und der Boden wird fruchtbarer.

Das hilft wiederum der Gemüseoffensive, die die ehemalige Lehrerin auf der Insel gestartet hat. Gemüsebeete sollen die Bewohner mit frischer und vor allem unverpackter Nahrung versorgen – doch das ist noch längst nicht alles, was Maharia Sandri an Ideen für die Nutzung des Mülls hat. Sie deutet auf ein paar welke Kohlblätter, die hinter einem Marktstand liegen: Das ist in ihren Augen eine Energiequelle. Denn die Speisereste können in Mini-Biogasanlagen landen, von denen tatsächlich schon ein paar auf der Insel stehen: »Fünf Kilo Biomüll, gesammelt und zerkleinert, ergeben genügend Energie, um damit zwei Stunden zu kochen.«

Sie selbst hat genügend Energie, um die ganze Insel mitzureißen. Ihr Optimismus ist ansteckend und nichtversiegend, obwohl sie Woche für Woche mit den immer wieder neu angespülten Müllmengen konfrontiert wird. Es braucht einfach fortgesetzt kleine, aber auf Dauer wirkungsvolle Veränderungen im Verhalten der Menschen.

Die zeigen sich auf Pulau Pramuka deutlich in grüneren Straßen, Beeten und Zisternen in den Vorgärten – und viel, viel weniger Müll.

Auf den Nachbarinseln sieht das noch anders aus. Pulau Kelapa wurde als »Trost auf der Kokosinsel« in einem sehnsuchtsvollen Song aus den 1950ern verewigt; sie ist Urlaubsziel mit Resort und Sonnenuntergangskulisse. Und mit einem Friedhof, auf dem ein König namens Didung XIII. ruht. Auf der riesigen Müllkippe direkt daneben ruhen alte Besen, Flip-Flops, Strohhalme, Essensreste, Kokosnussschalen, Getränkebecher, Portionsverpackungen von Tee oder Chips. In einem Ofen werden 100 Kilogramm Müll pro Tag verbrannt, der Rest bleibt hier, bis das Müllboot kommt – einmal im Monat – und zumindest einen Teil nach Jakarta auf die große Müllkippe bringt.

Jemand wie Maharia Sandri scheint auf dieser Insel eindeutig zu fehlen, das Bewusstsein für Umweltschutz hat sich hier noch nicht entwickelt. Die kleinen Straßen vor den bunt bemalten Häuschen sind voller Abfall, immer wieder Verpackungsmüll, auf dem staubigen Fußballplatz liegen Plastiklöffel, Getränkeflaschen und Strohhalme. Auf einem Klotz sitzen kleine Mädchen in niedlichen Kleidchen und werfen ihre leergefutterten Chipstüten gedankenlos in die Landschaft.

Und das ist nur der Abfall der Inselbevölkerung – die Wochenendbesucher bringen weitere Berge aus »-chens«. Tütchen von Nüsschen, Instanttee-Tütchen, Instantkaffee-Tütchen, Tütchen von Gummibärchen, Tütchen von Häppchen ... es sind immer nur einzelne kleine Portionen in Einmalverpackungen, aber davon unzählige. Einmal verpackt = unendlich vermüllt.

Nicht zwangsläufig: Insgesamt 1994 Instantkaffee-Tütchen hat Yeni Mulyani Hidayat gefaltet, gesteckt, geflochten und in einen Teppich verwandelt. Auf dem sitzt sie jetzt in der »Bank Sampah My Darling«, einer Müll-Bank mitten in Jakarta, vor ihr steht ein Tisch aus Altplastik und ein Hocker aus Altpappe. Die Tür zur Müll-Bank ist aus grün gesprühten aufgeschnittenen Flaschen gefertigt. »Ich habe die Bank gegründet, weil ich frustriert war, wie viel Müll wir Indonesier produzieren. Ich meine, ich muss mich doch schämen! Indonesien ist der zweitgrößte Plastikverschmutzer der Ozeane – das macht mich wirklich traurig!« Yeni ist so emotional wie expressiv, sie gestikuliert wild und erzählt auch mit den Händen: »Wegen unseres Umgangs mit Müll bin ich selbst fast gestorben! Viele Menschen verbrennen ihren Abfall, vor allem nach dem Kochen, ich habe das früher auch gemacht. Und eines Tages ist dabei eine Flasche mit Insektenvernichter explodiert. BOUM! Seitdem verbrenne ich nichts mehr.«

Sie hatte ein regelrechtes Trauma, hob allen Müll auf, ihr Ehemann beschwerte sich schon. Und damit kommt Yeni zum nächsten Teil ihrer Erweckungsgeschichte. Denn eines Tages, als ihr Mann zum Markt gehen wollte, bat sie ihn, neues Guthaben auf ihr Telefon zu laden. »Er wurde zornig, ›Wen rufst du an, an wen verschwendest du mein Geld, ich hab doch vor drei Tagen erst was draufgeladen!‹ Und das hat mich dann wütend gemacht.« Sie fühlte sich hilflos und wollte nicht auf ihren Mann angewiesen sein, um das bisschen Geld für ihr Telefonguthaben zu bekommen. Sie brauchte eine Lösung. Und fand sie auf der Straße: »In Jakarta kommt alle fünf Minuten ein Müllsammler mit seiner Handkarre vorbei, und ich fragte einen von ihnen, wieviel er mir denn für meinen Müll geben würde. Er hat ihn gewogen und mir 33 000 Rupiah (zwei Euro) gegeben – für Abfall! Ich hab' mich gefühlt, als hätte ich einen Diamanten gefunden.«

Seitdem kommt bei ihr kein Müll mehr auf die Kippe, nur aufs Konto. »Ich sage allen, sie sollen aufhören, ihren Müll wegzuwerfen, sondern ihn in Geld verwandeln!« Die Müll-Bänke sind ein Regierungsprogramm, jeder kleine Bezirk soll eine haben – weil es in Yeni Mulyani Hidayats Gegend noch keine gab, hat sie sie gegründet. Die einzige Müll-Bank Jakartas, die vom Bürgermeister persönlich eröffnet wurde, erzählt sie stolz.

»Wir sind wie jede andere Bank, nur zahlen die Kunden hier statt Geld Abfall ein, allen möglichen trockenen Müll. Dafür bekommen sie Geld.« Den größten Teil davon, Pappe, Papier, Plastik, Aluminium, verwandelt Yeni in bezaubernde Dinge: Ringe, Ketten, Taschen, Körbe, Obstschalen, Sitzmöbel, Teppiche – ihre Werke haben es inzwischen auch in das Sortiment eines großen Kaufhauses geschafft.

Der Beiname ihrer Müllbank »My Darling« passt zu Yenis Art, schwungvoll und wenig zurückhaltend. Sie ist ausdrucksvoll geschminkt und trägt großen Schmuck aus ihrer eigenen Kollektion. Die wächst und wächst: Hüte, Körbe, Lampen, Stühle, in buntem, fein gewirktem Design. Sie hält ihre Kreativität wach nach dem Motto »ATM«, der auch in Indonesien gängigen englischen Abkürzung für Geldautomaten: ATM steht für amati, tiru, modifikasi – beobachten, kopieren, modifizieren. Sie sammelt Inspirationen, aber sie gibt auch viel mehr davon weiter. Yeni Mulyani Hidayat reist durch Indonesien, trifft Gleichgesinnte, hält Vorträge, um andere zu Gleichgesinnten zu machen, »vor allem will ich ihr Bewusstsein für dieses Problem wecken und dafür, wie man damit umgehen kann.« Fast täglich kommen Studenten in ihre Bank, um zu erfahren, wie man Müll zu Moneten macht. Eine internationale Vereinigung von Wirtschaftsstudenten kommt jeden Winter zu einem Workshop.

Experten warnen, dass Recycling-Initiativen alleine nicht genügen. Es muss darum gehen, Müll zu vermeiden. Doch Yeni ist optimistisch. »Präsident Jokowi hat das Ziel gesetzt, dass bis 2025 der Plastikmüll um 70 Prozent reduziert wird. Die Regierung und die Bürger müssen eben zusammenarbeiten!«

Der Plan von Indonesiens Regierung sieht vor, dass, wenn schon nicht die gesamte Menge an Kunststoffabfall, zumindest die Menge an Plastikmüll, die ins Meer gelangt, um 70 Prozent reduziert werden soll. Mit einem »System Change Scenario«, einem Systemwechselszenario, will sie dann im nächsten Schritt von 2025 bis 2040 ein plastikmüllfreies Indonesien erreichen – eine tolle Vision, die Indonesien auch beim Weltwirtschaftsforum in Davos präsentiert hat: Damit einher gehe der Wandel von einer linearen zu einer zirkulären Wirtschaft, die Recycling-Rate soll vervielfacht, Plastik reduziert und ersetzt werden. Wenn es beim Business as usual bliebe, mahnt der zuständige Minister, dann würde die Plastikvermüllung der Gewässer weiter zunehmen, fast 800 000 Tonnen jährlich gelangten dann in Flüsse und Meere – und dann sieht ganz Indonesien so aus wie der Citarum.

Der Citarum River auf West-Java gehört zu den zehn meistverschmutzten Flüssen der Welt. Er liegt etwas östlich der Hauptstadt Jakarta und ist 270 Kilometer lang.

27 Millionen Menschen leben an und von seinem Wasser – das man teilweise gar nicht sieht unter dem treibenden Plastikmüll. Bis 2025 soll er laut Indonesiens Präsident Joko Widodo der sauberste Fluss der Welt sein. Das scheint wie eine Sisyphos-Aufgabe, denn täglich landen Tonnen um Tonnen neue Abfälle in dem Gewässer, Textilfabriken leiten ihre ungeklärten Abwässer ein, der Fluss kann die Farbe innerhalb weniger Stunden von blau zu grün zu gelb und wieder zu schwarz wechseln. Trotzdem: Mit Hilfe der Armee soll es gelingen. Seit zwei Jahren säubern sie den Fluss, beziehen die Bevölkerung, die islamischen Geistlichen, die Fußballvereine mit ein. Die Behörden ermitteln gleichzeitig gegen die Fabriken, die ihre giftigen Abwässer einleiten. Aber dass auch viele »normale« Anwohner des Flusses ihn als Müllhalde benutzen, hat viel mit fehlendem Wissen um die Zusammenhänge des Ökosystems zu tun.

Bei Vertretern der jüngeren Generation findet sich dieses Bewusstsein oft schon. Bei Sam und Gary Bencheghib zum Beispiel. In Kanus aus Plastikflaschen und einem Bambusrahmen sind sie 2017 den Citarum hinab gepaddelt, und sie haben ihre Reise in kleinen Videos dokumentiert. »Ich habe mein Paddel ins Wasser eingetaucht und wenn ich es herauszog, war es voller Plastiktüten«, erzählt Sam Bencheghib, »der Gestank war schrecklich, tote Hunde, tote Schweine trieben neben uns.«

Kurz nach ihrer Reise kündigte Präsident Widodo die große Aufräumaktion des Citarum an. Doch das war nicht alles, was die Brüder bewirkt haben: »Die Stärke der Aktion war auch, dass wir den Fluss auf Plastikflaschen entlanggefahren sind, dass sie uns getragen haben – so haben wir gezeigt, dass Müll eine Ressource ist, ein wertvolles Material, das für vieles genutzt werden kann.«

Die Brüder sind auf Bali aufgewachsen und haben dort seit Kindertagen gesehen, wie Plastikmüll ihre Flüsse verschmutzt und verstopft. Gemeinsam haben sie schon als Teenager die Initiative »Make a Change World« gegründet, die inzwischen international tätig ist, mit Aktionen zum Beispiel auch in New York. Aber Bali bleibt Teil ihrer Identität, und darum haben sie sich vorgenommen, die Flüsse der Insel zu säubern und den steten Fluss des Plastikmülls ins Meer zu stoppen. Auch darüber erzählen sie in einer Serie von YouTube-Videos, »Sungai Watch«, »Fluss-Wache« heißt sie.

Sie wollen 100 Müllbarrieren überall auf Bali einrichten – fünf davon gibt es bereits in verschiedenen Ausfertigungen: eine schwimmende Blockade etwa oder einen gitterartigen massiven Stopper. Sie testen und experimentieren, was am wirkungsvollsten ist. Dazu wollen sie herausfinden, welche Art von Plastik am meisten in den Flüssen schwimmt: Getränkebecher sind nach Zahlen am häufigsten, Plastiktüten dem Gewicht nach, Styropor ist am verheerendsten, da es umso schwerer aufzuhalten ist, je kleiner es wird, Plastiksandalen (mehr linke als rechte) und Verpackungen von Schokoriegeln, Instantkaffee und anderen Dingen, die wir nur wenige Augenblicke lang benutzen.

Die Wegwerf-Mentalität sei immer noch stark vorhanden, meint der inzwischen 25-jährige Gary Bencheghib, da müssten sie noch lange gegen anarbeiten.

Doch wenn erst überhaupt kein Plastik vorhanden ist, dass man wegwerfen kann, dann ist diese Arbeit vielleicht ein wenig leichter: »Bye Bye Plastic Bags« heißt die Devise, die die Schwestern Isabel und Melati Wijsen schon 2013 ausgegeben haben. Da waren sie zehn und zwölf Jahre alt und sahen, wie ihre Heimatinsel Bali immer mehr verdreckte, wie sie sich an ihrem Lieblingsstrand und im Meer nur zwischen Plastikmüll bewegten, es gab kein Entkommen. »Wollen wir die Insel der Götter bleiben oder Mülldeponie werden?«, fragten sie die Balinesen. Es gab hier noch kein richtiges Bewusstsein für die Schädlichkeit von Plastik, glaubt Melati: »Die Leute kaufen ein Ei – lassen sich eine Plastiktüte geben. Ein Stück Seife – kriegen eine Plastiktüte. Eine halbe Melone – Plastiktüte. Und so weiter…«

Also plädierten sie für einen Plastiktüten-Bann, appellierten an die Politiker, traten sogar in den Hungerstreik – und seit Juli 2019 ist Einwegplastik wie Styropor-Essensverpackungen, Strohhalme und, richtig, Plastiktüten verboten. Selbst wenn viele Händler sich noch nicht daran halten. Doch Melati und Isabel wollen das Problem an der Wurzel packen. Ein Teil ihrer inzwischen immer größer gewordenen Initiative ist Bildungsarbeit. Ohne die nötige pädagogische Unterfütterung kommen sie nicht weiter: »Wir können kein Problem lösen, dessen die Menschen sich gar nicht bewusst sind«, sagen sie. Also schaffen sie Bewusstsein: Sie sprechen an Schulen und in TED Talks, sie haben zwei Broschüren herausgegeben, die in Grundschulen eingesetzt werden, sie haben zigtausende Jugendliche erreicht, auch über die sozialen Medien. Sie sind unglaublich präsent und haben schon im Teenageralter (sie sind jetzt, 2020, immer noch erst 17 und 19 Jahre alt) mehr bewegt als viele Menschen am Ende ihrer Karriere. »Bye Bye Plastic Bags« ist eine internationale Bewegung geworden, in Neuseeland, Nigeria, Deutschland und den Philippinen sagen vor allem Jugendliche entschieden »Nein« zu Plastiktüten. Und zu der Initiative der beiden Schwestern gehört es auch, Jobs zu schaffen und Armut zu bekämpfen. In den Bergen von Bali gibt es das Projekt »Mountain Mama«: Frauen ohne festes Einkommen lernen, aus recyceltem Material individuell gestaltete Umhängetaschen zu knüpfen. Das Einkommen kommt dem Dorf dann auf drei Wegen zugute: Es bekommt eine Müllentsorgung, das Geld wird in Schulen, Computer und Englischkurse investiert und in die Gesundheitsvorsorge.

Solange die Schwestern den Müll noch nicht ganz verhindern können, verwandeln sie ihn eben in Nützliches. Denn bei allem globalem Denken ist die lokale Umsetzung entscheidend. Gerade in Indonesien: ein riesiger Archipel voller kleiner, schlecht erreichbarer Inseln, mit Dörfern hoch in den Bergen oder tief im Wald. Gerade hier ist der Weg von der Idee oder von der Handlungsanweisung per Gesetz bis zu den Dorfbewohnern sehr weit. Also bringt zum Beispiel eine Künstlerinitiative eine Lösung per Moped in die Dörfer: Plastik zu Treibstoff. Mopeds gehören zu den wichtigsten Verkehrsmitteln Indonesiens – sie können halsbrecherische Pfade in abgelegenen Regionen entlangknattern, können sich im Megastau der Hauptstadt Jakarta durch die Lücken zwischen den Autos quetschen, sie sind Transportmittel für ganze Familien, Baumaterial oder mobile Küchen. Eine Künstlerinitiative transportiert damit einen Destillator, um aus Plastikmüll Treibstoff herzustellen. Eine inspirierende Geschichte, auf die ich zufällig gestoßen bin, als ich eigentlich ein Portrait von »Ruangrupa« machen wollte. »Ruangrupa« ist ein

Künstlerkollektiv, das sich als eine Art Brutstätte für sozial engagierte Kunst begreift. Die Gruppe ist für die künstlerische Leitung der documenta 15 im Jahr 2022 ausgewählt worden. Die documenta im nordhessischen Kassel ist die weltweit bedeutendste Ausstellung für zeitgenössische Kunst. Die indonesischen Künstler wollen die 15. Ausgabe dieser Ausstellung nach der Idee des Lumbung, der indonesischen Reisscheune, gestalten: ein Ort des Tausches und des Teilens.

Ade Darmawan gehört zu »Ruangrupa« und erzählt von dem Plastik-Treibstoff-Projekt: »Die Erfinder fahren von Ort zu Ort, machen dort Workshops; sie bringen den Bewohnern bei, das selbst zu machen; und dann fahren sie mit dem hergestellten Treibstoff zum nächsten Ort. Mit dem Moped.« Auf ihrem Gelände im Süden Jakartas hat diese Plastik-Recycling-Initiative ihren Anfang genommen. Ade deutet auf eine quaderförmige Kiste mit pyramidenförmigem Deckel, aus dem ein Rohr herausragt: »Das ist das neueste Destillatormodell, aus rostfreiem Stahl.« Daneben versucht ein junger Mann, eine festsitzende Mutter zu lösen, er blickt auf, lächelt, und deutet auf eine ganze Reihe von Destillatoren in verschiedenen Formen.

Samuel gehört zu den Entwicklern dieser Apparate. Sie seien schon bei Modell Nummer neun, sagt er: »Den Vorgänger des jetzigen Destillators haben wir für ein kleines Dorf gebaut, das keinen Zugang zur Stromversorgung hatte, also haben wir ihnen diesen Destillator gebaut und einen Generator, den sie mit dem Treibstoff betreiben können.« So haben sie jetzt Strom für die wichtigsten Dinge.

Mechanismen wie dieser lösen zwei Probleme auf einmal: Die Bewohner sammeln ihren Müll, anstatt ihn einfach fallenzulassen. Und dafür bekommen sie Energie, für Mopeds und Generatoren. »Es ist simpel, diese Geräte sind recht grundlegend«, erläutern Ade und Samuel. Wissen aus dem Internet, über einen Pyrolyse-Mechanismus, den die Japaner in den 1960er Jahren entwickelten, um in Notzeiten Energie gewinnen zu können, dazu ein paar Freunde, die schweißen können... »Es ist eine trockene Destillation; wir erhitzen das Plastik in einer Kammer auf 300 bis 400 Grad, Gas steigt auf, der Rest geht nach unten, wir haben doppelte Filter für das Gas... Mit dem Gas, das bei der Destillation entsteht, kann man auch noch kochen, und man hat Treibstoff. Alles aus Plastik. Die festen Rückstände, daran forschen wir gerade auch noch, um sie als Beton zu benutzen.« So ähnlich wie der Eco-Brick bei Maharia Sandri.

Ein Kilo Plastik wird zu einem Liter Treibstoff innerhalb von einer halben Stunde, erzählt Samuel; am besten eignen sich dafür durchsichtige Plastikflaschen – die allgegenwärtigen Wasserflaschen, wieder einmal. Mit jedem Modell ihres Destillators verbessern sie die Effizienz. Die ersten Prototypen waren noch komplett aus Müll gebaut, danach konnten sie aber ein paar Rupiah sammeln, um rostfreien Stahl zu kaufen. Um Geld geht es ihnen gar nicht: Wenn sie mit ihrem Moped mal wieder in ein Dorf geknattert sind und ihre Plastik-zu-Treibstoff-Idee vorgestellt haben, wollen die Bewohner oft diese Technologie haben – und dann tauschen die Recycling-Erfinder mit ihnen. Gegen Saatgut. Ein sehr fruchtbares Konzept.

Indonesien scheint voller Ideen und Engagement zu sein, um Müll zu vermeiden oder ihn zumindest zu verwandeln. Oft sind es bisher noch viele kleine Initiativen, denn wenn die Aktivisten sie auf den Weg bringen, um ihr

Konzept der Regierung, auf welcher Ebene auch immer, vorzuschlagen, dann bleiben die Entwürfe häufig auf der langen Verwaltungsstrecke hängen.

Das Nachbarland Singapur hat da etwas mehr Durchsetzungsvermögen. Während in Indonesien die Initiativen häufig aus der Bevölkerung kommen, ist es im kleinen Stadtstaat Singapur meist die Regierung selbst, die solche Prozesse in Gang setzt. Hier funktioniert viel über Vorschriften, meist pädagogisch vermittelt mit Plakat- und Internetkampagnen. Derer bedarf es auch, um Fortschritte zu erzielen: Gerade die Studenten waren zunächst sehr unwillig, als zum Beispiel die Einwegstrohhalme in den Mensen gestrichen wurden. Umweltverschmutzung wird durch Strafen vermieden: Denn Singapur ist nicht etwa deshalb eine der saubersten Städte weltweit, weil die Bürger es so mögen. Sondern auch, weil sie es müssen: Wer Müll achtlos wegwirft, kann im schlimmsten Fall zu 10 000 Singapur-Dollar Geldstrafe verurteilt werden, rund 6500 Euro. Oder zum Parksäubern – und zwar vorzugsweise in der Nähe seines Wohnorts, damit auch alle Nachbarn seine Schande sehen können.

Wenn dieses Land etwas anpackt, dann will es das auch richtig machen und am liebsten als Klassenbester abschneiden. Superlative sind Singapurs Ding. Es ist die teuerste Stadt, aber auch die sauberste, die sicherste (nach Tokio) und die Stadt mit dem besten Essen; hier gibt es den größten Infinity-Pool auf einem Hoteldach und die erste Nacht-Safari für Zoobesuche. Und: eine Müllkippe, die aussieht wie ein Tropenparadies, Pulau Semakau. Die letzte verbliebene Deponie des Landes ist zwischen zwei Inseln angelegt, von 400 000 neu angepflanzten Mangroven umgeben, und voller Wildleben: Regenpfeifer und Malaienreiher am Spülsaum, Seesterne, Anemonen und Nacktkiemer im Wasser. Und die Bevölkerung ist herzlich eingeladen, über die Insel zu laufen und naturkundliche Führungen zu buchen.

Doch es ist nicht alles Gold, was grünt: Pulau Semakau hat als Deponie wahrscheinlich 2035 ausgedient, denn täglich enden 2100 Tonnen Müll dort. Also predigt Singapurs Regierung ihren Bürgern, dass sie ihren Abfall reduzieren sollen, sie hat »Zero Waste«, also »Null Müll«-Ziele ausgerufen. Um eine ordentliche Mülltrennung voranzubringen und auf eine Reduzierung des Abfalls hinzuarbeiten, hat sie Daten gesammelt und in einem städteplanerischen Programm ausgewertet.

Die Fragestellung war: Wieso werfen die Menschen bequem ihren Müll weg, ohne ihn zu trennen oder zu reduzieren? Antwort: Weil es in den Hochhäusern so ungemein komfortable Müllschlucker gibt. Für die Regierung war darum klar: Neue Gebäude werden jetzt ohne Schlucker gebaut. Wer seinen Müll selbst runterbringen muss, will ihn automatisch reduzieren. Und für den Rest gilt: »Turn trash to treasure« – sinngemäß »Mach Müll zu Müllionen« (Singapur ist sehr gut in eingängigen Parolen). Sprich: Es soll noch viel mehr recycelt werden, und was nicht recycelfähig ist, wird verbrannt und in Energie verwandelt. Aus der Asche soll jetzt ein Sand gemacht werden, der dringend auf den vielen Baustellen gebraucht wird. Dabei wird sehr gründlich vorgegangen und auch darauf geachtet, dass dieses neue Baumaterial nicht gesundheitsschädlich ist. NEWSand heißt der Stoff aus dem Abfall werbewirksam in Singapur. Sobald sie die richtige Technologie dafür gefunden haben, soll der NEWSand im Straßenbau eingesetzt werden. Müll in Energie zu verwandeln, die Rückstände zu einem Baumaterial zu machen – das ist irgendwie in großem Rahmen auch das, was die indonesischen Künstler von »Ruangrupa« mit dem Plastik-Destillator fertigbringen.

Müll zu Müllionen – turn trash to treasure.

2 Der Mekong – abgetrennte Lebensader

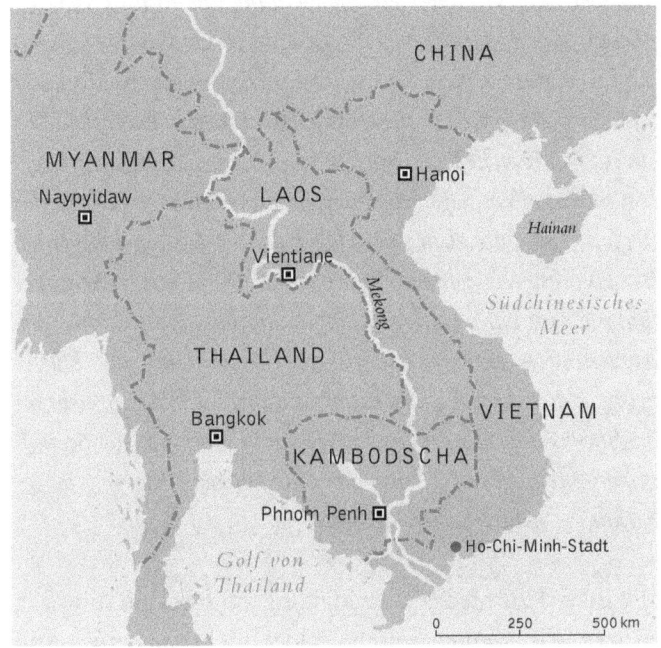

Mythos Mekong: Lebensader Südostasiens, exotischer Strom durch Länder und Zeiten; einsame Fischer mit Kegelhüten auf dem Kopf werfen von schmalen Booten aus ihre Netze aus, Wasserbüffel stehen an seinen Ufern, während kleine Kinder in seine Fluten springen – das sind die zugegebenermaßen ziemlich abgegriffenen Ideen, die das westliche Bild dieses Flusses ausmachen. Er ist einer der zwölf längsten Flüsse der Erde, entspringt im tibetischen Hochland, fließt lange durch China, bildet dann die Grenze von Myanmar und Laos, um zum Goldenen Dreieck zu führen, die sagenumwobene und drogenschwangere Ecke der Welt, wo Myanmar und Laos auf Thailand treffen. Über

eine lange Strecke ist der Mekong der Grenzfluss zwischen Laos und Thailand, fließt dann durch Kambodscha und macht seinen Weg zum Mekong-Delta in Vietnam, um dort ins Meer zu fließen. Wie dieses Meer heißt, ist eine heikle Frage: Für Vietnam ist es das Ostmeer, für China das Südchinesische Meer, auf das es größtmögliche Besitzansprüche anmeldet. Das alleine ist ein riesiger Konfliktherd, um den es an dieser Stelle gar nicht gehen soll, aber es spiegelt die komplizierte politische Lage in der Region wider, die eben auch den Fluss des Mekongs begleitet. Beziehungsweise seinen Fluss hemmt. Denn die Lebensader Südostasiens kann versiegen: Staudammbau, Kraftwerke, Ausbaggerung – eine wirtschaftliche Übernutzung des Flusses bringt das Gleichgewicht durcheinander; der Artenreichtum des Stroms ist gefährdet ebenso wie das Einkommen der 60 Millionen Menschen, die vom, am und auf dem Mekong leben. Mekong – »Mutter allen Wassers«.

»Er ist viel zu niedrig, der Mekong. So trocken, so wenig Wasser, wir können unsere Felder nicht wässern.« Amphon steht in seinem Dorf im Norden von Laos. Es liegt nicht weit von Luang Prabang, der alten Königsstadt, Unesco-Welterbe, das mit seinen goldenen Stupas, dem Palast, den Tempeln, Kolonialbauten aus der Zeit der Franzosen, mit den stimmungsvollen Restaurants am Ufer des Mekongs zahlreiche Touristen anlockt.

Hütten mit Palmstrohwänden stehen wie an den Hang geklebt, Reste von Kohlefeuern senden noch dünne Rauchfäden in den Himmel; hier kochen die Dorfbewohner ihr Wasser ab, mit ein paar reinigenden Kräutern darin – es ist sonst zu schmutzig, um es zu nutzen. Ein Pfosten mit einigen wenigen Solarpaneelen steht da, Strom zum Handyaufladen, den sich die 35 Familien teilen müssen. Eine Ahnung von Stufen ist in die braune Erde getrampelt – wenn es hier regnet, verwandelt sich alles in rutschigen Matsch.

Aber es regnet nicht. Und der Mekong führt wenig Wasser. »Wir haben nicht genügend Reis, um uns zu ernähren. Wir versuchen noch Mais anzupflanzen, aber wir müssen auch unsere Ziegen, Kühe und Büffel verkaufen, um Reis kaufen zu können«, erzählt Amphon und deutet auf ein paar magere Tiere, die den Hang hinaufstaksen. Er selbst macht sich gerade auf den Weg, um mit seiner Frau Gold zu sammeln. Ein winzig kleines Körnchen Gold zeigt sie auf ihrer Hand, das sind zwei Gramm, 40 000 Kip, ungefähr vier Euro wert. Dafür haben sie zu zweit vier Tage lang hart gearbeitet im kalten Wasser des Mekong, in Pfannen den Sand gewaschen. Am Vormittag brechen sie immer auf, mit ihrer verbeulten Ausrüstung in einem schmalen Boot – am Morgen ist das Wasser des Stroms noch viel zu kalt, um lange darin zu stehen. Sie warten, bis sich die Morgennebel gehoben haben und die Sonne sie wärmen kann.

Am Ufer steht auch ein professionelles Goldschürfgefährt – das haben Chinesen dorthin gebracht, die die Uferbänke gründlich durchsuchen wollten. Doch die laotische Regierung hat es zunächst untersagt und der traditionellen Arbeitsweise ihrer Bewohner den Vorrang gelassen, so erzählt es Amphon.

Die Präsenz des nördlichen Nachbarn ist trotzdem deutlich genug: Eine große Eisenbahnbrücke soll den Mekong bald überspannen, momentan stehen nur die Stützpfeiler im Wasser und am Ufer, riesig hoch, massiv und grau ragen sie wie Saurierbeine in die Höhe – in wenigen Jahren soll die Eisenbahnlinie von China durch Tunnel,

Berg und Tal bis zur Hauptstadt von Laos, Vientiane, führen. Sie ist ein Teil der chinesischen Neuen Seidenstraße und eines von zig Infrastrukturprojekten, mit denen das Land die Erde umspannt. Viele Laoten, besonders Angehörige der Bergstämme und Bauern, freuen sich über die Arbeitsmöglichkeiten, sie bauen Brücken und Hotels in chinesischem Auftrag, pflanzen Bananen und Reis an den Ufern des Mekong an, die direkt nach China geliefert werden.

Die braunen Fluten des Mekong wälzen sich momentan alles andere als träge durch Laos; Sivanh steuert sein Schiff über den Fluss – es ist nicht breit, nur zweieinhalb Meter, aber 30 Meter lang. Er transportiert Passagiere von Luang Prabang, der alten Königsstadt, bis nach Ban Houayxay an der Grenze zu Thailand, Richtung Goldenes Dreieck. »Das Schiff ist zwar lang, aber nicht schwer zu steuern, wenn wie jetzt die Chinesen Wasser haben zulaufen lassen«, erzählt der Kapitän. Zwei Tage zuvor waren die Dämme in China offensichtlich geöffnet worden, der zuvor sehr niedrig und langsam fließende Mekong war plötzlich wieder schneller und etwas tiefer.

Der Verlauf des Flusses ändert sich durch die geänderten Wasserstände, meint Sivanh, plötzlich ist mehr Sand auf der anderen Seite, dann auf einmal müssen sie wieder näher am Felsen entlangfahren, »wenn der Damm in China zu ist, dann ist das Wasser in Laos niedrig. Und dann plötzlich steigt es um anderthalb Meter!« Ein GPS nütze hier nichts, es brauche Kenner, die wissen, wo die Untiefen sind, und die wechseln auch häufig: »Der Mekong verändert sich jeden Tag, Wasser hoch, Wasser niedrig, starke Strömung, neue Kurse …« Und neue Gefahren: Wegen der plötzlichen Dammöffnungen bringt das Wasser dann auf einmal mehr Baumstämme, die sich losgerissen haben, mehr Plastik mit – und der Kunststoffmüll kann leicht den Motor blockieren.

Seit neun Jahren fährt Sivanh den Mekong entlang, er lebt mit seiner Familie auf dem Boot, mit seiner Frau, seiner Tochter und seinem Sohn. Nie wollte er etwas anderes lernen, sondern immer nur auf dem Fluss fahren. Während er das erzählt, blickt er aufs Ufer – es ist mit Nadelbäumen bewachsen, im flachen Wasser steht ein Wasserbüffel, ein Fischer steuert sein schmales Boot zwischen den Felsen entlang … wie in den alten Zeiten sieht es aus, für einen Moment. Doch die sind unwiederbringlich vorbei.

Das Schiff passiert den Nam Ou, einen Zufluss des Mekong. »Er war so schön, der Nam Ou, aber seit sie dort Dämme bauen, ist alles anders«, erzählt Sivanh. »Vorher konnte man dort fischen und Gold suchen, aber jetzt werden die Dörfer umgesiedelt und alles geht unter.« Sieben Dämme insgesamt sollen 80 Prozent des Flusses kontrollieren, und Experten fürchten, dass zwei Drittel des Fischreichtums dabei verloren gehen. Die Dämme selbst verhindern das Wandern der Fische, zudem blockieren sie den Fluss der Sedimente – das angrenzende Land wird weniger fruchtbar, der Ackerbau leidet, wenn die Gärten nicht sowieso ganz versinken. Bewohner berichten, dass sie nur noch kleine Fische fangen – sie tragen die Konsequenzen des Dammbaus.

Sterben die Fische, sterben auch diejenigen, die sich von ihnen ernähren, Otter, Reptilien, Wasservögel. Und Umweltschützer fürchten, dass ein Naturschutzgebiet verloren geht, das bis jetzt noch Habitat war für Elefanten, Tiger, Gibbons und Muntjakhirsche.

Gebaut hat das Dammprojekt der chinesische Wasserkraftriese Sinohydro, als Joint Venture mit dem laotischen Stromerzeuger Electricité du Laos. Buddhistische Tempel sind halb versunken – oder mussten aufgegeben werden und verfallen, berichten Augenzeugen, weil die Dörfer umgesiedelt wurden. Bewohner beschweren sich, dass der versprochene Wohlstand ausbleibt, so ein Reporter, der anonym bleiben will. Stattdessen hätten die Anwohner ihre Gärten in den Fluten verloren und müssten das Gemüse, mit dem sie ihre Familien ernährten, nun kaufen.

Laos' Regierung will dem Beispiel Chinas folgen, schon vor Jahren hat es sich damit gebrüstet, dass es die »Batterie Südostasiens« werden wolle und Strom für die ganze Region produzieren, alles durch Hydropower. Dafür plant es neun Staudammprojekte am Mekong, zwei davon sind bereits in Betrieb, der riesige Xayaburi-Damm mit 1285 Megawatt und der Don Sahong-Damm mit 260 Megawatt. Bis 2030 will das Land 20 000 Megawatt Strom an seine Nachbarn exportieren. Der Wunsch, den mächtigen Mekong zu nutzen, um mit den natürlich gegebenen Ressourcen Geld zu verdienen, ist bis zu einem gewissen Grad nachvollziehbar: Laos, das einzige Binnenland Südostasiens, gehört zu den am wenigsten entwickelten Ländern, es hat noch immer unter den Folgen des Vietnamkriegs zu leiden. Millionen von Streubomben ruhen in seinem Boden, Laos ist eines der am meisten bombardierten Länder der Welt, es ist Munition, die amerikanische Bomber nicht über Vietnam losgeworden waren und die sie über dem vermeintlich menschenleeren Land abwarfen. Oder mit der sie den Ho-Chi-Minh-Pfad zerstören wollten, über den die Vietcong ihren Nachschub transportierten. Ein Drittel der kleinen

Streubomben ist damals im weichen Untergrund nicht explodiert; es sind Blindgänger, die mit ihrer explosiven Kraft bis heute im Boden lauern. Darum ist das Anlegen neuer Felder, der Bau von Häusern, Schulen, Straßen oft tödlich. Infrastruktur, Bildung, Gesundheitswesen: überall ist noch so viel zu tun, dass der Plan des kommunistischen Einparteienregimes, Laos durch Hydropower nach vorne zu bringen, verständlich ist. Vordergründig jedenfalls.

Ja, sagt Naturschützer Sonchai Boonsong, »die Regierung von Laos hat diese Idee von der Batterie Asiens sehr deutlich gemacht, und es ist bereit, die Kosten dafür zu tragen. Die Bewohner leiden zwar auch unter den Folgen, aber das System macht es ihnen schwer, darüber offen zu reden.« Der Umweltaktivist aus dem Nachbarland Thailand engagiert sich für den Schutz des Mekong, gemeinsam mit Gleichgesinnten starten sie Kampagnen, um vor dem Schaden durch die Staudämme zu warnen. Aber er ist vorsichtig – er selbst vermeidet es, nach Laos zu fahren. »Meine laotischen Freunde und Mitkämpfer erhalten Drohungen; manchmal folgt ihnen jemand, oder sie werden zu Gesprächen vorgeladen, so war es früher. Jetzt gerade ist jemand verhaftet worden, der die Regierung von Laos dafür kritisiert hat, dass sie zu langsam auf die Überschwemmungen reagiert hat.« Thailands Umweltschützer fordern einen Boykott von laotischem Strom – denn sie sehen die Folgen der Dämme täglich: leere Fischernetze, Rinnsale statt Flussarme, Wasser ohne Nährstoffe.

Der Mekong ist, nach globalen Maßstäben, außergewöhnlich in seiner Konzentration von Sedimenten, seiner Artenvielfalt und in der Fischerei, die er ermöglicht: 781 Fischarten sind hier zuhause, davon wandern 165 Arten den Fluss hinauf und hinab (so schreibt es Eric Baran in seiner Studie über »Fisch, Sedimente und Dämme im Mekong«). Fast ein Fünftel aller Süßwasserfische weltweit werden hier gefangen; die Fischbestände des Mekong sind notwendig für die Nahrungssicherheit der Bewohner. Und das wirklich Sensationelle: Der Mekong trägt mehr Sedimente mit sich als der Amazonas, etwa 160 Millionen Tonnen Sediment transportiert er jährlich, und damit eben Nährstoffe wie Phosphor, Stickstoff und Kalium. All das wird für das Überleben des Ökosystems am Unterlauf, für die Fische und für die Menschen dort dringend benötigt. Würden alle geplanten Staudammprojekte in China und Laos umgesetzt, so hat eine neue Studie von der Stanford University errechnet, dann würden 95 Prozent des natürlichen Sedimenttransports zurückgehalten.

Normalerweise wälzt sich der Mekong schlammigbraun in seinem Bett, doch im Norden Thailands beobachteten die Anwohner Ende 2019 eine Veränderung der Flussfarbe – statt schmutzigbraun wurde der Mekong klarblau; kurz danach tauchten dicke Klumpen grüner Algen auf, viel mehr als sonst in den Trockenzeiten. Sie verklebten die Netze und machten das Fischen unmöglich.

Laut Wissenschaftlern könnte eine langsamere Fließgeschwindigkeit schuld sein: Weniger Wasser fließt gemächlicher, das Sediment lagert sich ab, anstatt weiter getragen zu werden. Luftaufnahmen des immensen Xayaburi-Staudamms in Laos zeigen die Veränderung der Wasserfarbe von 2017 bis 2020: von Schlammbraun über Khakigrün zu Petrolblaubraun. Die elf Staudämme am chinesischen Oberlauf des Mekong sind schon länger in Betrieb; dass diese Veränderungen erst jetzt auftreten, liege daran, dass

Laos jetzt eben auch seine Wasserkraftwerke angeworfen hat.

Einem thailändischen Experten für Fischereiwesen macht das besonders Sorgen, denn während China zwar die Masse des Wassers beschränkt – was für sich genommen schon problematisch genug ist –, hat der Eingriff Laos' Einfluss auf die Wasserqualität. In den Ebenen von Laos beginnt der Mekong das Sediment aufzugreifen, das das Ökosystem benötigt. Tuantong Jutagate ist Agrikultur-Professor mit Schwerpunkt Fischereiwesen in Ubon Ratchathani. »Der Damm hält Nährstoffe und Sedimente zurück, während das ›ärmere‹ Wasser weiterfließt. Das alles wird das aquatische Ökosystem negativ beeinflussen«, sagt er. »Die Dämme in China verändern die Wasserflüsse und die Menge, der Xayaburi verändert dazu noch die Qualität.« Der entscheidendste Eingriff betrifft die Vielfalt der Fische und die Ungestörtheit ihrer Wanderung, meint Tuantong Jutagate: »Der Damm verändert die hydrologischen Muster des Unteren Mekong, und zwar sowohl im Tagesverlauf als auch im Jahresverlauf.«

Das Blockieren und Entlassen des Wassers, die unberechenbaren Schwankungen der Wasserstände, das ist eines der großen Probleme, mit denen die Menschen am Mekong klarkommen müssen. Von sehr niedrig zu sehr hoch, oft ohne Ankündigung, so steuere China den Fluss des Mekong, erzählt Sonchai Boonsong. Er beobachtet das für seine Flussschutzorganisation genau: »Wir können die Veränderungen sehen, wenn der Mekong Thailand erreicht – wir messen vor allem in Chiang Saen (ein Landkreis ganz im Norden Thailands, am Goldenen Dreieck). Als China im Jahr 1993 angefangen hat, das Wasser zu stoppen, um den Manwan-Damm zu bauen, war der Mekong so trocken, dass wir noch nicht einmal einen ordentlichen Wasserstand messen konnten. Und seitdem hat China einen Damm nach dem anderen gebaut, elf Stück. Und diese elf Staudämme haben zusammen eine Kapazität von 40 Milliarden Kubikmetern.«

Diese 40 Milliarden Kubikmeter Wasser sind also unter Chinas Kontrolle, und deshalb werde immer wieder mal mehr, mal weniger Wasser freigegeben – es variiere ständig, meint Boonsong. »Im großen Ganzen betrachtet, ist der Wasserstand in der Trockenzeit zwar höher als vor den Dämmen, aber dafür ist er völlig unbeständig.« Und in der Regenzeit ist der Wasserstand dafür niedriger als vorher. Statt sechs Meter, wie es normalerweise der Fall war, fließt der Mekong jetzt nur noch halb so tief durch Chiang Saen, gerade mal drei Meter tief. Dann wieder gibt es regelrechte Flutwellen, wenn China Wasser ablässt.

Alle zwei Jahre etwa, berichtet Sonchai Boonsong, steigt das Wasser plötzlich um zwei bis drei Meter, wie im vergangenen Januar. »Es begann hier, es stieg um zwei Meter, vertikal, und dann wanderte die Flut den ganzen Fluss hinab, bis dorthin, wo er Thailand verlässt. In nur einer Woche stieg das Wasser überall dort so hoch, und die Ernten starben.«

Schon wenn der Mekong weniger hoch steigt, etwa nur um einen Meter, sind die Ernten der Anwohner verloren. Mit einem Anstieg von 30 bis 40 Zentimetern können die Bauern umgehen, alles andere ruiniert ihren Lebensunterhalt. Sie pflanzen so, dass sie am Ende der Trockenzeit Gemüse, Reis und Obst ernten können. Die nächste Regenzeit lässt den Fluss steigen, Sediment lagert sich ab, sie können wieder pflanzen. So war es normalerweise im natürlichen Ablauf der Dinge.

Jahrtausendelang hat der mächtige Fluss bestimmt, wie das Leben der Menschen aussah, welchem Rhythmus es folgte. Doch der Mensch hat zu massiv in diesen Rhythmus eingegriffen. Jetzt steigt das Wasser in der Trockenzeit künstlich gesteuert, und China kündigt nur selten an, wann es Wasser aus den Staudämmen ablässt.

Immer wieder fordern Organisationen, die den majestätischen Mekong schützen wollen, China auf, kooperativer und transparenter zu arbeiten, was seine Dämme angeht. Nach dem Bericht einer US-Beraterfirma hat China mit seinen Dämmen im Jahr 2019 den Mekong am Oberlauf auf hohem Niveau gehalten – während Laos, Thailand, Kambodscha und Vietnam unter einer extremen Dürre litten, die Pegelstände dort waren so niedrig wie seit 50 Jahren nicht. Das belegten Satellitenaufnahmen, laut der Wasserbeobachter von »Eyes on Earth«, während China die Ergebnisse der Studie zunächst in Zweifel zog. Alle vier Länder des Unterlaufs haben sich später ebenfalls an China gewandt – was selten genug vorkommt, und auch, dass es in Einigkeit geschieht: Sie fordern verlässliche Daten und Berichte über Flut- und Trockenperioden. Es sei notwendig, Pläne über die Wasserzu- und abläufe bekanntzumachen – nur so könnten sich die Menschen am unteren Mekong auf schlechtere Bedingungen einstellen, nur so können sie wissen, ob sie Dürre oder Flutwellen erwarten.

Laos, Thailand, Kambodscha und Vietnam sind in der Mekong River Commission organisiert – eine Institution, die über die Grenzen hinweg den Umgang mit dem Mekong zum Besten gestalten und Dammprojekte beurteilen soll. Kritiker nennen sie zahnlos gegenüber Regierungen und großen Unternehmen. Das liegt zum Teil an unterschiedlichen Interessensausrichtungen. Denn die Mission der Mekong River Commission sei eigentlich, »nachhaltiges Management und nachhaltige Entwicklung des Wassers und verwandter Ressourcen zu fördern und zu koordinieren, zum wechselseitigen Wohlergehen der Länder und der Menschen.« So steht es in der Erklärung der Kommission. Was genau dieses Wohlergehen ist, darüber herrscht allerdings Uneinigkeit, meint Le Hong Hiep vom Institut für Südostasienstudien in Singapur: »Es gibt verschiedene Zusammenschlüsse der südostasiatischen Länder, die aber gespalten sind, auch ASEAN (die Assoziation der Südostasiatischen Nationen, eine Organisation ähnlich der EU). Sie sind sich uneins darüber, wie sie mit China umgehen sollen. Laos will mehr Dämme bauen, aber Vietnam ist dagegen. Laos will seine wirtschaftliche Entwicklung damit vorantreiben, aber Vietnam will den Fluss bewahren, wie er ist, sie wollen die Umwelt bewahren, damit auch ihre Landwirtschaft entlang des Mekong bestehen bleibt. Während es also Mechanismen zur Zusammenarbeit gibt, um den Fluss zu schützen und das Beste für ihn zu tun, gibt es aber keine gemeinsame Richtung – also sind die Mechanismen nicht wirklich effizient für diese Kooperation.« Ein Hin und Her, unberechenbar wie das Wasser, das China zurückhält oder in brutaler Plötzlichkeit abfließen lässt.

Dabei bedarf es eines beständigen jahreszeitlichen Wechsels in der Höhe des Wassers nicht nur für die Landwirtschaft, auch für die Fischer. Normalerweise ist es so, erklärt Umweltschützer Boonsong: »Wenn der Mekong Hochwasser hat, dann verstecken sich die Fische, aber wenn das Wasser zurückgeht, kommen sie heraus und die Menschen können sie fangen. Doch wenn das Wasser dann auf einmal wieder steigt, sind die Fische weg! Also, im Vergleich zu früher, als das Wasser auf natürliche Weise in der Trockenzeit sank, können die Menschen hier nicht mehr wirklich fischen. Oder es geht nur ein bisschen, und dann geht es wieder nicht – die Fischer leiden wirklich darunter. Und diese Veränderungen zerstören das Flussufer und damit den Bereich, wo Fische und Fischer zuhause sind.«

Die Fischer sind auch auf andere Weise in Mitleidenschaft gezogen. Denn wenn das Wasser zu schnell absinkt, dann bleiben ihre Boote am Ufer auf dem Trockenen liegen; wenn das Wasser zu schnell steigt, werden die Boote von der Flut davongerissen. Manchmal haben die Fischer Glück und finden ihre Boote wieder, aber oft genug haben sie Pech.

Das Bild des friedlichen Fischers, der auf dem Mekong seine Netze auswirft, gehört bald für immer der Vergangenheit an. Eines der fischreichsten Gewässer, das Land um Land mit Nahrung versorgte, wird immer ärmer, die Fische immer kleiner – während sie früher größer waren als die Fischer selbst. Der Mekong-Riesenwels, einer der größten Süßwasserfische der Welt, hat früher ganze Dörfer ernährt, heute gilt er als vom Aussterben bedroht.

Auch in Kambodscha gibt es immer weniger Fische zu fangen. Das liegt an der Fragilität eines Naturwunders, des Tonle Sap Flut-Pulses. Der Tonle Sap-Fluss und der gleichnamige See sind in ihrem natürlichen Rhythmus darauf angewiesen, dass der Mekong sich zur Regenzeit füllt. Seine erhöhten Wassermassen drücken dann derartig in den Tonle Sap-Fluss hinein, dass dieser seinen Lauf umkehrt:

Anstatt in den Mekong zu münden, nimmt er dessen reiche Fluten auf, fließt aufwärts und füllt den Tonle Sap-See auf die fünffache Größe und Tiefe, bis er der größte See Südostasiens ist. Er überschwemmt in der Regenzeit Auen und Wälder. Viele Anwohner leben in Stelzenhäusern oder in schwimmenden Dörfern, ihre Häuser passen sich dem Puls des Sees, dem Anschwellen und Absenken an. Die Wasser des Mekong führen normalerweise viele Sedimente mit sich, die sich dann im Tonle Sap ablagern. Durch sie können sich Fischeier, Larven, ganze Fischbestände entfalten, sie bilden die Basis des Fischreichtums. Zwischen den Ästen der überfluteten Bäume können die Tiere in Ruhe gedeihen – Milliarden von ihnen.

Wenn der Mekong wieder weniger Wasser führt, kehrt der Tonle Sap seinen Lauf um, meist im November. Dann können die Bauern Reis anbauen, denn das Hochwasser lässt die Auengebiete fruchtbar zurück. Aber vor allem wird dann mit dem Wasserfest der Beginn der Fischereisaison gefeiert, mit Drachenbootrennen und Konzerten, Trinken und Essen.

Im vergangenen Jahr gab es nichts zu feiern. Weil es kaum geregnet und der Mekong durch die Dämme so wenig Wasser geführt hat, ist der Tonle Sap nur sechs Wochen lang in Richtung des Sees geflossen – statt wie sonst vier bis sechs Monate lang. Und das heißt: Der See hat viel zu wenig Wasser bekommen und viel zu wenig Sedimente, das niedrige Wasser war warm und sauerstoffarm – wie sollten sich da Fische vermehren, vertausendfachen, wie sollte der große Fischreichtum Kambodschas entstehen? Eigentlich birgt der Tonle Sap eine der größten Binnenfischereien der Welt. Jetzt fangen die Fischer statt zehn Kilo

Fisch am Tag nur ein oder drei. Früher, so gehen die Erzählungen der Fischer, waren die Fische so groß, dass ihre Boote beinahe kenterten, und so zahlreich, dass sie aus dem Wasser direkt in ihre Gefährte sprangen.

Heute erzählen sie, dass sie die ganze Nacht auf dem See gewesen seien, um zu fischen, und trotzdem sind ihre Netze leer. Von 500 000 Tonnen Fisch, die die Kambodschaner sonst aus dem Tonle Sap bekommen, ist womöglich nur ein Zehntel übrig. Die Auengebiete sind trocken geblieben und ohne Sedimente, das macht den Reisanbau schwierig. Für ein Land, das von Fisch und Reis lebt, ist das eine bedrohliche Entwicklung, hervorgerufen durch Dürre und globale Erwärmung, potenziert durch die Dämme in China und Laos. Die Tendenz war schon einige Zeit zu beobachten – bereits 2016 hat der Global Nature Fund den Tonle Sap zum »Bedrohten See des Jahres« bestimmt –, aber die Misere des vergangenen Jahres war drastisch: Kambodscha hat darum fürs Erste die Pläne für zwei eigene Wasserkraftwerke gestoppt.

An vielen Stellen des Mekongs schwimmen große Baggerschiffe, unaufhörlich pumpen und schaufeln sie das neue Gold aus dem Flussbett: Sand. Der Rohstoff ist weltweit gefragt, denn Städte wachsen, Glas und Beton werden in Unmengen benötigt und dafür braucht man eben Sand. Der Handel mit ihm ist ein Riesengeschäft, und der Mekong ist eine Quelle, aus der sich viele bedienen, legal und illegal. In Kambodscha und Vietnam holen die Sandgräber geschätzte 50 bis 100 Millionen Tonnen des Materials aus dem Fluss – die dann natürlich fehlen. Ufer und Flussbett sind in ihrer Stabilität, Fische in ihrem Lebensraum bedroht.

Das glanzvolle Singapur ist auf Sand auch aus dem Mekong gebaut, Dubai, Shanghai – die Megacitys fordern Material. Auf Kosten der Mekong-Anwohner.

»Weil sie mit dem Sand aus dem Fluss ihre Häuser und Hotels bauen, ist unser Heim in den Mekong gerutscht«, erzählt eine Frau in einem kambodschanischen Dorf. Tatsächlich mehren sich Erdrutsche; dort, wo dem Mekong der Sand geraubt wird, fließt er schneller, wird breiter, frisst Straßen und Häuser.

»Ja, das ist ein Problem, auch in Vietnam«, meint Le Hong Hiep vom Institut für Südostasienstudien in Singapur. »Es gibt sehr viel Sandabbau, gerade im Mekong-Delta, denn der Bedarf wächst – für Städte oder große Landgewinnungsprojekte, vor allem an den Küsten.« Er erzählt von einem großen Projekt der Vingroup nahe Ho-Chi-Minh-Stadt – »und dafür nutzen sie Sand aus dem Mekong-Delta. Früher hat Vietnam viel Sand in andere Länder geliefert, Singapur zum Beispiel, aber das hat die Regierung limitiert. Dafür gibt es in Vietnam selbst einen Boom.« Die Urbanisierung nimmt zu, die wirtschaftliche Entwicklung verlangt neue Infrastruktur.

Neben lizensierten Förderern mischen auch viele illegale Sandgräber in dem Geschäft mit, das mache es der Regierung schwer, den Sandabbau zu kontrollieren, meint Le. Also kommt es vermehrt zu Erdrutschen, die Menschen im Mekong-Delta verlieren ihre Heime und ihre Einkommensquellen. »Das hat sich Vietnam aber selbst zuzuschreiben, das Problem haben die vietnamesischen Firmen erzeugt, und die Regierung muss wohl strengere Maßnahmen treffen, um weitere Probleme zu vermeiden. Die Herausforderung bleibt aber: Woher den Sand nehmen, den die Bauwirtschaft benötigt? Es muss einen ausgewogenen Ansatz geben«, sagt Le, denn irgendwie muss garantiert sein, dass die Baufirmen bauen können. Aber es dürfe nicht ausufern und dem Mekong-Delta ökologischen Schaden zufügen.

Nicht noch mehr Schaden, muss man wohl sagen. Denn während Vietnam an der einen Stelle Land gewinnen will, ist an anderer Stelle ein großer Teil des Landes in Gefahr. Das Mekong-Delta ist berühmt als ertragreicher Garten Eden von 70 000 Quadratkilometer Größe, fruchtbar, voller Flussarme, kleiner Inseln, Mangrovensümpfe, mit buntem Leben, Üppigkeit, Fruchtbarkeit. Lebensgrundlage von mindestens 17 Millionen Menschen. Sie bauen hier Obst und Gemüse an, andere züchten Fische oder Garnelen aller Art. Aber vor allem wächst hier Reis – »Reisschüssel Vietnams« wird das Delta auch genannt, die Hälfte der vietnamesischen Produktion stammt von hier.

All das verkaufen sie oft auf den schwimmenden Märkten, an verschiedenen Knotenpunkten, Zusammenflüssen und größeren Siedlungen des Deltas. Sie verlieren zwar an Bedeutung, seit mehr Straßen gebaut werden, sind aber trotzdem ein faszinierender Anblick: Dann, wenn die Nacht sich langsam dem Morgen nähert, herrscht auf dem Wasser pure Geschäftigkeit, von hunderten kleineren und größeren Booten aus werden Ananas, Durian oder Kumquat gehandelt, Kokosnüsse, Pomelos und Melonen, Reis und Fisch losgeschickt zum Transport ins Landesinnere. Doch egal, ob die Bauern die Früchte ihrer Arbeit über Fluss oder Straße verkaufen – sie berichten von zunehmenden Problemen, die sie geradezu in die Zange nehmen: Der Klimawandel ist das eine, mit immer längeren Dürreperioden und niedrigeren Wasserständen, das andere ist der Anstieg des Meeresspiegels, der immer mehr Salzwasser in das Mekong-Delta eindringen lässt. Die Kombination dieser beiden Phänomene macht es der Bevölkerung des Mekong-Deltas zunehmend schwerer. In dieser Region lebt immerhin ein Fünftel aller Vietnamesen. Die Staudämme in China und Laos verschärfen die Lage noch.

Das Salzwasser dringt immer weiter ins Delta vor, und für eine viel längere Zeit. Mit einem »salzigen« Monat sind die Bauern klargekommen, aber vier Monate: Das ist zu lang für ihre Ernten, der Salzgehalt des Wassers tötet die Pflanzen, Palmen und Obstbäume sterben ab, Süßwasserfische und -garnelen haben keine Chance. Darum, erzählt Le Hong Hiep, »will die Regierung das Saatgut und die Technologie der Bauern austauschen, um sich an diese Veränderungen anzupassen: Reissorten anpflanzen, die resistenter sind, oder während der ›salzigeren‹ Zeiten andere Dinge anbauen beziehungsweise züchten, zum Beispiel Meeresfische und -garnelen. Das hat für die Regierung Priorität, sie will den Bauern helfen.«

Auch hier im Delta ist der Verlust der Sedimentmenge deutlich zu spüren. Das Flussbett des Mekong wird tiefer, weil sich kein Sediment mehr ablagert, also können größere Mengen des schwereren Seewassers hineinfließen. Die Flussufer erodieren, aber nicht nur das: »Weil weniger Süßwasser vom Oberlauf des Mekong ankommt, kann der wichtige Prozess der Entsalzung der Böden im Mekong-Delta nicht stattfinden«, erklärt Vietnam-Spezialist Le Hong Hiep.

Die Böden versalzen, weil kein Süßwasser sie spült. »Das Meerwasser bleibt länger stehen, die Bodenqualität im

Delta leidet und das wiederum führt dann zu weiteren Problemen zum Beispiel im Reisanbau.«

Die Landwirtschaft nimmt großen Schaden durch all diese Probleme, die wie die Glieder einer Kette zusammenhängen. Staudämme, Klimawandel, Sandabbau, Versalzung, fehlende Sedimente, Dürre und Erosion haben schon Hunderttausende in die Flucht getrieben. Laut einer neuen Studie könnte das Mekong-Delta schon 2050 größtenteils unterhalb des Meeresspiegels liegen, nach vorsichtigeren Berechnungen »erst« Ende des Jahrhunderts. »Wir müssen darum dringend darüber nachdenken, wie wir die Auswirkungen des Klimawandels begrenzen können«, meint Le Hong Hiep, »die Bauern dürfen nicht mehr das Grundwasser anzapfen, sonst sinkt der Boden noch schneller ab, und wir müssen Bäume anpflanzen, um das Land zu halten.«

Aber vor allem müssten die Länder zusammenarbeiten, eine solche Herausforderung kann kein Land alleine bestehen. Doch die Interessen sind zu unterschiedlich, scheint es. Laos möchte den Mekong für sein Potenzial, für seine Wasserkraft nutzen und Strom erzeugen, das Land gibt seiner wirtschaftlichen Entwicklung den Vorzug. Kambodscha und Vietnam wollen die Existenzgrundlage ihrer Bewohner sichern und räumen dem Schutz des Ökosystems den Vorrang ein. »Da geht es doch nicht nur um jedes Land für sich – im Mekong-Delta wächst Reis nicht nur für Vietnam, sondern auch für die anderen Länder, die Staudämme gefährden also die Nahrungssicherheit in der gesamten Region.«

Wasserkraft: eigentlich grün, nachhaltig, eine wunderbare alternative Energiequelle. Eigentlich. Dimension,

Zahl und Handhabung der Wasserkraftwerke können diese Idee schnell umkehren, das zeigt der Mekong. Die ökologischen Folgen sind immens, der vordergründige wirtschaftliche Vorteil – die Stromgewinnung – geht durch die Langzeitfolgen für eine ganze Region verloren, durch die Schäden für Landwirtschaft und Fischerei, durch den Verlust eines funktionierenden Ökosystems mit zahlreichen Tierarten.

Wissenschaftler wie Tuantong Jutagate hegen Zweifel an der Wirksamkeit der eigentlich vorgeschriebenen Schutzmaßnahmen für Fische: »Dass es keine Informationen und Daten über die Funktion der Fischpassagen gibt, das finde ich eigenartig.«

Die existierenden und geplanten Dämme in Laos sind von thailändischen oder vietnamesischen Firmen mitbetrieben. Zum Beispiel hat Petrovietnam, eine staatliche Ölgesellschaft, in einen umstrittenen Damm investiert, den Laos in der Nähe von Luang Prabang errichten will. Der Grund ist angeblich, dass Vietnam lieber Einfluss auf den Dammbetrieb nehmen möchte als ihn komplett China zu überlassen. In gewisser Weise nachvollziehbar: Denn immer wieder heißt es auch aus Thailand, dass China sich seiner Dämme bedient, um politischen Druck auszuüben. Die Länder am unteren Mekong hängen in Dürrezeiten von der Gnade Chinas ab. »Es ist gar nicht so einfach, wie man vielleicht denkt, das Wasser dieser Dämme zu kontrollieren und sie als Werkzeug einzusetzen«, wendet Südostasien-Experte Le Hong Hiep ein. »Ich sehe dafür nicht allzu viele Beweise. Aber wenn Vietnam im Konflikt mit China liegt, zum Beispiel über das Südchinesische Meer, dann müssen sie die Dämme schon im Hinterkopf behalten.«

Der Mekong als diplomatisches Planschbecken, das am Ende leer ist. Die Mutter allen Wassers versiegt – wenn der Mensch sich nicht mehr nach ihr richtet.

3 Cool City – Klimaanlagen, der Aufstieg der Tropen, und wie man besser kühlen kann

Drei Kisten für den Welterfolg: der Aufzug, der Container, die Klimaanlage. Ohne diese drei Errungenschaften wäre der Boom von Metropolen nie möglich gewesen. New York hätte keine Skyline, denn ohne Aufzüge hätte niemand in den himmelstürmenden Bauwerken leben und arbeiten können. Der Welthandel wäre ein anderer, wenn die Erfindung des Containers ihn nicht komplett auf den Kopf gestellt hätte. Und Städte in tropischen Klimazonen wie Singapur hätten ohne Kühlung niemals zu Finanz- und Handelszentren werden können. Lee Kuan

Yew, der Gründervater Singapurs, hat die Klimaanlage als wichtigste Erfindung des vergangenen Jahrhunderts bezeichnet – sie habe den Lauf der Zivilisation verändert.

Es ist eine Erfindung, die eine Art von Arbeitsgerechtigkeit bewirkt: Ländern und Städten mit tropischer Hitze war es auf einmal möglich, ein Klima zu erzeugen, in dem die Menschen viel produktiver arbeiten konnten. Szenen wie aus George Orwells »Tage in Burma« waren bis dahin typisch: Hemden, die den Kolonialbeamten schon um neun Uhr morgens am Leib kleben »mit dem ersten Schweiß des Tages«, erstickend heiße Räume, voller beißendem Rauch aus Stumpenzigarren, wo ein Boy den Fächer betätigen muss und die größte Sorge ist, wie lange das Eis wohl noch reicht. William Somerset Maugham, Joseph Conrad, Graham Greene – aus den Seiten ihrer Geschichten steigen Hitze, Schwüle, drückende Luftfeuchtigkeit auf. Es gibt kein Entrinnen, nicht auf der Veranda, nicht am Wasser, und erst recht nicht in Räumen, in denen eigentlich gearbeitet werden sollte. Das Hirn liegt lahm, gekocht in äquatorialen Temperaturen, unfähig, sich auf klare Gedanken, Papiere, Formulare, Berechnungen zu konzentrieren – und wenn sich dann auf Knopfdruck Kühle verbreitet, Erleichterung, Klarheit, Konzentrationsfähigkeit, dann können die Geschicke einer Nation auf einmal ganz andere Wege nehmen. Der frühere Umweltminister Singapurs sagte einst: »Ohne Klimaanlagen säße der Großteil unserer Belegschaft unter Kokospalmen, um der Hitze und Luftfeuchtigkeit zu entkommen, anstatt in High-Tech-Unternehmen zu arbeiten.«

Der Tigerstaat ist nicht allein mit dieser Erfolgsgeschichte, aber er ist das stärkste Beispiel dafür. Von kleinen Shophouses am Fluss zu Glas- und Glitzerfassaden, hinter denen Hunderttausende Anzugträger an Bildschirmen das Wachstum von Fi-

nanzunternehmen, Versicherungen, Banken und Beraterfirmen mit kühlem Kopfe mehren.

Doch die Kühle kommt um einen Preis. Und je mehr der Klimawandel voranschreitet, desto mehr werden wir alle ihn zahlen müssen.

»Bis 2050 wird sich die Zahl der Klimaanlagen weltweit verdreifacht haben. Was bedeutet: Von jetzt bis 2050 werden in jeder Sekunde zehn Klimaanlagen verkauft!«, so Jimeno Fonseca, Wissenschaftler beim Future Cities Laboratory in Singapur. Es erstaunt nicht, dass es ausgerechnet hier ein solches Labor für die Städte der Zukunft und die Zukunft der Städte gibt. Singapur verändert und vergrößert sich ständig. »Inconvenience caused regretted«-Schilder an den Baustellenzäunen entschuldigen die Umstände, aber unverdrossen wird gebohrt, gerammt, gebaggert, in die Tiefe gegraben, in die Höhe gebaut. Neue U-Bahn-linien, Flughafenterminals, Parks mit künstlichen begehbaren Bäumen, ganze Stadtviertel, preisgekrönte Hochhäuser werden in Windeseile und dennoch mit großer Gründlichkeit gebaut, beständig und immer im Zeitplan. Da, wo eben noch das Meer war, ist schon wieder Land gewonnen worden; eine Straße mitten im Finanzdistrikt war früher die Küstenlinie, zu Zeiten, als die Kaufleute und Händler aus aller Welt, aus China wie aus Europa hierher reisten und den Hafen anliefen und in den Gotteshäusern, ob Tempel, Moschee, Kirche oder Synagoge, ihren Dank für die glückliche Überfahrt erbrachten.

Aus bescheidenen Anfängen zum Superlativ: Immer größer, besser, höher als der Rest der Welt, erfindet und errichtet sich Singapur unentwegt neu. Inzwischen leben

5,8 Millionen Menschen im Stadtstaat, nach Monaco ist Singapur mit 8292 Menschen pro Quadratkilometer das Land mit der größten Bevölkerungsdichte, es liegt am Äquator und ist damit einem heißen, feuchten Klima ausgesetzt. Wer auch immer über die Zukunft der Städte forschen will, ist hier richtig. Denn, so sagen Wissenschaftler, in wenigen Jahren werden in Europa und Nordamerika zusammen weniger als zehn Prozent der Weltbevölkerung leben. Achtzig bis neunzig Prozent werden dann in dem Gürtel nördlich und südlich des Äquators leben, in unendlich vielen Städten, die hier neu entstehen. In den nächsten 30 Jahren werden mehr als zwei Milliarden Menschen mehr in diesen Städten wohnen, so die Prognose. Asien ist schon jetzt die Region mit der größten Dichte, und Singapur mittendrin, dynamisch und mobil, ein bestens geeignetes Beobachtungsfeld und Standort für das Future Cities Laboratory. Die Eidgenössisch Technische Hochschule ETH Zürich hat es vor zehn Jahren zusammen mit der National Research Foundation Singapore gegründet.

In den jetzigen und zukünftigen Städten der Tropen und Subtropen ist schon jetzt zu fühlen und zu sehen, was im Rest der Welt, weiter im Norden und weiter im Süden, auch früher oder später eintreten wird: Die großen Metropolen werden immer heißer. Denn zur Klimaerwärmung kommt hier der sogenannte urbane Wärmeinseleffekt hinzu: Jegliche Energie, die an einem Ort erzeugt, verbraucht und freigesetzt wird, verwandelt sich früher oder später in Wärme. Und je dichter die Besiedlung, desto mehr Energie, desto mehr Wärme.

»Cooling Singapore« heißt ein Projekt des Future Cities Laboratory, bei dem Jimeno Fonseca mitarbeitet. Wie kann man der Herausforderung der urbanen Hitze begegnen? Klimaanlagen werden global an Bedeutung zunehmen, sagt er: »Auch in Städten wie New York oder Boston werden die Menschen mehr kühlen, als dass sie überhaupt heizen werden – das haben Forschungen in den USA ergeben.« Kühlung ist der am schnellsten wachsende Faktor im Energieverbrauch in Gebäuden, hat die Internationale Energieagentur festgehalten, es sei bisher ein blinder Fleck in der Energiedebatte.

Mehr zu kühlen bedeutet mehr CO_2 auszustoßen, erklärt Fonseca. Für Länder wie Singapur, deren Energiemix auf fossilen Brennstoffen wie Erdgas beruht, hat das einen großen Einfluss auf die Umwelt. Mitten in der Energiewende macht der vermehrte Gebrauch von Klimaanlagen eine Abkehr von fossilen Brennstoffen schwerer.

Es ist ein sich selbst verstärkender Kreislauf, meint Heiko Aydt, Principal Investigator von »Cooling Singapore«. »Klimaanlagen sind gut, um Innenräume abzukühlen, aber sie verbrauchen viel Energie und sind dabei nicht hundert Prozent energieeffizient. Sie bewegen nicht nur die Hitze von innen nach außen, sondern produzieren wegen ihrer Ineffizienz auch noch Abhitze – die wiederum die urbane Umgebung aufheizt.« Wer einmal auf den kleinen Straßen Singapurs unterwegs war, die zwischen den Gebäudereihen hindurchführen, weiß, was Aydt meint: Wie eine endlose Reihe Schuhkartons hängen die Abluftgebläse der Klimaanlagen an den Rückseiten der Häuser – je mehr kühlere Luft sie nach innen pusten, desto mehr Hitze schleudern sie nach außen; die Luft auf der Straße wabert und umgibt dich wie eine dicke Decke – aus der du dich nicht auswickeln kannst. Der Schweiß rinnt, kaum, dass du einen einzigen Schritt gemacht hast. Dabei ist es ein wichtiges Ziel modernen Städtebaus, dass die Menschen sich möglichst viel im Freien aufhalten und sich draußen auch wohlfühlen. »Thermal outdoor comfort« lautet der Fachbegriff. Bei mehr als 30 Grad Hitze und bis zu 90 Prozent Luftfeuchtigkeit allerdings leichter gesagt als getan. In Windeseile hat jeder Zugereiste festgestellt, dass niemand hier tagsüber in Straßencafés sitzt, draußen zu Mittag isst – und wer tagsüber draußen Sport macht, ist sowieso selbst schuld.

Geübte Einheimische machen ihren Sport frühmorgens; wenn sie tagsüber auf die Straße treten müssen, wandeln sie unter den überdachten Gehwegen – von denen gibt es Jahr für Jahr mehr in Singapur, auch, weil sie vor dem Regen schützen – und wenn sie an einer Ampel warten müssen, dann stehen die Singapurer im Schatten eines Gebäudes, wann immer möglich. Oder unter einem tragbaren Sonnenschirm. Und dann schnell wieder hinein – in den eisgekühlten Bus, die frostigen Einkaufszentren, die kalten Büros –, einfach ins kühle Drinnen. Doch, da sind wir wieder am Anfang des Kreislaufs: Wenn drinnen alle die Klimaanlagen arbeiten lassen, ist es draußen umso heißer. Und, so Heiko Aydt vom Future Cities Laboratory, »je wärmer es wird, desto mehr Energie benötigen wir, um die Innenräume abzukühlen.«

Das ist gerade in Ländern wie Singapur ein Problem, denn hier ist es sowieso schon heiß, die Luftfeuchtigkeit ist hoch, und jedes Grad mehr ist unangenehm. Dann beginnt der Kreislauf von vorne, man müsste noch mehr kühlen und mehr Energie verbrauchen. »Dafür muss man mehr Strom produzieren und dafür mehr fossile Brennstoffe nutzen und damit die CO_2-Emissionen steigern und noch mehr zum Klimawandel beitragen.«

Erneuerbare Energien können die CO_2-Emissionen reduzieren, doch das ist nicht überall so leicht, erklärt Heiko Aydt: »Der Wind hier ist nicht der Rede wert, also klappt das mit Windenergie nicht. In Singapur funktioniert Solarenergie nicht so einfach, weil es nicht genügend Platz gibt, und der Himmel meist bewölkt ist.«

Dennoch versucht Singapur auch hier sein Bestes: Bis 2030 will der Stadtstaat den Anteil von Sonnenenergie in seinem Energiemix versiebenfachen – im Moment beträgt er nicht einmal ein Prozent. Aber Solarkollektoren auf den Dächern der Wohnblocks und auch schwimmende Kollektorenfelder auf den Stauseen und dem Meer sollen die Stromausbeute erhöhen. Ein Unternehmen hat den ehrgeizigen Plan aufgebracht, das längste unterseeische Kabel der Welt von Singapur nach Australien zu verlegen, um Solarstrom von Down under zu beziehen. Doch besser als die eine Energie durch die andere zu ersetzen, wäre es, die Energie gar nicht erst zu verbrauchen. Und dabei kann das moderne Singapur eine Menge von seinen Vorfahren lernen.

Es war ein fieberverseuchtes Sumpfloch an der Straße von Malakka, in dem Sir Thomas Stamford Raffles 1819 einen Handelsstützpunkt eröffnete. Der britische Forscher und Politiker gilt als Gründer des modernen Singapur. Die Statue am Singapore River zeigt ihn mit Gehrock, Halsbinde und Kniestrümpfen – er muss mächtig geschwitzt haben in seiner europäischen Kluft. Die Kolonialherren aus dem Westen und Norden versuchten kaum, sich an die örtlichen Bedingungen anzupassen – sondern ihre eigene Kultur der neuen Heimat überzustülpen. Mit mäßigem

Erfolg. Ein viktorianisches Giebelhaus wird in der Äquatorhitze schnell zum Backofen. Dagegen ist der Weg in ein altes chinesisches Shophouse sehr erquickend: In diesen Häusern aus der Wende vom 18. zum 19. Jahrhundert führte in der Mitte des Gebäudes ein Luftschacht durch alle zwei bis drei Geschosse. Nach oben offen, konnte die Luft hier zirkulieren. Am Grunde dieses Schachtes befand sich meistens ein Wasserbecken, das die Luft zusätzlich kühlte. Die Fische im Becken galten als Glücksbringer – und fraßen die Mückenlarven. In einem Land, anfällig für Denguefieber, eine wichtige Funktion und damit tatsächlich glückbringend.

Ventilation heißt das Zauberwort, das auch im heutigen Städtebau hilfreich ist: Man muss so bauen, dass der natürliche Luftfluss ermöglicht wird. Und man sollte für möglichst viel Schatten sorgen – durch Bäume oder Architektur. Ventilation und Beschattung helfen, damit Klimaanlagen nicht ununterbrochen laufen müssen. Dadurch wird es auch draußen kühler und das Wohlbefinden steigt. Im Prinzip ein alter Hut, sagt Jimeno Fonseca: »Ich weiß nicht, ob es schon bewusst geschah, um die urbane Erwärmung zu bekämpfen oder einfach deshalb, weil Designer einfach immer als erste Regel ihre Entwürfe nach ihrer Umgebung gestalten: Auf jeden Fall sind, was die Architektur in Singapur angeht, schon einige Gebäude so gestaltet, dass sie eine Querlüftung des Luftstromes ermöglichen. Zum Beispiel HDB-Gebäude« – HDB, das sind die Wohnblocks, die Singapur prägen: Viele Menschen komfortabel auf wenig Platz unterzubringen, das war das Bestreben; als Singapur Ende der Fünfzigerjahre unabhängig wurde, waren zahlreiche Gebäude im Krieg zerstört, es gab Slums, es herrschte Wohnungsnot. Das Housing and Development Board, also die offizielle Behörde für Wohnungsbau und -entwicklung, räumte auf und errichtete Block um Block an komfortablen und erschwinglichen Wohnungen – meist als Eigentum. Vier Fünftel der Singapurer besitzen und bewohnen staatlich geförderte Wohnungen, ganz verkürzt nach dem Housing and Development Board HDB genannt.

»Fast alle dieser HDB-Gebäude sind so entworfen, dass durch die Korridore der Wind weht, dass die Wohnung von der einen Fensterfront zur anderen durchgeht, sodass man immer querlüften kann; unten gibt es Leerdecks, also das Erdgeschoss ist praktisch offen und frei, sodass die Luft zirkulieren kann und man sich hier wohl fühlt. Also, es gibt hier bereits einige Elemente, die diese Methoden umsetzen. Und es gibt Gebäude in der Innenstadt, die sind mit erhabenen Podien entworfen worden.«

Neue Büro- und Wohnhochhäuser also, die zwischen einem Podium aus ein oder zwei Geschossen und den weiteren Stockwerken offen sind, auf Säulen getragen – eine intelligente Gebäudeform, durch die der Wind geleitet wird; Architektur, die mit ihren Kühleffekten einen Beitrag zur energetischen Verbesserung der Stadt leisten kann. Denn die Singapurer Regierung möchte – und muss – die Stadt weiter verdichten und trotzdem die Qualität einer lebenswerten und grünen Stadt erhalten.

Ein Abstecher zur Mittagspause in Singapurs Finanzviertel an der Bucht des Stadtstaates. Die Büroangestellten, Finanzexperten, Banker und Broker marschieren durch die tropische Hitze. Asphalt der Straßen, Glas und Beton der Geschäftshochhäuser fangen die Schwüle ein. Hier steht auch das »Marina One«, ein 400 000 Quadratmeter umfassender Komplex, bestehend aus vier Türmen, zwei zum Wohnen, zwei zum Arbeiten, dazwischen zieht die Luft hindurch und in der Mitte schlägt ein grünes Herz. Hier rauschen Brunnen, zwitschern Vögel, wachsen 350 Pflanzenarten, ein Wind weht. »Ich mag diese Brise, ich kann hier meditieren, entspannen, das ist besser, als in Restaurants anzustehen. Hier sind Bäume, Pflanzen, Vögel, das mag ich«, sagt Finanzexpertin Jennifer. Sie sitzt auf einer Bank, umgeben von Grün, im vierten Stock, der so genannten Oase. »Der Wasserfall hilft mir immer mich zu beruhigen, wenn die Gefühle hochkochen«, ergänzt Kimberly, eine Personalmanagerin, die die erfrischende Kühle der Grüngeschosse einer Mittagspause im Restaurant vorzieht.

Der Architekt Christoph Ingenhoven hat versucht, trotz der heißen Lage am Äquator einen nachhaltigen Geschäfts- und Wohnkomplex zu entwerfen. Durch die Öffnungen zwischen den vier Türmen zieht eine Brise von der Bucht her, und durch die Dichte der Anlage wird die Kühle auch gehalten. Zudem erlauben die Grüngeschosse noch einen zusätzlichen finanziellen Vorteil, erklärt Professor Thomas Schröpfer – er leitet das Projekt Dense and Green Buildings, Dichte und grüne Gebäude, beim Future Cities Laboratory. »Singapur hat viele Anreize für die Integration von Grünflächen in Gebäuden geschaffen. Diese werden z. B. zur Gesamtgeschossfläche nicht hinzugerechnet. Das bedeutet, dass ein Bauherr durch die Integration von Grünflächen ein größeres und oftmals interessanteres Gebäude errichten kann, welches für einen attraktiveren Stadtraum sorgt und sich besser vermieten oder verkaufen lässt. Wenn ein sehr großes Gebäude errichtet wird, z. B.

eine Wohnanlage mit 1000 Einheiten, was in Singapur keine Seltenheit ist, dann ist es wichtig, darin Sozial- und Grünräume in ausreichender Anzahl und Größe bereitzustellen. Um dies sicherzustellen, werden große Gebäudevolumen im Entwurf oftmals in kleinere unterteilt und gemeinschaftliche Räume dazwischen eingefügt. So können auch in sehr großen Gebäuden die räumlichen Voraussetzungen für das Entstehen von Gemeinschaft geschaffen, und Anonymität vermieden werden.«

Ein Beispiel für gelungene Integration von sozialen Räumen steht ebenfalls in Singapur und ist Ende 2018 als Gebäude des Jahres beim World Architecture Festival ausgezeichnet worden: Das zukunftsweisende »Kampung Admiralty« ist ein vertikales Dorf, mitten in einer Hochhaussiedlung im Norden Singapurs. Auf der Plaza unter einer riesigen Öffnung zum Himmel schieben Betreuerinnen alte Damen im Rollstuhl zum Café, kleine Kinder spielen um sie herum, es gibt altengerechte Ärztezentren neben Kindergärten. Alles auf Initiative der staatlichen Bauentwicklungsgesellschaft von Singapur, wie Professor Thomas Schröpfer erläutert: »›Kampung‹ ist ein malaiisches Wort und bedeutet ›Dorf‹. In Singapur beschreibt es im aktuellen Diskurs der Stadtplanung ein Gemeinschaftsgefühl, welches im Laufe der schnellen Urbanisierung des Stadtstaates oftmals verloren ging und für welches in neuen Projekten die Voraussetzungen wiederhergestellt werden sollen. Das gilt insbesondere für den älteren Teil der Bevölkerung.«

Im Kampung Admiralty hat man den Kampf gegen die Anonymität aufgenommen. Unter dem Motto »Kenne deinen Nachbarn« werden am Fahrstuhl immer wieder in wechselnden Portraits die Bewohner vorgestellt, wie etwa Madame Wu. Und wer mit dem Fahrstuhl zum Beispiel in den sechsten Stock fährt, findet ein Seniorenzentrum neben einer Vorschule, einen Spielplatz neben Fitnessgeräten, alles umgeben von dichtem Grün. Ganz oben auf dem Dach rauscht nicht nur die Klimaanlage, sondern gibt es auch eine Gemeinschaftsfarm. Hier wachsen Avocados, Guaven, Sternfrüchte, Mangos, Koriander und Kaffee, hier flattern Schmetterlinge und zwitschern Vögel. Darum herum breiten sich Hochhäuser in alle Richtungen aus, aber auch die sollen immer grüner werden.

Singapur betreibt ein Programm namens LUSH – als Abkürzung für »Landscaping for Urban Spaces and Highrises«, Landschaftsgestaltung für städtische Räume und Hochhäuser. »Saftig« oder »üppig bewachsen«, so ließe sich das Adjektiv »lush« übersetzen. Ein passender Name für eine überzeugende Idee – Hochhausbegrünung ist hier keine Wahl mehr, sondern Pflicht. Sie soll allgegenwärtig und allen zugänglich sein, so die Behörde. Dazu gehören bepflanzte Dächer und begrünte Wände oder Nutzgärten auf dem Parkhausdach – das dient gleichzeitig als platzsparender Beitrag zu Singapurs Nahrungssicherheit. Mit einem neuen Projekt namens »30 by 30« will das Land bis 2030 30 Prozent seiner Nahrung selbst anbauen können, vor allem Gemüse, Fisch und Eier. Eine Vorstellung, die bisher weit hergeholt schien – bei 5,8 Millionen Menschen auf einer Fläche wie die Hamburgs.

Für Produktion und großflächige Landwirtschaft ist kein Platz – aber Singapur wird von nun an das, was da ist, besser nutzen. Vertikale Landwirtschaft, in alten Gefängnissen oder auf Hochhausdächern: In diesen Bereichen wurde in den vergangenen Jahren schon viel experimentiert. Durch die Corona-Krise entstand Handlungsdruck: Denn Lieferengpässe aus dem Ausland zeigen der Bevölkerung, dass die Supermarktregale zwar nicht leer werden, aber in ihrer Produktauswahl deutlich eingeschränkt. Viele Lebensmittel kommen aus dem benachbarten Malaysia – und Singapur ist ungern zu abhängig von einer Quelle. Also hat die Regierung umgerechnet 20 Millionen Euro in die Förderung von neuartigen Landwirtschaftsprojekten gesteckt. Zum Beispiel hydroponische Anlagen, wo Pak Choy, Kai-lan, Spinat und andere hiesige Blattgemüse nicht in der Erde, sondern in bewässerten Nährkissen wachsen.

Mehrere Fliegen mit einer Klappe zu schlagen, darin ist der Stadtstaat gut. Er macht oft genug aus der Not – Platzmangel, urbane Hitze – eine Tugend. So auch mit dem LUSH-Programm, wie Thomas Schröpfer erläutert: »In Singapur werden Flächen, welche mit Gebäuden überbaut werden, in gleicher Größe mit Grünflächen ersetzt. Oftmals geschieht das durch die Integration von Grünflächen auf höheren Ebenen oder Dächern, wobei viele Gebäude über die geforderte Ersetzung der bebauten Grundfläche hinausgehen und deutlich mehr Grünflächen integrieren. Ein schönes Beispiel dafür ist Oasia Hotel Downtown von 2016, bei dem die integrierten Grünflächen die bebaute Grundfläche um mehr als das Zehnfache ersetzten. Begrünte Gebäude im tropischen Klima Singapurs haben viele Vorteile, unter anderem tragen sie zur Kühlung von Innen- und Außenräumen bei und mildern das Problem städtischer Wärmeinseln.«

Mit der Wärmebildkamera fotografiert wären die Städte tiefrote Punkte auf einem Globus. Da ist er wieder, der urbane Wärmeinseleffekt. »Wir beobachten, dass die Temperaturen in einer Stadt höher sind als im Umland«, erklärt »Cooling Singapur«-Spezialist Heiko Aydt. »In der Stadt ist die Landnutzung verändert: Vegetation ist reduziert, wir haben Gebäude aus Beton, wir haben Straßen – und all das saugt praktisch die Hitze auf, das Sonnenlicht wird absorbiert. Tagsüber wird es gespeichert, die gebaute Umgebung heizt sich regelrecht auf, nachts wird es freigesetzt und wieder zurück in die Umgebung abgestrahlt, dann ist der Effekt am deutlichsten – denn tagsüber ist es ja sowieso schon heiß.«

Wir halten also Hitze in der Stadt fest, weil wir die Umwelt verändern. Dazu stoßen wir selbst auch noch Hitze aus – sei es durch Industrie, Autos oder eben Klimaanlagen. Das alles entlässt Wärme in die urbane Umgebung und heizt sie auf. In Deutschland fällt dieser Effekt eher schwach aus – einfach weil es nicht so extrem heiß ist wie in den Tropen. Zwar sind auch im globalen Norden die Städte wärmer als das Umland, aber die Unterschiede sind nicht so dramatisch. Doch selbst für den Norden gilt, dass die Temperaturen steigen. Früher machte der Wärmeinseleffekt vielleicht 0,1 bis 0,2 Grad Temperaturunterschied aus, inzwischen sind es ein bis zwei Grad.

Während man sich in Deutschland oder anderen Orten der gemäßigten Zone noch ein wenig freuen könnte, wenn die Winter weniger kalt sind, ist an einem Ort wie Singapur jedes Grad mehr überaus unwillkommen. Heiko Aydt erläutert: »Das wird hier im Großen und Ganzen negativ gesehen, weil es die städtische Umgebung aufheizt. Singapurer Kollegen von uns haben vor einigen Jahren schon den Temperaturunterschied zwischen einem Bereich hier in der Stadt gemessen – ich glaube, es war auf der Orchard Road, dieser ikonischen Shoppingmeile – und einem ländlichen Ort in der Natur des Umlands. Und in der Stadt kann es sieben Grad wärmer werden, das ist eine Menge!«

Nach Expertenmeinung wirkt sich der urbane Wärmeinseleffekt auch eindeutig auf Gesundheit, Leistung und Arbeitswilligkeit der Menschen im Freien aus. Das betrifft nicht nur Singapur, sondern auch alle anderen Städte in den Tropen und Subtropen vermehrt, so wie Jakarta oder Bangkok. Die Energiemenge, die in den Metropolen freigesetzt wird, ist deutlich mess- und bemerkbar. Städte besetzen nur drei Prozent der Weltfläche, verbrauchen aber fast drei Viertel der Energie – und produzieren entsprechend viel CO_2.

Auf eben jener Orchard Road, einem Wahrzeichen des shoppingverliebten Singapurs, reiht sich ein Einkaufszentrum ans andere, große traditionelle Kaufhäuser neben Filialen von Nobelmarken, Dessous, Luxusuhren, Designergepäck, teure Schuhe, alles ist hier zu finden. Und während es auf der Straße sieben Grad wärmer ist als im Umland, wird man hier doch Menschen mit Jacken sehen, mit langen Hosen oder Schals: Menschen, die sich bereitmachen, ins Kino zu gehen oder auch nur in eines der edlen Geschäfte – je schicker, desto kälter. Ähnliches gilt oft für die Arbeit: je wichtiger der Job, desto heruntergekühlter das Büro.

»Es geht um die Garderobe«, erklärt Jimeno Fonseca. »Um in Singapur einen Anzug zu tragen, benötigt man sehr kühle Temperaturen durch die Klimaanlagen. Denn den Trend einer etwas entspannteren Office-Kleidung gibt es noch nicht so lange.« Also ist die ebenfalls sehr frische

U-Bahn während der Stoßzeiten voller Angestellter in gestärkten Hemden, Bügelfaltenhosen oder Business-Kostümen.

Doch die Klimaanlage kühlt nicht nur, vor allem entzieht sie der Luft Feuchtigkeit. Deshalb wurde sie ursprünglich erfunden: Anfang des 20. Jahrhunderts in einem ein besonders schwülen Sommer in New York. Ein Buchdrucker klagte, dass die Feuchtigkeit ihm seine Buchseiten und das Druckbild ruinierte, Zeitungen konnten nicht drucken, die Druckerschwärze verlief – da erfand der gerade mal 25-jährige Willis Carrier eine Technik, die der Luft die Feuchtigkeit entzog, die Luft konditionierte, den Air Conditioner. Quasi als Nebeneffekt kühlte diese Maschine auch.

Alles Dinge, die Singapur auch benötigt. Denn die Luftfeuchtigkeit sorgt dafür, dass viele Menschen das Klima noch viel anstrengender empfinden als es durch die Hitze allein der Fall wäre. Die Luftfeuchtigkeit lässt die Lederschuhe im Schrank schimmeln, die Shirts Stockflecken bekommen, die BH-Schnalle rosten, die Bücher sich wellen, Stoffe müffeln. Sie lässt nach nur wenigen Schritten im Freien dieses klebrige Gefühl entstehen, dass man sich durch ein Dampfbad bewegt, und wenn sich Schweiß mit Sonnenmilch und Mückenschutz, die hier beide nötig sind, verbindet, fühlt man sich schmierig und zugekleistert – und möchte sich eigentlich unentwegt abduschen. »Selbst wenn die Menschen nicht viel über Luftfeuchtigkeit sprechen, sondern mehr über Hitze und Temperaturen, so hat es am Ende des Tages doch viel mit dem Feuchtigkeitsgehalt deiner Umgebung zu tun, wenn du dich unwohl und klebrig fühlst. Und wenn du dann in ein Meeting musst, völlig verschwitzt – das ist sehr unangenehm.«, so Jimeno Fonseca. »Es wird auch nicht akzeptiert in unserer Gesellschaft, hier und anderswo auf der Welt. Geschäftsleute und die passende Garderobe für das Business: nicht kompatibel mit hohen Temperaturen, oder mit einem natürlichen Luftzug in den Büros. Darum also ist es in diesen Gebäuden immer richtig kalt.«

Es ist eine Ironie des Singapurer Arbeitslebens: Diejenigen, die sich vor Sonne, chemischen Werkstoffen, unfallträchtigen Baumaterialien schützen müssen, weil sie im Freien Straßen und Häuser bauen, Kabel verlegen und Insektenvertilger versprühen, diejenigen also *müssen* Helm, Stiefel und Schutzkleidung tragen, und sind gleichzeitig der prallsten, feuchtesten Hitze ausgesetzt. Doch wer am anderen Ende der Lohnskala steht, trägt den Anzug wie eine Rüstung. Und damit er oder sie das ertragen kann, wird gekühlt, was das Zeug hält – Kleider machen Leute und die Klimaanlage macht es möglich.

Aber sind bei der wachsenden Bedrohung des Klimawandels und seinen zunehmenden Auswirkungen die Zeiten, in denen Kleidung ihrem Träger Bedeutung verleiht, nicht vorbei? Zeigt sich nicht als Klimaschützer, wer Geschäftstermine in Shorts und kurzärmeligem Hemd wahrnimmt und darum auf den Permafrost der Chefetagen verzichten kann?

Noch gelten die alten Maßgaben. Und in Singapur bedeutet das eben einen dauernden Großeinsatz der Klimaanlagen. Im Projekt »Cooling Singapore« untersuchen die Wissenschaftler auch die Technologie der Anlagen. Es gibt bereits Klimaanlagen, meint Jimeno Fonseca, die um 50 Prozent effizienter arbeiten. Doch die benötigen etwa ein Jahrzehnt, um wirklich auf dem Markt zu erscheinen: »Wir und viele andere Institute in Singapur haben diese Technologie getestet, aber sie ist teuer und benötigt einen ganzen Zyklus, in dem die Betreiber und die Wartungsspezialisten den Umgang damit lernen – es dauert bestimmt zehn Jahre, bis alle, die diese Anlagen bedienen müssen, es gelernt haben.«

Bisher schrecken die Käufer auch vor den höheren Kosten bei der Anschaffung der neuen Technologie zurück – selbst wenn diese sich schnell auszahlen würde. Aber parallel zur Forschung an effizienteren Anlagen untersucht Fonseca mit seinen Kolleginnen und Kollegen das Szenario des District Coolings – im Deutschen »Fernkälte«. Ähnlich wie bei der Fernwärme wird der Verbraucher über eine Leitung von einer Zentrale aus mit Kälte versorgt. Viele verbundene Gebäude werden gleichzeitig bedient, das macht die Versorgung wirtschaftlicher als viele individuelle Anlagen arbeiten könnten, weil man nur eine Maschine für viele Gebäude bedienen muss. »So erreicht man eine professionellere, industrielle Funktionsweise, das hat wirtschaftliche Vorteile und macht das System effizienter. Aber«, wendet Fonseca ein, »Fernkälte ist keine Wunderwaffe, sie kann nur in bestimmten Vierteln angewendet werden, wo der Energieverbrauch sozusagen korrekt beziehungsweise passend ist. Wir untersuchen das noch. Wir wissen, dass die Technologie gut ist, aber es könnte sein, dass sie in manchen Vierteln günstiger einzusetzen ist als in anderen. Sie ist bereits im Einsatz in Singapur, es gibt drei bis vier Fallstudien – aber wenn wir über Fernkälte in ganz Singapur sprechen, dann sprechen wir von 250 bis 300 Kältezentralen, die über die ganze Stadt verteilt sind.«

Fernkälte, effizientere individuelle Klimaanlagen, zirkulierende Luftströme, Begrünung oder ganz andere stadtplanerische Schritte – welche dieser Maßnahmen in welchem Zusammenspiel am besten funktionieren, ist schwer vorherzusagen. Aber zu simulieren: Im Future Cities Laboratory wird ein sogenannter urbaner Klima-Zwilling gebaut, ein digitales Modell der Stadt. Was den Speicherplatz angeht, bewegt man sich in Terrabyte-Dimensionen, erzählt Projektleiter Heiko Aydt, und es wird auch noch etwa drei Jahre dauern, bis das Singapur-Double komplett ist. Aber viele Komponenten haben sie bereits fertiggestellt. »Wir könnten beispielsweise ausprobieren, was in den HDBs geschieht, wenn wir das System der einzelnen Klimaanlagen ersetzen durch ein zentralisiertes System oder sogar Fernkälte. Die örtlichen Behörden mögen noch alle möglichen anderen Abwägungen treffen, ob sie eine solche Lösung anwenden wollen oder nicht. Aber wir können ihnen zumindest eine Vorstellung vermitteln, was in Bezug auf die Kühleffizienz geschehen würde und in der Auswirkung auf das urbane Klima – das können wir in dieser Simulation testen.«

Es gibt viele Was-wenn-Fragen, die dieser urbane Klima-Zwilling beantworten kann: Was, wenn ich ein neues Viertel auf diese Weise plane – oder auf jene? Was, wenn ich mehr Bepflanzung fördere oder weniger? Hilft das oder hilft es nicht? Dazu liefert die Simulation auch eine Art Kosten-Nutzen-Rechnung, denn, selbst wenn man mit einer Lösung die Temperatur ein wenig senken kann, könnten die Kosten so hoch sein, dass es sich nicht lohnt. Ein überzeugendes Modell, um die Städte der Zukunft zu planen. »Mit diesem Werkzeug kann man verschiedene

Szenarien ausprobieren und sehen, welche am besten auf die entsprechende Situation passt«, meint Aydt. »Der urbane Klima-Zwilling erlaubt es uns, die Vor- und Nachteile der Szenarien zu studieren, und die Entscheider, die Politikmacher, erhalten fundiertere Informationen und können auf deren Basis bessere Entscheidungen treffen.«

Eine Entscheidung aus der Zeit, als Singapur gerade entstand, prägt den Stadtstaat bis heute. Im Jahr 1965, als die Stadt von Malaysia unabhängig wurde und alleine überleben musste, waren die Flüsse und Kanäle verschmutzt, der Stadtstaat ein Entwicklungsland. Aber, so will es die Legende, der Gründervater Singapurs, Lee Kuan Yew, dachte sich: Wenn die Stadt sauber und grün wird, ein schöner Ort zum Leben, dann kommen andere Menschen und investieren. Der »oberste Gärtner« glaubte an die Kraft von Pflanzen und biologischer Vielfalt, das Wohlbefinden der Menschen sowie Orte und Räume zu verbessern. Als tropische Gartenstadt, so Lee Kuan Yews Plan und Überzeugung, würde Singapur zur Ersten Welt gehören – wer Begrünung nicht nur anpflanzen, sondern auch gedeihen lassen kann, ist zu vielem fähig. Die Geschichte gab ihm recht.

Wer noch nie in Singapur war, erwartet eine Betonwüste und verstopfte Straßen. Wer die Stadt dann einmal besucht, wird am Flughafen mit einem Schmetterlingsgarten begrüßt, hört Zikaden und tropische Vögel, findet imposante Bäume und blühende Büsche, die die Straßen säumen, riesige Naturreservate, in denen Affen und Warane herumlaufen, oder hängende Gärten an Hotels. Das Park Royal Hotel zum Beispiel steht zwar an einer vielbefahrenen Straße, doch seine geschwungenen Gärten über viele Stockwerke lassen an Oasen denken. So zu bauen, ist die

Zukunft, sagt Architekt Wong Mun Summ: »Jeder Architekt hat diese soziale Verantwortung, beim Bau das Grün zurückzubringen. Es ist ein erstaunlicher Gedanke, dass die Menschen hier am Gebäude auf Gärten schauen, Blumen, Insekten und Vögel.«

Das Park Royal ist mehrfach ausgezeichnet worden – für seine Nachhaltigkeit, als »World's Green Hotel«, das Beste der »Grünen Hotels« der Welt. Und damit etwas, mit dem Singapur sich schmückt. Die kleine Republik am Äquator will nicht mehr nur als Gartenstadt gelten, der Garten soll mehr als nur die Zutat sein. »Stadt im Garten«, das ist Singapur jetzt. Nachdem früher reihenweise Betonbunker und Glastürme entstanden sind, ist nun der Nachhaltigkeitsgedanke zum Standortvorteil geworden.

»Am Ende des Tages bauen wir hier die Zukunft und wir möchten auch gerne anderen den Weg weisen, wie man die Zukunft baut«, so Architekt Wong Mun Summ. In einer Stadt, in der der Botanische Garten zum Unesco-Welterbe gehört, ist öffentliches Grün Pflicht: Bis 2030 soll es 200 Hektar Hochhausgärten geben und fast alle Bewohner sollen höchstens zehn Minuten von einem Park entfernt wohnen. Die HDBs entwickeln sich durch ihre Begrünung von schieren Wohnanlagen, zwischen denen nur heißer Asphalt und ein einsamer Kinderspielplatz zu finden sind, zu lebenswerten kleinen Oasen für alle. Neu entstandene Gebäude des öffentlichen Wohnungsbaus wie das Skyvillage at Dawson oder das Pinnacle at Duxton verbinden das Bedürfnis nach einer großen Anzahl an Wohnungen mit der sozialen und der grünen Komponente, und das auf ziemlich aufsehenerregende Weise. Das Pinnacle, also die Zinne oder der Gipfel, besteht aus sieben

Türmen mit 50 Stockwerken – das höchste Gebäude im öffentlichen Wohnungsbau weltweit. Die Türme sind auf halber und auf ganzer Höhe verbunden durch »Himmelsbrücken«, Skybridges. Zusammen bilden sie die längsten »Skygardens« der Welt, 500 Meter – Rekorde sind wichtig für Singapur. So oder so ist es ein wunderbarer Ort: zum Joggen hoch über der Stadt, zum Spielen, zum Entspannen im Sonnenuntergang mit Blick auf den Hafen, auf Chinatown, auf das Bankenviertel.

Selbst Krankenhäuser werden so entworfen, dass sich automatisch der Blutdruck senkt, sobald man den umgebenden Park betritt, erzählt Liak Teng Lit vom Khoo Teck Puat Hospital. Bei seinem Bau in den Nullerjahren wurde auf Umweltfreundlichkeit und die positive Wirkung von Begrünung geachtet – mit Erfolg: »Wir sehen hier viele viele Menschen, die gar keinen Grund haben, in einem Krankenhaus zu sein. Sie genießen den Garten und schauen sich die Fische an, machen Fotos, Studenten lernen hier – ein Ort für alle, so hatten wir uns das vorgestellt.«

Eine grüne Hauptschlagader Singapurs ist der Green Corridor: eine ehemalige Bahnlinie, auf der man demnächst 24 Kilometer lang quer durch die Stadt wandern kann, wenn alle Teilstrecken erschlossen sind. Unter Hauptstraßen, Verkehrsknotenpunkten und zwischen dicken fetten Ausfallstraßen hindurch, dennoch wandelt man umgeben von Dschungelvegetation, hört Nashornvögel rufen und Frösche ihr Konzert geben. Radwege, Cafés und Lichtinstallationen sollen den grünen Korridor noch aufpeppen, er soll eine Attraktion wie die High Line in New York werden. Stück für Stück möchte Singapur seine grünen Oasen – die Parks, die Wanderwege um die Stauseen, die Naturschutzgebiete – verbinden zu einem großen Garten-Netz. Diese Grünflächen überraschen stellenweise mit so üppiger Vegetation, riesigen Farnen, Rambutanbäumen, Tamarinden, dass man sich wie Däumelinchen im hohen Dschungelgras vorkommt. Etwas gezähmter sieht es im Botanischen Garten aus. Morgens um fünf Uhr machen hier die Ersten Yoga, abends um elf laufen immer noch Jogger ihre Runden, dazwischen spielen Kinder, lauschen Konzertbesucher Orchestern auf der Freiluftbühne im See – eigentlich sind immer Menschen hier.

Singapore Botanic Gardens ist der meistbesuchte Botanische Garten der Welt, jährlich viereinhalb Millionen Besucher kommen dorthin, bewundern den Orchideengarten, der zum Unesco-Welterbe gehört, oder ergötzen sich am meterhohen Bambus, an Wasserfällen und Dschungellehrpfaden. Pink blühende Bougainvillea bildet Lauben, unter denen die alten Chinesinnen ihre Qi Gong-Übungen machen. Spinnweben hängen hoch über Trampelpfaden, untertassengroße Spinnen warten auf Beute. Warane schleppen Fische aus den Seen, Schildkröten schnappen nach Futter und Otterfamilien strolchen durchs Revier. In einer Stadt, die so wohlorganisiert ist, sind Tiere und Vegetation erfreulich wild. Im Botanischen Garten ist sogar ein kleines Fleckchen ursprünglichen Regenwalds erhalten, sechs Hektar – eines der zwei einzigen verbliebenen Gebiete in Singapur, an denen der Regenwald niemals abgeholzt wurde. Meranti, Katappenbaum oder Würgefeige – man muss den Kopf schon weit in den Nacken legen, um die Spitze dieser majestätischen Bäume zu erblicken. Umso bedrückender wird einem dabei bewusst, dass fast überall in Südostasien tropische Edelhölzer gefällt und verkauft werden – Profit geht vor Konservierung. Diese Bäume haben über Singapur geblickt, seit die Briten es vor 200 Jahren zur Kolonie gemacht haben, auch hier wurde gerodet, geebnet, gebaut; die Hafenstadt Singapur wurde zu einem Anbau- und Umschlagplatz von Kakao, Muskat und Nelken, später von Kautschuk. Deshalb gibt es innerhalb der Botanischen Gärten auch immer einen Teil, der Nutzpflanzen gewidmet ist.

Singapurs Geschicke sind also eng mit dem Grün, mit Pflanzen und ihrem Wachstum verknüpft – die Idee der »Stadt im Garten« scheint darum nur passend. Alles, was die Forscher hier zu den Vor- und Nachteilen von Begrünung lernen, lässt sich auch in anderen klimatischen Zusammenhängen einsetzen. Wenn zum Beispiel in Deutschland Gebäude begrünt werden, gibt es im Sommer durch die Verschattung ein besseres Klima innen, das heißt, das Gebäude heizt sich nicht so auf; im Winter sorgt der umgekehrte Effekt dafür, dass die Wärme besser im Gebäude gehalten wird.

»Cooling Singapore« bezieht viele Faktoren mit ein, dazu gehört auch der Deutschen liebstes Kind: das Auto. Es trägt auf zweierlei Weise zur Erwärmung bei, erklärt Heiko Aydt: »Autos produzieren nicht nur CO_2-Emissionen, sondern geben auch Hitze ab. Eines unserer Szenarien spielt durch, was geschieht, wenn wir Autos mit Verbrennungsmotoren komplett durch e-Autos ersetzen. Alle reden dabei von den CO_2-Einsparungen, aber was Elektro autos auch tun: Sie reduzieren die urbanen Wärme-Emissionen, denn sie geben nicht mal ansatzweise so viel Hitze ab wie ein herkömmliches Auto.« Jeder, der als Fußgänger schon mal neben einem Bus mit laufendem Motor gestanden hat, kennt das Gefühl, von der Seite her von einer Wärmewelle überrollt zu werden. Wenn also nur Elektroautos unterwegs wären, könnten die Wärmeemissionen im Straßenverkehr um 70 Prozent gesenkt werden, das haben die Modellrechnungen ergeben.

»Der Nachteil ist, dass du mehr Elektrizität brauchst und im Kraftwerk mehr Hitze und mehr CO_2 ausstößt«, darauf weist Heiko Aydt hin. »Aber insgesamt sind es weniger Emissionen, denn Singapur gewinnt seine Energie zum größten Teil aus Erdgas, und diese Kraftwerke haben eine höhere Effizienz als die Verbrennungsmotoren der Autos, die mit fossilen Brennstoffen laufen.«

In Deutschland, wo Stein- und Braunkohle noch Teile des Energiemixes ausmachen, sieht die Situation etwas anders aus – aber mit der Hinwendung zu erneuerbaren Energien ist auch das eine Frage der Zeit. Vor allem aber haben Elektroautos noch einen großen Vorteil, der in der Gesamtrechnung eine Rolle spielt: Sie sind viel leiser. Heiko Aydt erzählt, dass es unangenehm ist, in seiner Wohnung die Fenster zu öffnen, weil er an einer Hauptverkehrsader wohnt.

Natürliche Ventilation funktioniert für ihn also nicht, darum muss er die Klimaanlage anschalten. »Aber wenn wir weniger Lärm von der Straße her hätten, dann wären vielleicht viel mehr Menschen bereit, die Fenster zu öffnen und frische Luft herein- und die Klimaanlage auszulassen. Das wiederum würde den Energieverbrauch senken, den städtischen Wärmeinseleffekt reduzieren, weil wir weniger Hitze in die Umgebung entlassen, und wir würden natürlich die CO_2-Emissionen senken, weil wir nicht so viel Elektrizität benötigen.«

Bis 2040, das hat Singapur in diesem Jahr verkündet, will es Autos mit Verbrennungsmotor abschaffen und komplett auf Elektroautos umstellen. Mit Rabatten und Steuererleichterungen schafft der Staat Anreize für die Käufer, mit dem Ausbau eines dichten Netzes von Ladestationen auch die Infrastruktur. Das heißt aber nicht, dass Millionen von Elektroautos über die Insel sausen werden – nur elf Prozent aller Singapurer besitzen überhaupt einen Wagen, ob elektrisch oder herkömmlich. Der Staat beschränkt die Zahl der Zulassungen – nur, wenn ein Wagen abgemeldet wird, darf ein neuer angemeldet werden. Mit der Folge, dass nur jeder dritte Haushalt ein Privatauto besitzt oder, auf die Gesamtbevölkerung umgerechnet, nur jeder zehnte Singapurer. Ein Auto zu kaufen ist in Singapur auch schlicht: teuer. Ein Wagen in der Kompaktklasse kostet hier 66 000 Euro – das Vierfache dessen, was er in den USA oder Großbritannien kosten würde. Der Unterhalt ist ebenfalls nicht günstig, allein die Anmeldung kostet bis zu 30 000 Euro. Dieses Certificate of Entitlement muss nach zehn Jahren erneuert werden, häufig wird dann eine Altautoabgabe fällig. Das alles wird so schnell so viel teurer, dass der Erwerb eines neuen Modells günstiger ist. Und für viele Autobesitzer wird das dann wohl ein Elektroauto sein.

Auch mit seinem Mautsystem ist Singapur vorbildlich: Das ERP, das Electronic Road Pricing, bucht automatisch ab, die Preise sind nach Nachfrage und Tageszeit gestaffelt. Beliebte Straße zur Stoßzeit? Sechs Dollar. Beliebte Straße in ruhigen Zeiten? Drei Dollar. Nebenstraße in ruhigen Zeiten? 50 Cent. Ein Gutteil der Einnahmen wird konsequenterweise in den öffentlichen Nahverkehr investiert.

»Viele Städte blicken auf Singapur als Vorbild«, meint Jimeno Fonseca. Darum könnten viele der Erkenntnisse, die sie hier im Projekt »Cooling Singapore« gewinnen, eines Tages auf andere Städte und Länder übertragen werden, die in diesem Jahrhundert wärmer und wärmer werden. »Das ist die Richtung, in der sich die Dinge entwickeln. Das Gebiet in der Nähe des Äquators ist einer der globalen Schlüsselbereiche, in denen Entwicklung am dringendsten benötigt wird, und wo Singapur tatsächlich eine größere Rolle spielen kann – es kann der Flaggenträger sein als lebenswerte, grüne und smarte Stadt.«

4 Die Metropolen graben sich das Wasser ab – Indonesiens Hauptstadt Jakarta versinkt

Ein Großteil der asiatischen Bevölkerung lebt in niedrig gelegenen Küstengebieten, je nach Studie liegen fünf oder sieben der Großstädte, die vom steigenden Meeresspiegel am meisten bedroht werden, in Asien. Länder wie Indonesien, Thailand, Vietnam, die Philippinen haben Kilometer um Kilometer von Küstenlinie, sie bestehen wie der riesige Archipel Indonesien aus vielen tausend Inseln. Was das heißt, zeigen alljährliche Bilder der Regenzeiten, wenn die Bewohner sich in Booten oder Schwimmreifen durch die Straßen bewegen, Kinder zur Schule *waten, Menschen und Tiere sich auf Dächern in Sicherheit bringen. Das könnte in wenigen Jahrzehnten permanente Normalität sein: Millionen Menschen sind den Fluten ausgesetzt und müssen ein neues Zuhause suchen, wenn die Meeresspiegel weiter steigen und die Städte sinken. Der Klimawandel ist aber nur ein Teil des Problems, wie ein Besuch in Jakarta zeigt – der Stadt, die dem Wasser so nah ist wie keine andere.*

»Das Wasser steigt nicht, es bleibt gleich. Aber der Grund sinkt.« Das stellt Agus ungerührt fest, ein Fischer, Familienvater, Bewohner von Indonesiens Hauptstadt Jakarta. Er lebt in einer Siedlung aus Stelzen im Viertel Muara Baru, direkt über dem Wasser, aus Sperrholzplatten und Abfallholz, Plastikplanen und Transparenten zusammengezimmert. Dunkle Gänge führen von Hütte zu Hütte, ein kleiner Kiosk verkauft Tee und Süßigkeiten; Agus und Hunderte andere Fischer leben hier mit ihren Familien. Er ist eine Art Oberhaupt des Dorfes, das seit den 1980er Jahren hier existiert, am oberen Rand der riesigen Metropole mit ihren zehn Millionen Einwohnern. Eine Metropole, die wächst und wächst und baut und baut: »Ja, und weil es so viel Entwicklung gibt und so viele Menschen bauen, sinkt die Stadt«, sagt Agus. »Eigentlich sind unsere Stelzenhäuser das Beste, denn sie können sich dem Wasserstand anpassen.«

Früher konnten sie einfach von ihrem Heim aus an Bord klettern, doch inzwischen stehen immer häufiger Schutzmauern zwischen Hütten und Booten. Die Fußwege für die Fischer sind länger geworden. Aber die Mauern sind notwendig für die Stadt. Die neueste ist weiter vor der Küste gelegen und hat eine kleine Lagune eingeschlossen. Agus ist nicht unglücklich über den längeren Weg zum Boot, denn dafür ist der Wasserstand stabiler geworden – vorher gab es jedes Mal Überschwemmungen, sobald eine Flut etwas höher war, eine Springflut etwa.

Ein schwimmender Steg aus blauen Brettern führt über die Lagune zur Flutmauer. Auf dem Weg passiert man zwei Schiffswracks, die langsam vor sich hin rotten. »Wir lassen sie einfach sinken, wenn es sich nicht mehr lohnt, sie zu reparieren«, meint Agus schulterzuckend. In dem brackigen Wasser baden Kinder, am südlichen Ufer der Lagune sammelt sich jede Menge Müll, sie ist begrenzt von einer der alten Schutzmauern. Auf der anderen Seite laufen Gänse und Enten zwischen Kleinkindern und Mopeds umher, Wasser steht in ein paar Pfützen auf der Straße. Es läuft in Rinnsalen von der dicken Seewand hinab. Die Mauer hat verschiedene Schichten in verschiedenen Grautönen, sie leckt – und ist ziemlich aussagekräftig, findet Victor Coenen: »Weil sie auf der alten See-Mauer errichtet ist; hier unten in Knöchelhöhe sieht man die Höhe von 2007, dann die von 2012, dann kam eine neue Schicht 2014 und jetzt die große Erhöhung von 2017. Es ist eine ganze Schichtung von See-Mauern. Wie Archäologie, doch normalerweise sieht man Tausende von Jahren in solchen Schichten, hier ist es nur ein Jahrzehnt. Und die Wand leckt, denn die Grundmauer ist nicht besonders gut gebaut. Die steigenden Wasserhöhen bringen mehr Druck auf die Mauer, und darum gibt es überall diese undichten Stellen.«

Er ist der Projektleiter der niederländischen Bautechnik- und Beraterfirma Witteveen en Bos, hier in Jakarta neben anderen zuständig für das Vorhaben mit dem überwältigenden Namen »Nationaler Hauptstadt- und integrierter Küsten-Entwicklungs-Masterplan«. Damit soll Jakarta vor dem Versinken bewahrt werden.

Die Hauptstadt Indonesiens sinkt, und zwar nicht in Venedig-Maßstäben: Das italienische Juwel sinkt jährlich um ein bis zwei Millimeter tiefer in die Lagune, bei Jakarta jedoch sind es Jahr für Jahr bis zu 25 Zentimeter. In anderen Stadtbezirken sind es »nur« 15, zehn oder zwei Zentimeter. Man kann der Stadt regelrecht beim Versinken zusehen, und viele Bereiche, wie Muara Baru hier an der Schutzmauer, liegen schon drei bis vier Meter unter dem Meeresspiegel. Die Straße an der Mauer wurde schon einmal angehoben, die Häuser daran jedoch nicht – und so wirken sie wie Hobbit-Häuser, die Tür ragt nur noch so weit hoch, dass man gebückt eintreten muss, die Fenster sind auf Höhe des Straßenasphalts, Balkone sind schulterhoch. Wenn die Flut hoch ist, schauen die Schiffe, die auf der anderen Seite ankern, über die Mauer; wenn die großen Pumpen nicht funktionieren, steht das Viertel unter Wasser – die Anwohner sind es gewohnt: »Während der Regenzeit gibt es Überschwemmungen, besonders wenn die Pumpen ausfallen; es ist aber eigentlich besser geworden: Früher gab es richtig hohe Fluten – vor 15 Jahren konnte das Reservoir all das Wasser nicht halten, nach langem Regen und mit einer Springflut, da stand es uns bis zum Hals!«, erzählt der Fischhändler Suleiman.

Im Jahr 2007 standen zwei Drittel der Stadt unter Wasser, 80 Menschen starben. Aber seitdem sei es besser geworden, meint die Kioskbetreiberin Susi: »Die ganze Gegend hängt von der Pumpe ab. Die Flut war immer kniehoch. Aber jetzt ist es in Ordnung. Als ich ein Kind war, hat die Pumpe oft nicht funktioniert, dann gab es immer Überschwemmungen in der Regenzeit.« Jetzt hat sie selbst Kinder, acht und ein Jahr alt. Mit ihrem Mann zusammen betreibt sie ein kleines Lädchen. Bis drei Uhr nachts haben sie geöffnet, die Nachtschicht macht ihr Mann, sie verkauft tagsüber: Instantkaffee, kleine Snacks, Wasser in Flaschen – denn auch hier ist das Wasser aus den Leitungen nicht trinkbar. Wenn es überhaupt Wasserleitungen gibt. Susi kauft ihr Wasser an einem Tankwagen. Dreiviertel der Einwohner Jakartas haben keinen Wasseranschluss, sie sind entweder auf Tankwagen angewiesen oder bohren illegal Brunnen zum Grundwasser. »Jakarta versinkt?«, fragt Susi. »Ach, das fällt mir gar nicht so auf. Ist doch normal.«

Diese Resilienz der Bewohner Jakartas bewundert Victor Coenen, der mit der Rettung vor dem Sinken beauftragte Niederländer. Dabei stehen die Retter vor einem absurd scheinenden Problem: Die Megacity mit zehn Millionen Einwohnern versinkt, weil der Stadt das richtige Wasser fehlt. Und weil anderes Wasser nicht ablaufen kann. Es gibt hier also gutes Wasser und schlechtes Wasser, illegales Wasser und teures Wasser.

Um das zu erklären, geht Victor Coenen ein paar Schritte zurück, zeitlich und geographisch – 150 Meter in Richtung Süden, um genau zu sein, von der Schutzmauer des Viertels zu den alten Schleusentoren. Dieser Auslass wurde zu Zeiten der niederländischen Kolonie gebaut, als Jakarta noch Batavia hieß: »Da lag die Stadt noch weit über dem Meeresspiegel, damals konnte das Wasser aus der Stadt noch ungehindert ins Meer fließen. Aber dann begann die Stadt zu sinken, und jetzt müssten die Flüsse und Kanäle bergauf fließen, um ins Meer zu gelangen. Also müssen wir es herauspumpen.«

Eine riesige, blau-gelb gestrichene Pumpstation arbeitet hier wie auch an vielen anderen Stellen im Norden Jakartas, andernfalls liefen die Reservoire und Kanäle über. Die Wasserläufe bringen die Niederschläge aus den Bergen mit sich, stinken aber nach Kloake. Denn viele Bewohner nutzen sie als Mülleimer und Abwasserrohr. Schlimm genug. Aber wenn diese Stinkebrühe nicht abfließen kann, wird es richtig problematisch. »Diese große Pumpstation da vorne ist schon dreimal vergrößert worden«, erzählt Coenen, »denn mehr und mehr Wasser muss hinausgepumpt werden, weil die Stadt weiter sinkt und mehr Wasser hineinfließt. Das ist also eine radikale Veränderung Jakartas: von einer alten Stadt hoch über dem Meeresspiegel zu einer Polder-Stadt wie in den Niederlanden.«

Dazu kommt das Hauptproblem: dass so viele Menschen illegal Grundwasser abpumpen, wie auch an den Zisternen auf den Dächern zu sehen sei, meint Coenen. Je mehr Grundwasser abgepumpt wird, desto stärker sinkt die Stadt. Denn der Boden ist sumpfig, und wenn ihm das Wasser entzogen wird, fehlt Stabilität, es kommt zur Bodensenkung. Zudem drückt das schiere Gewicht der Gebäude auf den weichen Untergrund. In den Küstenbereichen können die Anwohner das Grundwasser aber nicht nutzen, denn die niedrig gelegenen wasserführenden Schichten sind schon zu Brackwasser geworden, Salzwasser ist eingedrungen. Tiefer gelegene Grundwasserschichten sind bisher noch in Ordnung, aber es sei nur eine Frage der Zeit, dass auch dort Salzwasser eindringt, meint ein Anwohner. Er deutet auf eine Autowaschanlage, die extra damit wirbt, dass sie nur Tankwasser benutzt und nicht etwa das salzig gewordene Grundwasser.

Bodensenkung, Versalzung – damit nicht genug: »Wir haben noch ein Problem«, erklärt Elisa Sutanudjaja vom Rujak Center für urbane Studien in Jakarta. »Unsere Wasserinfrastruktur ist nicht gut, es gibt viele Lecks, 40 Prozent des Wassers aus den Leitungen gehen verloren. Das liegt an der Privatisierung der Wasserversorgung. Diese Lecks interessieren niemanden – wenn man die reparieren würde, könnte man schon viel mehr Menschen in Nord-Jakarta und anderen Bereichen mit Wasser versorgen.« Weil das aber nicht der Fall ist, zapfen die Bewohner weiter illegal das Grundwasser an, und der Boden sackt weiter ab.

Im Straßenbild ist an den Häuserauffahrten zu erkennen, ob die Bewohner wohlhabender sind als ihre Nachbarn. Wenn eine Auffahrt wirklich aufwärts führt, heißt das: Hier hat jemand Geld investieren können, um sein Haus »höher zu legen«, während das Haus nebenan im abgesackten Zustand geblieben ist. Die Auffahrt führt abwärts, bei Überschwemmungen werden diese Auffahrten schneller erwischt. Auffahrt auf, Auffahrt ab, so sieht es hier in den Straßen in unregelmäßigem Wechsel aus.

Der Fischhändler Suleiman hat um sein Geschäft alle zwei, drei Jahre ein Mäuerchen hochgezogen, sonst flösse das Wasser hinein. Er weiß, dass die Stadt sinkt – »das sehe ich doch ganz klar!« Suleiman sitzt in seinem Geschäft, das nach allen Seiten hin offen ist, auf dem Moped, Kinder laufen um ihn herum, dahinter verarbeiten seine Angestellten den frisch gelieferten Fisch. Der Händler deutet um sich herum auf die Pfeiler und nach oben: »Die Decke konnte ich früher nicht erreichen, jetzt ist sie fast auf meinem Kopf!«

Alles sinkt. Industriegebiete und Lagerhäuser, reiche Viertel genauso wie Slums. Die tauchen immer wieder überall auf, auch dort, wo sie gerade geräumt wurden. Die Ärmsten können sich keine Mieten leisten, seien sie noch so gering, also errichten sie ihre Behausungen dort, wo es nichts kostet: an Wasser-Reservoirs, an stinkenden stockenden Flüssen und Kanälen, im Wasser auf Stelzen gebaut. Und diese Bauten blockieren zusammen mit Schmutz und Abfall ein Abfließen des Wassers in den Entwässerungskanälen noch mehr.

»Jakarta vor dem Wasser zu schützen – das ist technisch betrachtet gar nicht so schwer«, hält Victor Coenen fest. »Aber die sozialen Konsequenzen sind es: Wenn du diese Menschen umsiedeln willst in Sozialbauten, dann müssten sie etwa 13 Euro Miete zahlen – das ist eine lächerliche Summe für uns, aber unfassbar viel für sie. Hochwasserschutz in Jakarta ist also eher ein sozio-ökonomisches als ein technisches Problem. Der technische Teil ist einfach.«

Auch der Fischer Agus in dem Stelzendorf in der Lagune muss wohl umziehen, das sieht er relativ deutlich: »Was die Zukunft dieser Gegend betrifft: Das wird neu gewonnenes Land werden, wenn die Lagune zugeschüttet wird. Aber ich weiß nicht, ob bald oder erst in zehn Jahren. Ich weiß auch nicht, ob wir Dorfbewohner umgesiedelt werden in Sozialbauten oder ganz woanders hin.«

Der Geruch nach Müll und Kloake ist betäubend – woher bekommen die Bewohner im Stelzendorf sauberes Wasser? »Hier gibt es einen großen Wassertank, von dem aus Leitungen zu unseren Häusern führen«, sagt Agus. »Ein Tankwagen füllt ihn regelmäßig auf. Und je nachdem, wie viel du verbrauchst, soviel zahlst du.« Und zwar an einen der privaten Wasserversorger, über die sich die Urbanistin Elisa Sutanudjaja so ärgert.

Aber nicht nur die Anwohner benötigen Wasser, sondern auch die Industrie. Und zwar viel davon. »Bis jetzt gibt es nicht genügend Wasser für alle«, erklärt Victor Coenen. »Also wollen wir dieses Schwarzwasser, das wir hier sehen, wieder aufbereiten, reinigen; dann können wir die Industrie davon überzeugen, von Grundwasser auf Oberflächenwasser umzustellen.«

Wasserversorgung verbessern, existierende Schutzmauern sichern, das ist die Marschrichtung. Denn die Bodensenkung muss unter allen Umständen gestoppt werden. Steigende Meeresspiegel durch den Klimawandel sind noch gar nicht einberechnet – sich zu versenken, besorgt die Stadt ganz allein. Wenn also die Bodensenkung aufgehalten wird und die existierenden Mauern verstärkt und erhöht werden, dann ist die Metropole auch besser gewappnet, wenn die Fluten höher werden.

Ob das genügt, um Jakarta zu bewahren? Zusätzlich setzt die Stadt auf die Zusammenarbeit mit einer japanischen Agentur, Jica, erzählt Elisa Sutanudjaja: »Sie wollen die Bodensenkung auch stoppen, indem sie den Menschen einen bewussteren Umgang mit Wasser beibringen, sie wollen verbieten, illegal Grundwasser zu entnehmen, Strafen verhängen und strengere Kontrollen einführen. Das soll bald beginnen, wir werden also sehen, wie das funktioniert. Endlich gehen sie dieses Problem an!«

In den am meisten sinkenden Vierteln sind die Dächer mancher Häuser auf Kopfhöhe angekommen, eine Moschee ist innerhalb von fünf Jahren um einen Meter abgesunken. Der Bauunternehmer Pak Suandi lebt seit 40 Jahren hier im Norden Jakartas. »Als ich hierhergezogen bin, 1978, da war die Schutzmauer nur 40 Zentimeter hoch;

seitdem haben sie sie dreimal erhöht; das Wasser fließt ab und an rüber, wenn die Flut sehr hoch ist. Die letzte Erhöhung war sogar um einen halben Meter.«

Suandi selbst ist durch das Sinken der Stadt gut im Geschäft: Oft genug wird sein Unternehmen beauftragt, wenn Kanäle ausgebaggert oder Land trockengelegt werden sollen. Er deutet auf die Bagger und Lastwagen, die hinter der alten Mauer stehen. »Hier ist meine Firma. Wenn das Wasser zu hoch steigt und rüberfließt, ziehen wir die Mauer bei uns einfach ein bisschen höher, dann haben wir eine Zeitlang Ruhe.« Und wenn die Mauer noch weiter und höher gezogen und die Lagune zu Land gemacht wird, dann rechnet er damit, dass seine Firma groß im Einsatz ist.

Nicht weit von hier ist ein sechseckiges Gebäude den Fluten preisgegeben, der Gebetsraum einer Fabrik. Das Bild war in Zeitungen, Magazinen, Fernsehbeiträgen zu sehen – es ist ikonisch für das sinkende Jakarta geworden. Internationale Unternehmen fragen sich, ob sie in einer gefährdeten Metropole investieren, Werke, Büros, Arbeitsplätze einrichten sollen. Die Tatsache, dass die Stadt weiter absackt, lässt sie zögern – Stadtentwickler und Bevölkerung fürchten, dass sie auch wirtschaftlich »absackt«.

Die Java-See fließt um den Gebetsraum, um die Überreste der Fabrik und schwappt an die neue Hochwasserschutzmauer, die dahinter errichtet wurde. Auf der schmalen Mauerkrone fährt ein Moped entlang. So etwas könnte es in naher Zukunft, vielleicht in zehn, zwanzig Jahren in größerer Dimension geben: eine große befahrbare Schutzmauer, ähnlich wie der Abschlussdeich am Ijsselmeer in Holland. Weit draußen vor Jakarta gelegen würde sie die

Wellen brechen und am besten als Verbindung zwischen dem internationalen Flughafen und dem Frachthafen dienen. Als Mautstraße angelegt, würden die Einnahmen im Idealfall die Maßnahmen gegen das Versinken der Stadt finanzieren. Doch das ist noch lange hin und nur die letzte Möglichkeit, wenn alle anderen Rettungsanker versagen. »Tja, das wäre von den technischen Aspekten her vielleicht einfacher«, meint Victor Coenen. »Aber es bringt auch viele soziale Probleme mit sich.«

Die Fischer, die die Bucht von Jakarta jetzt nutzen, müssten umgesiedelt werden, sie bräuchten einen neuen Ort zum Leben und neue Perspektiven. Schwer vorstellbar. So viele bunte Fischerboote liegen im – vermüllten – Wasser, morgens brechen sie auf, bringen den Fang zurück auf den Fischmarkt, wo schon Tausende von Fischen in der Sonne getrocknet werden. Die Fischerviertel sind voller Katzen, die hier ein gefundenes Fressen haben und sich fröhlich vermehren; sehr zur Freude kleiner Kinder, die mit den Katzenbabys spielen. Und während auf den schulterhohen Balkonen die Wäsche trocknet, ruft der Muezzin zum Gebet. Nein, es wäre schwer, diese Kieze aufzubrechen. Der Wandel wäre eine enorme soziale und wirtschaftliche Herausforderung. Und auch darum ist der Widerstand gegen die Idee eines »Abschlussdeiches« groß, zu umfassend wären die Veränderungen.

Jakarta ist vielleicht das drastischste Beispiel, aber es ist bei weitem nicht die einzige Stadt Südostasiens, die vom Versinken bedroht ist. Bangkok, Manila, Ho-Chi-Minh-Stadt – auch hier sorgt die Kombination aus Bodensenkung und steigenden Meeresspiegeln für ein beunruhigendes Szenario. Laut einer neuen Studie leben weltweit

150 Millionen Menschen auf Landflächen, die bis zum Jahr 2050 überflutet sein werden. In Thailand sind zehn Millionen Menschen betroffen, vor allem in Bangkok, dem wirtschaftlichen und politischen Zentrum.

Nach Fallstudien der Weltbank werden 40 Prozent der Stadt im Jahr 2030 regelmäßig überschwemmt, wenn die Meeresspiegel um 15 Zentimeter steigen und die thailändische Hauptstadt sich nicht an den Klimawandel anpasst. Zum anderen ist Bodensenkung das große Problem, ähnlich wie in Jakarta. Bangkok ist auf weichem Lehm gebaut, auf Schichten, die hoch verdichtbar sind, also sich wie Toastbrot zusammendrücken lassen. Als die Stadt Ende des 18. Jahrhunderts entstand, wurde sie mit Hilfe von Kanälen – die wie in Venedig auch als Straßen dienten – im marschigen Delta des Chao Praya Flusses errichtet. Stadt der Engel, Krung Thep, so heißt sie auf Thailändisch – ihr vollständiger Name ist länger als der Fluss, an dem sie liegt.

Auf diese Engelsstadt konzentrieren sich Träume und Aufstiegswünsche, Menschen kommen hierher, um zumindest ein kleines bisschen Erfolg zu finden, zehn Millionen Einwohner sind es jetzt. Der Boom der 1980er und 1990er Jahre, als Thailand zum neuen Tiger- oder Pantherstaat wurde, ließ Hochhäuser emporschießen – und den Boden nachgeben. Oft ignorieren gerade aufstrebende Metropolen in Küstennähe die Gegenwart des Wassers, meinen Experten. Glamour und Glaspaläste passen nicht zu Moder, Schlick und Fischgeruch. Dabei ist Bangkok nicht nur eine prachtvolle Stadt von Wolkenkratzern und goldenen Tempeldächern, sondern auch der Wasserwege, der Fähren, des großen Flusses. Es riecht nach Brack und Kanälen, Hütten der ärmeren Bewohner sind ans Wasser gebaut, jedes Fleckchen Platz ist ausgenutzt, in unwahrscheinlicher Waghalsigkeit halten sich diese Konstrukte über und am Wasser fest, ohne hineinzustürzen. Bis die Fluten zu hoch werden, wie im Jahr 2011, als starke Regenfälle Überschwemmungen und Sturzfluten auslösten und mehr als 800 Menschen starben. Aufräumarbeiten und Reparaturen kosteten das Land etwa 46 Milliarden US-Dollar, davon acht Milliarden allein in Bangkok.

Immer wieder ist Bangkok von Überschwemmungen bedroht, wenn auch nicht so fatal wie 2011. Das Gewicht der Gebäude kombiniert mit fehlendem Grundwasser, das ergibt wie in Jakarta eine fatale Mischung. Auch hier entnehmen die Bewohner, aber vor allem die Industrie ungebremst Wasser. Teile Bangkoks sinken zwei Zentimeter pro Jahr, während gleichzeitig der Meeresspiegel jährlich um vier Millimeter steigt. Das abgepumpte Grundwasser wird nicht nachgefüllt durch starke Regenfälle, da die Straßen den Boden versiegeln – Regenwasser überschwemmt die Stadt, fließt aber zusammen mit Müll und Dreck ungenutzt in Fluss und Meer.

Das ließe sich eins zu eins, nur unter schlimmeren Vorzeichen auf andere südostasiatische Metropolen wie Manila übertragen: Flüsse sind verschmutzt und verstopft. Ursprüngliche Zu- und Abflüsse sind zugebaut. Auenlandschaften, in die das Wasser sich normalerweise ergießen und im besten Fall eben auch ins Grundwasser gelangen könnte, sind versiegelt. Auch hier haben Menschen jeden Quadratmeter genutzt, um sich ein Heim zu bauen; der natürliche Wasserfluss ist gestört. Ho-Chi-Minh-Stadt in Vietnam geht es ähnlich: rasantes Wachstum – es ist eine der am schnellsten wachsenden Städte Südostasiens mit einer Bevölkerung von neun Millionen – sorgt dafür, dass das Gewicht der Häuser den Boden sinken lässt. Jährliche Überschwemmungen in der Monsunsaison durch Starkregen und Stürme könnten womöglich zum Dauerzustand werden, denn auch diese Metropole wird nach einer Studie des IPCC im Jahr 2050 teilweise unter Wasser stehen. Ho-Chi-Minh-Stadt plant, in diesem Jahr 350 Millionen US-Dollar für Flutschutzmaßnahmen auszugeben.

Sinkende Böden, steigende Meeresspiegel: All diese Faktoren machen Wasser zu Gefahr und Mangelware zugleich. Gutes, trinkbares Wasser ist schwer zu bekommen, und der Teufelskreis lässt noch mehr Menschen noch mehr Grundwasser unkontrolliert abpumpen, die Städte sinken tiefer – und setzen sich den steigenden Fluten aus. Laut einer Studie des Instituts für Global Environmental Strategies müssen mehr als eine Milliarde Menschen in Asien Grundwasser für ihren täglichen Bedarf nutzen. Zwei Drittel der Menge, die weltweit genutzt wird.

Die Probleme in den asiatischen Metropolen ähneln sich: Bodensenkung, schlechte Wasserversorgung, darum Grundwasserentnahme (und in der Folge wieder Bodensenkungen), steigende Meeresspiegel. Die Rezepte dagegen sind ebenfalls identisch: Mangroven-Pflanzungen, verbesserte Wasserversorgung, Flutschutzbauten.

Es gibt einen Austausch zwischen den Städten und Ländern auf internationaler Ebene, bei den Vereinten Nationen, ASEAN, dem World Cities Summit und nicht zuletzt bei Messen und Konferenzen wie der InterFlood (tatsächlich gibt es eine Veranstaltung mit diesem vielversprechenden Namen, wo sich Wissenschaftler und Ingenieure, Katastrophenschützer und Städteplaner austauschen – über

Themen von Flutvorhersagen und Flutbarrieren über Baumaschinen bis zu Versicherungen).

Indonesien macht einen großen Schritt: Die Hauptstadt zieht um. Von Jakarta auf der Insel Java auf die Insel Borneo. Oder eben Kalimantan, so der Name für den indonesischen Teil der größten Insel Asiens; die anderen Teile gehören zu Malaysia und Brunei. Bis zum Jahre 2024 soll in einer kaum erschlossenen Provinz im Osten Kalimantans die neue indonesische Hauptstadt buchstäblich aus dem Dschungel gestampft werden. Eine Verwaltungsmetropole in der abgelegenen Provinz, eine Kunststadt. Ost-Kalimantan ist längst nicht so glamourös wie Jakarta, die Metropole der Moderne, der sozialen Medien, der Restaurants – aber es ist sicherer als viele andere Bereiche Indonesiens. Denn das Land hat ein Problem geologischer Natur: Es erstreckt sich über 5000 Kilometer von Ost nach West entlang des Pazifischen Feuerrings. Diese Zone ist tektonisch besonders aktiv, mehrere Platten stoßen hier aufeinander: Immer wieder ereignen sich Erdbeben und Vulkanausbrüche, Tsunamis und Erdrutsche.

In den vergangenen Jahren traf es Java, als der Krakatau ausbrach, es traf Sulawesi, als durch ein Erdbeben und einen Tsunami mehr als 4000 Menschen starben, Lombok und Bali wurden erschüttert – immer wieder sterben Hunderte und Tausende Menschen bei solchen Katastrophen. Auch in der Nähe Jakartas bebt die Erde. Die Insel Borneo aber liegt außerhalb des Feuerrings, daher betonte Präsident Joko Widodo, genannt Jokowi, bei seiner Hauptstadtentscheidung: »Der neue Ort birgt ein minimales Risiko an Naturkatastrophen. Zum zweiten ist der Ort strategisch gewählt, da er in der Mitte Indonesiens liegt.«

Der Vorwurf, dass Jakarta die Aufmerksamkeit der Regierung zu sehr auf sich ziehe, ist alt. Im Großraum leben 30 Millionen Menschen, auf ganz Java, der Insel, auf der Jakarta liegt, lebt mehr als die Hälfte aller 270 Millionen Indonesier. Der Rest fühlt sich oft vernachlässigt von der Regierung. Insofern ist der Umzug auch ein politisches Signal – schon der erste Präsident Indonesiens, Sukarno, hatte dies vorgeschlagen. Jokowi möchte jetzt derjenige sein, dem er gelingt. Dafür bat er um Allahs Segen im Parlament und betonte die Bedeutung seines Plans: »Eine Hauptstadt ist nicht nur ein Symbol nationaler Identität, sondern sie repräsentiert auch den Fortschritt einer Nation. Dieser Schritt verwirklicht wirtschaftliche Gleichheit und Gerechtigkeit.«

Das glaubt die Großstadtexpertin Elisa Sutanudjaja überhaupt nicht. Sie meint: »Die Hauptstadt zu verlegen wird die Ungleichheit bestimmt nicht beseitigen; und die Probleme Jakartas werden dadurch auch nicht besser. Die Stadt ist einfach schon zu groß, der Hauptstadtumzug wird keinerlei Auswirkung haben.« Und auch wenn der Präsident verspricht, dass Jakarta als Megacity und Finanzzentrum nicht allein gelassen wird, bekommen Kritiker das Gefühl: Die Regierung verlässt die sinkende Stadt.

Jakarta war einfach nie ein guter Ort, um hier zu leben und eine Stadt zu bauen, meint Deichplaner Victor Coenen, von daher sei es nachvollziehbar, den Regierungssitz zu verlagern. Jakarta liegt auf niedrigem, heißem, schwer bebaubarem Sumpfland, nicht unbedingt der beste Ort, um eine Stadt zu errichten – aber Häfen ziehen nun einmal Geschäfte und Geschäftigkeit an. Und darum werden auch weiterhin viele Menschen nach Jakarta kommen und ihr Glück suchen. Anderthalb Millionen Menschen sollen zwar mit der Regierung nach Borneo umziehen. Doch mit Sicherheit werden in Jakarta schnell wieder neue Stadtbewohner hinzukommen.

Der Klimawandel sorgt dafür, dass das Land unbewohnbar wird und bringt die Städte weiter in Not: Auch die Landbevölkerung leidet unter dem Phänomen. Denn entweder wird das Land, auf dem sie leben und ihren Lebensunterhalt erwirtschaften, überflutet oder aber durch ansteigende Temperaturen verdorrt. Vor Dürre und Flut fliehen sie dann in die Metropolen, in der Hoffnung, dort Arbeit zu finden – und der Druck wächst, auf die Städte, auf die Menschen, die schon dort sind, und auf die, die noch kommen.

Die meisten der mehr als zehn Millionen Einwohner Jakartas wollen bleiben. Die Fischverkäuferin Ibu Patona hat in ihrem kleinen Viertel schon gewohnt, als es noch keine Pumpe gab, als die Gegend ein ständig überschwemmter Sumpf war und der Fischmarkt ein See. Das Wasser gehört zu ihr, was soll sie im Dschungel? »Hier ist mein Leben, ich verkaufe hier meine Waren, ich kann nicht umziehen, weil ich fühle, dass es besser ist zu bleiben. Aber wenn Jokowi umziehen will, dann kann er das so entscheiden.«

Für Jokowi steckt in den Umzugsplänen die Vision eines fortschrittlichen und fortgeschrittenen Indonesiens. Eine neue smarte grüne Hauptstadt soll entstehen, Baubeginn 2021, drei Jahre später sollen die ersten Regierungsbeamten umziehen. Kalimantan ist zu großen Teilen von Dschungel bedeckt, es ist Heimat von mehreren gefährdeten Tierarten, darunter der Orang-Utan. Umweltschützer fürchten, eine neue Stadt mitten in der Provinz könnte sie noch mehr gefährden. Denn auch hier würden viele Menschen angezogen von einem neuen Zentrum.

Victor Coenen, die Stadt Jakarta und das Ministerium für Hoch- und Tiefbau kämpfen darum, alle Bewohner mit sauberem Wasser zu versorgen. Und sie auf diese Weise davon abzuhalten, illegale Brunnen zu bohren. Auch alle anderen Punkte des Rettungsplans für Jakarta werden gleichzeitig weiterverfolgt, denn das Geschäfts- und Finanzzentrum des Landes wird hierbleiben. Bauunternehmer Suandi sieht das Ganze entspannt: Sinkt die Stadt weiter, baut er die Mauer vor seiner Firma einfach noch ein Stückchen höher. Nur: Wie lange wird das noch genügen?

5 Dschungelstolz statt Tropenholz: sanfter Tourismus

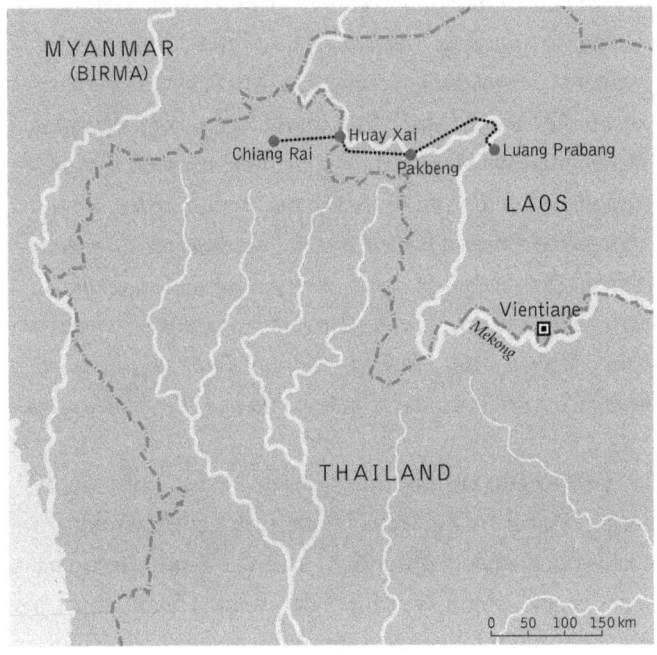

Eigentlich ist es doch eine sehr demokratische Errungenschaft, dass durch das erschwinglichere Reisen immer mehr Menschen sehen können, wie es am anderen Ende der Welt aussieht. Wie die Maya lebten, wie das Nordkap aussieht oder wo James Bond durch die Ha Long Bay jagte. Mehr Menschen schauen, mehr Menschen verdienen. Tourismus ist einer der großen Industriezweige auf der Welt. Aber Wohl und Wehe des Tourismus liegen sehr nah beieinander. Machen wir nicht das kaputt, was wir bestaunen wollen? So oft schon ist dieser Weg zu beobachten gewesen: Ein Ort ist vom berühmten »Geheimtipp« schließlich zum

Hotspot für die Massen geworden, zum »Must-see« und vor allem zum »Must have picture«, das in Zeiten von Instagram abgearbeitet werden muss – und schon ist die einst besondere Atmosphäre verloren, die Schönheit in Imbissbuden erstickt, die Attraktion samt ihrer Umgebung ausgelatscht, ausgelaugt, ausgelutscht… zum Zirkus verkommen. Mit beklagenswerten Folgen für die Umwelt. Muss das so sein? Das Pro-Argument lautet: Wer könnte den Menschen denn verwehren, durch ihre unvergleichliche Landschaft ein Einkommen zu schaffen, wenn sie sonst keine Erwerbsquellen haben? Doch wenn diese unvergleichliche Landschaft dann unwiederbringlich zerstört ist, haben alle verloren. Ein sanfter Tourismus, ein Ökotourismus kann dagegen tatsächlich in gewissem Rahmen allen Seiten helfen, Tourist, Anwohner, Umwelt. Ein paar Beobachtungen.

In der Morgendämmerung steht der Mann auf einer hölzernen Plattform, blickt sich kurz um, lächelt, winkt – und springt in die Leere unter sich. An einer Zipline festgehakt, saust er 400 Meter weit über den wilden Wald von Laos, über Baumwipfel, einen Fluss hinweg, mit dem Blick in unendlich weites Grün, an Hügeln und Baumriesen vorbei – die GoPro-Kamera auf seinem Helm zeichnet seine Fahrt, seinen Flug zwischen Himmel und Dschungel auf, bis er langsamer wird, das Sausen des Laufrades auf dem Seil abnimmt und er sich umdrehen muss, wie ein Äffchen hangelt er sich die letzten Meter bis zur Plattform auf der anderen Seite hinüber. Ein Guide hilft ihm, die Füße wieder aufzusetzen und sein Geschirr mit dem Laufrad von der Leine zu lösen. Auf geht es, weiter durch den Wald im Goldenen Dreieck, im Nordwesten von Laos, zur nächsten Zipline, dann wieder matschige schmale Pfade entlang, kilometerweit abwechselnd gleiten und wandern, bis die Tour schließlich in einem Baumhaus 30 bis 40 Meter über dem Waldboden endet. Essen, schlafen, und in der Morgendämmerung aufwachen, weil eine Autoalarmanlage loslärmt – oder vielmehr etwas, das genauso klingt: Der Gesang der Gibbon-Affen hallt laut und weit über den Dschungel. »Gibbon Experience« heißt diese Unternehmung. Seit 1996 hat der französische Initiator das Ziel, den Wald zu schützen und gleichzeitig Einblick in diese Welt zu geben. Hier leben Zibetkatzen, Sambarhirsche, Makaken, Muntjakhirsche, Riesenhörnchen, Leoparden, Tiger, Loris, Kragenbären, allesamt scheu und versteckt, auf der Hut vor menschlichen Jägern. Und eben die namengebenden Gibbons leben hier, sie schwinghangeln, so heißt ihre Fortbewegungsart, sich mit ihren langen Armen von Baum zu Baum in den Wäldern des Nationalparks von Nam Kan.

Die Primaten stehen auf der Roten Liste der Gefährdeten Arten. Sie sind schwer zu erblicken, aber wer mit ihnen auf einer Höhe ist, hat eine bessere Chance. Und, so dachten die Macher des Gibbon Experience, wer einmal von Baumwipfelhöhe aus auf die Welt blickt, ändert seine Perspektive.

Das Projekt entstand als Reaktion auf illegale Abholzung und Wilderei: Wer für Waldschutz bezahlt wird, wird ihn nicht abholzen. Wer Geld hat, muss nicht wildern. So bietet das »Gibbon-Erlebnis« eine Einkommensalternative im armen Laos und machte über die Jahre deutlich, dass es die bessere Investition ist, den Wald und seine Tierwelt zu schützen und zu erhalten, als ihn abzuholzen und zu zerstören. Um die 130 Menschen beschäftigt das Unternehmen: Aus Jägern wurden Fremdenführer, die jeden Weg kennen und den Touristen etwas über die Kräuter und Heilpflanzen des Waldes erzählen. Sie arbeiten als Begleiter, die auf die Sicherheit der Leinensauser achten, im Büro, als Köche, Fahrer, Techniker. Viele von ihnen sind von Anfang an mit dabei, sie haben die Baumhäuser mit aufgebaut – etwa ein halbes bis ein Jahr dauert es, ein Haus für bis zu zehn Leute sicher in eine Baumkrone zu bauen. Manche haben mehrere Geschosse, kleinere extra Schlafplattformen, alle haben eine Waschzeile und eine Freiluftdusche – auf einem Baum in 40 Metern Höhe mit Blick über Wipfel und Gipfel zu duschen, ist beispiellos.

Von dieser architektonisch spannenden Konstruktion aus sieht man Sonnenuntergang und Sonnenaufgang, das Erwachen des Waldes, das faszinierende Wildleben – wenn auch manchmal aus gegebenem Anlass die Riesenspinnen auf der Toilette das sind, was einen am meisten beschäftigt. Währenddessen bringen die Guides gut verschnürte Topfstapel an einer Hand über die Zipline ins Baumhaus: Zum Abendessen gibt es Reis, scharfen Erdnuss-Möhrensalat, Kokospfannkuchen, Gemüsesuppe, Satay-Spieße, Longanfrüchte und Lao-Lao, Reiswhisky. Gekocht wird in ihrem Dorf und damit wurde eine weitere Einkommensquelle für die Dorfbewohner geschaffen.

Nur die örtliche Bevölkerung kann auf lange Sicht wirklich für den Erhalt des Waldes sorgen, sagen die Initiatoren. Weil sie diese Umgebung kennt und damit verbunden ist. Also macht das Projekt ihren Lebensraum bekannt, indem es ihn für Tourismus der sanften Art erschließt: ohne Autos, ohne Massenandrang, mit viel Verständnis für die Umgebung. Eine Dreitagestour kostet um die 200 Euro.

Von den Einnahmen geht ein Drittel in die Gehälter, aber mit einem anderen Teil wird Wiederaufforstung finanziert und vor allem eine Wildhüterpatrouille: Aus den besten Jägern der ansässigen Waldbewohner haben die Regierung und das Gibbon Experience ein Team gebildet, das inzwischen fünfzehn Mann stark ist. Es kontrolliert den Nationalpark: Niemand soll hier jagen, illegal abholzen oder mit Sprengstoff fischen. Darüber hinaus versorgt das Gibbon-Projekt Schulen in den umliegenden Dörfern mit Lehrmaterial – in einem Land, in dem Kinder oft weder Papier noch Bleistift besitzen, ist das eine wichtige Investition in ihre Zukunft. Und sie bieten an, das Land für bewässerte Reisfelder zu bereiten, damit die traditionelle, sehr extensive Technik der Brandrodung nicht den Wald ruiniert.

Das ist natürlich keine Massenveranstaltung: zwei Stunden Fahrt, eine Stunde Wanderung, bis es überhaupt losgeht – das Gibbon-Erlebnis beginnt sehr abgelegen. Danach muss man bereit sein, zweieinhalb Tage ohne Strom und Mobilempfang durch die Wildnis zu laufen, das ist nicht jedermanns Sache. Ökotourismus ist keine Massenveranstaltung – aber das wäre ja auch widersinnig. Je mehr Menschen durch den Wald traben, desto mehr Platz wird wiederum geraubt, Tiere vertrieben, Natur beschädigt. Die Bedürfnisse aller Touristen können so nicht gestillt werden, aber es gibt den Dorfbewohnern eine Chance und dem Wald ebenso.

Ein Argument gegen Ökotourismus ist, dass er Menschen dorthin bringt, wo sie vorher nicht gewesen wären, dass er Tiere vertreibt, die vorher ungestört gewesen seien. Doch ohne die Touristen wäre kein Geld da für die Wildhüter, die Tiere vor Wilderern schützen. Die Touristen sind eher Mittel zum Zweck, um das Geld zu bringen.

»Aufwachen! Schildkröten, wir haben Schildkröten! Turtles! Wake up!« Es klopft und pocht an die Hüttentür. Der Morgen dämmert noch lange nicht auf der malaysischen Insel Pulau Sibu, aber es ist Turtle Alert, Schildkrötenalarm. Im Rimba Resort, einer kleinen Anlage mit 21 Hütten im Wald am Strand, gibt es eine Schildkröten-Aufzuchtstation: Biologin Nici, die Tierschutzbeauftragte des Resorts, bekommt Gelege von den Nachbarinseln gebracht, die sonst geräubert würden. Hier werden sie hinter einem Zaun im Sand eingebuddelt und geschützt – bis der große Moment kommt, wenn die Schildkrötenbabys aus ihren Eiern ausbrechen und sich ausbuddeln. Meistens nachts, denn dann ist der Sand schön kühl. Und um das mitzuerleben, können sich die Gäste wünschen, geweckt zu werden – Turtle Alert eben.

Seit drei Jahren gibt es die Schildkrötenaufzuchtstation hier, mehr als 4000 Tiere sind seitdem geschlüpft und haben ihren Weg vom Strand ins Südchinesische Meer gefunden. »Und die Gäste finden das Projekt super – sie begleiten die Tiere und lernen viel über den Schutz der Meere, über Korallenriffe, über die Probleme, die es weltweit in den Ozeanen gibt, und weshalb Meeresschildkröten so gefährdet sind«, erklärt Nici.

Ihr Kollege Rob erläutert, was das Fatale an herkömmlichem Tourismus ist – nicht nur, dass die Menschen in Flugzeugen, Autos und auf Kreuzschiffen durch die Welt reisen, dabei fossile Brennstoffe verbrauchen und die CO_2-Emissionen steigern. »Sie behandeln die Umwelt nicht besonders gut, weil sie ja nicht in ihrer gewohnten Umgebung sind und nicht das Gefühl haben, für *diese* Umwelt verantwortlich zu sein. Und da setzt Ökotourismus eben an: Sie sollen sich ihrer Umwelt hier bewusst sein, sie in Gänze wahrnehmen und sie dementsprechend behandeln.« Gerade in südostasiatischen Ländern, die in der Entwicklung sind und dabei sehr auf den Tourismus angewiesen sind, ist ein solches Bewusstsein wichtig, um die negativen Auswirkungen des Tourismus auf die Umwelt zu mindern. »Das Geld, das der Tourismus bringt, soll zum einen die Wirtschaft des Landes stärken, aber eben auch die Umwelt erhalten.« Während die Urlauber sich also entspannen, lernen sie eine Menge und bilden das Bewusstsein für die Umgebung, in der sie gerade unterwegs sind, aus.

Das Resort auf Ökotourismus auszurichten, das sei keine wirkliche Arbeit, meint Rob: »Wenn das ganze Team sich dafür einsetzt und alle davon überzeugt sind, weil das einfach ihre Art zu leben ist, ist es nicht schwer.« Letztlich geht es aber nicht um das Ideal, sondern einen realistischen Kompromiss. Eine Balance zwischen dem, was möglich, und dem, was nötig ist. Das fängt an bei dem weiten Flug aus Europa nach Südostasien und geht bis zu den Außenbordmotoren der Boote, mit denen die Urlauber auf die Insel kommen. Doch auf den Fernurlaub würden die meisten ohnehin nicht verzichten. Auf Kunststoff schon. Es gibt hier keine Plastikflaschen – dafür Wasserkühler, an denen man sich jederzeit Wasser in eine mitgebrachte Flasche abfüllen kann – so hat das Resort in den vergangenen Jahren zigtausende Einwegbehälter gespart. Und natürlich sind Plastikstrohhalme abgeschafft. Kleinigkeiten, die einen großen Unterschied machen. Und vor allem das Bewusstsein verändern: Wer einmal das Video gesehen hat, in dem einer Meeresschildkröte unter Qualen ein zehn Zentimeter langer Strohhalm aus dem Nasenloch entfernt wurde, nimmt sowieso keinen Plastikhalm mehr in die Hand. Erst recht nicht in einem Resort mit einer Schildkrötenaufzuchtstation.

Selbst wenn die Gäste und Bewohner hier Einwegplastik vermeiden, so kommt der Plastikmüll trotzdem an: Immer wieder wird er von anderen Inseln oder vom Festland herübergespült; bei den Reinigungsaktionen können die Urlauber mitmachen und nach dem Schnorcheln nochmal schnell 120 Liter Plastikabfälle einsammeln. »Vielen Menschen ist, bevor sie hierherkommen, gar nicht klar, dass Müll im Meer reist, dass die Strömungen das Plastik überall hintragen – dass es vielleicht sogar ihr eigener Abfall ist, den sie hier wiedersehen«, meint Nici. »Mit ihrem neu gewonnenem Wissen reisen sie dann wieder nach Hause und geben etwas von diesem Bewusstsein weiter, arbeiten daran, Müll zu vermeiden, damit er gar nicht erst ins Meer gelangt.«

Es sind kleine Schritte, kleine Verbesserungen, die sie mit ihrem Projekt anregen können. »Das große Ganze können wir leider nicht ändern«, meint Rob, »dazu braucht es ein Ministerium, das dahintersteht, ein Regierungsprojekt, Gesetze – wir vom Resort können den Leuten schlecht verbieten, im Korallenriff den Anker zu werfen oder Haie zu fangen. Es sind einfach zu viele Menschen, die zu wenig Bewusstsein für die Bedeutung und die Wichtigkeit ihrer Umwelt haben. Aber die Menschen, die hierherkommen und eigentlich nur einen netten Inselurlaub wollten, die lernen etwas – und tun etwas. Am nächsten Tag siehst du sie den Strand entlangwandern und Plastik aufsammeln. Denn sie wissen jetzt: Ein schöner Strand bleibt nur dann ein schöner Strand, wenn wir etwas dafür tun.«

So ging es zum Beispiel einem Ehepaar aus Deutschland, das eher zufällig in das Öko-Resort geraten ist. Richtig öko finden sie das nicht, »wenn man bedenkt, dass wir hierhergeflogen sind. Aber wenn man schon mal da ist, dann ist es toll, was die hier machen, oder eben nicht machen: kein Plastik und so. Das ist besser als Kreuzfahrt mit Schwerdiesel. Und neulich nach dem Schnorcheln haben wir dann am Strand Müll gesammelt.« Vielleicht machen sie noch bei der Riffreinigung mit – denn direkt vor dem Resort liegt ein Korallenriff, in dem einige Haie und

Schildkröten Stammgäste sind. Doch auch ihnen ist klar, dass nicht alle Touristen an dieser Art des Urlaubs interessiert sind.

Die Touristenzahlen müssen nicht unbedingt sinken, meint Rob, wenn man Tourismus generell umweltfreundlich gestalte. Mit Eintrittskarten für den Nationalpark zum Beispiel, zum Schutz der Meeresgebiete – ein kleiner Preis, der aber dann für die Korallenriffe, für die Bewahrung gefährdeter Tiere genutzt wird. Wie zum Beispiel für die Schildkröten. Nici erzählt, dass die Nationalparkabteilung für diesen Meeresabschnitt einige Fischer trainiert hat, Schildkrötennester professionell auszuheben; sie wandern morgens um die Inseln und schauen nach Schildkrötenspuren im Sand. Wenn sie ein Nest finden, melden sie sich schnell bei der Aufzuchtstation – »und wir kaufen die Eier dann. Wenn du willst, dass die örtliche Bevölkerung mitmacht, dann läuft es über Geld. Klingt blöd, aber so bekommst du ihr Engagement, dann verkaufen sie die Eier nicht mehr auf dem Schwarzmarkt oder essen sie selbst. Wir kriegen Eier und können den Bestand der Meeresschildkröten aufbauen und sie erhalten ein Einkommen, beide Seiten sind froh.«

Das Geld, um die Eier zu bezahlen, bekommen die Naturschützer des Resorts zum Teil auch von den Gästen. Denn die können für wenig Geld ein Schildkrötennest adoptieren. Dem dürfen sie dann einen Namen geben und bekommen ein Video, wenn die Schildkröten schlüpfen. Falls sie nicht persönlich beim Turtle Alert dabei sein können. Manche Urlauber kommen auch wieder, erzählt Nici, um vielleicht beim Schnorcheln eine Schildkröte wiederzutreffen, der sie als Baby beim Schlüpfen zusehen durften.

Malaysia könnte im Ökotourismus richtig punkten – es kann mit einer der höchsten Artenvielfalten der Welt aufwarten, 15 000 verschiedene Blütenpflanzen, 286 Säugetierarten, 4000 Fischarten, 270 Reptilienarten und so weiter. Es bietet Korallenriffe und riesige Höhlen, Dschungel und Berge, man kann schnorcheln, wandern, Wildwasserfahren, klettern, tauchen, Höhlen erforschen. Doch oft ist die Möglichkeit, ein paar Ringgit durch illegale Abholzung zu verdienen, attraktiver als der leere Teller, wenn man den Wald stehen lässt. Das gilt jedoch nur auf kurze Sicht. Denn Touristen bleiben aus, wenn die Sehenswürdigkeiten gerodet sind.

Im Nationalpark Taman Negara steht das älteste Waldgebiet der Erde, ein Primärregenwald, dessen Wurzeln 130 Millionen Jahre zurückgehen. Auf 4300 Quadratkilometern gibt es für Besucher nur wenige Unterkunftsmöglichkeiten, was das Erlebnis noch ursprünglicher macht. Über lange Hängepfade hoch zwischen den Baumwipfeln geht der Weg durch den Dschungel, im Dickicht verstecken sich Schabrackentapire, Leoparden, Wildschweine, Pfauen und Affen. Baumriesen und Berggipfel, Stromschnellen und Höhlen machen das Wandern unglaublich spannend – selbst für Menschen, die hier seit vielen Jahrzehnten arbeiten. »Wenn man Glück hat, sieht man wilde Tiere im Park – ich habe einmal Panther gesehen, ein Paar, tagsüber, nahe dem Baumwipfelweg!«, erzählt Sadik. Seit 30 Jahren führt und betreut er im Nationalpark Taman Negara Besucher und ist immer wieder von Neuem begeistert. »Die zweitgrößte Blume der Welt, die wächst direkt neben meiner Hütte im Nationalpark.« Er ist stolz auf seinen Dschungel. Wasserfälle, Lianen, Orchideen, Hornvögel, Schmetterlinge, Spinnen und Skorpione – dieser Regenwald ist üppig und artenreich und schon seit Jahrzehnten geschützt: Bereits 1938 legten die Herrscher dreier Sultanate jeweils einen kleinen Teil ihrer Reiche zu einem umfassenden Reservat zusammen. Ein Paradies für Tiere und Pflanzen, Jagen und Abholzung sind streng verboten. Holzstege bewahren besonders empfindliche Bodenstellen, geführte Wanderungen, auch nachts, begeistern die Besucher für diese einzigartige Umgebung. Da der Taman Negara nur per Zug und Boot oder über eine Straße zu erreichen ist, sind nicht allzu viele Touristen gleichzeitig zu Besuch.

Noch zerschneiden nur wenige Fahrwege das Land. Sadik, der Touristenführer, fürchtet trotzdem, dass dieser Reichtum irgendwann dem Fortschritt zum Opfer fällt. Es ist kein gutes Zeichen, dass man auf der einzigen Straße in den Nationalpark dicke Laster mit dicken Baumstämmen beladen sieht. Und einige Stellen, wo die rote Erde Malaysias bloßliegt, die Bäume gerodet sind – offene Wunden im Wald. »Man muss unbedingt die Natur schützen, denn Entwicklung kann nicht das Einzige sein, was zählt! Natur hat Priorität.«

Sowohl in Thailand als auch auf den Philippinen wurde das beherzigt. Denn wie sich eine einzigartige Landschaft entwickeln kann, wenn niemand sie schützt, sondern alle sie ausbeuten, haben zwei einstige Traumziele gezeigt. Jetzt geht es um Möglichkeiten, den Schaden einzudämmen. Von der Idylle zur Tourismus-Hölle. Und zurück:

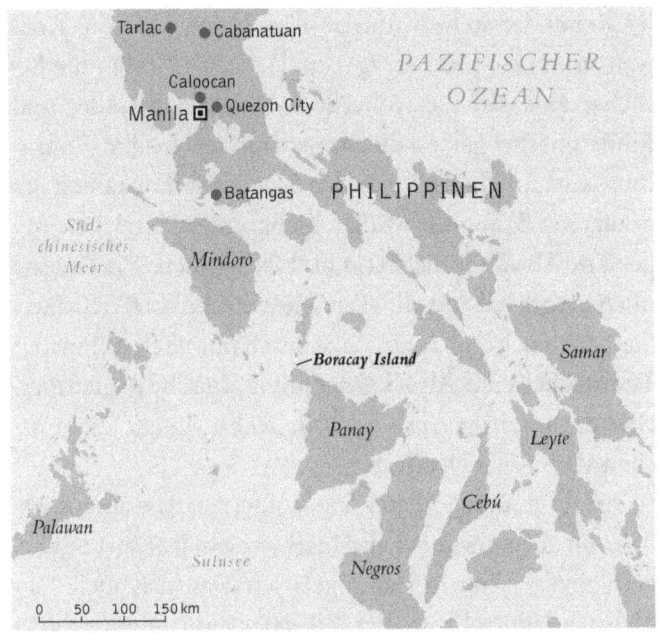

Von den 17 500 Inseln der Philippinen hat sich die kleine Insel Boracay innerhalb weniger Jahre vom Geheimtipp zur Kloake gewandelt. »Klärgrube«, so hat sie zumindest der philippinische Präsident Rodrigo Duterte nach einem Besuch genannt. Sie ist sieben Kilometer lang, keine drei Kilometer breit, hat aber endlose Traumstrände wie aus dem Film, dazu noch Korallenriffe in türkisfarbenem Wasser, kleine Buchten, vorgelagerte Inselchen, die aussehen wie Krokodile und umgeben sind von bunten, großen Meerestieren. Vom Puka Beach kamen die berühmten Puka-Muscheln, wie sie Elizabeth Taylor trug – flach, weiß und dicht aufgereiht, auch bei Surfern beliebt, ein modischer Gruß aus dem Paradies. Ein Wunschziel, wie es auf der »Will ich in meinem Leben gesehen haben«-Liste vieler Reisender steht – und 2011 auch auf der Liste eines weitverbreiteten Reisemagazins. Danach schossen die Besucherzahlen in die Höhe, statt Rucksackreisender und Einheimischer kamen die Massen. Ein regelrechter Tourismus-Tsunami überrollte die Insel, und mit ihm kamen ungezügelter Bauboom, Müll, ungebremstes Partyleben, ungeklärte Abwässer, die direkt ins Meer flossen. Wie Duterte noch gesagt haben soll: »Das Meer riecht nach Scheiße.« Statt Muscheln gab es am Puka Beach nur noch Abfall und Taschendiebstahl. Also ließ der philippinische Regierungschef die Insel im April 2018 für sechs Monate dichtmachen, damit sie sich erholt.

Polizisten und Soldaten kontrollierten, dass auch wirklich nur diejenigen auf die Insel kamen, die dort lebten, kein einziger Tourist war zugelassen. Das hieß auch: Verdienstausfall und zum Teil Millionenverluste. Stattdessen gab es Carepakete für die Bevölkerung vom Wohlfahrts- und Sozialamt. Die Anwohner bekamen einen Monatslohn, um die Strände zu reinigen, Straßen zu reparieren und vor allem, eine Kanalisation anzulegen. Gebäude, die zu nah an den Strand gebaut waren, wurden abgerissen. Hotels und Gaststätten sollen jetzt umweltfreundlich und sicher operieren. Statt gammeliger illegaler Futterbuden sollen Restaurants frische Meeresfrüchte und lokale Spezialitäten anbieten; Zigaretten und Alkohol sind am Strand verboten, die Partyzeit ist vorbei. Familien und Reisende mit Anspruch, das ist das neue Zielpublikum. Und nicht nur Ziel, auch Zahl ist neu: Nur noch 19 000 Besucher dürfen sich gleichzeitig auf der Insel aufhalten.

Der Plan für das neue Boracay ist jedoch noch nicht erfüllt. Der philippinische Präsident hat das Mandat für eine eigens eingesetzte Taskforce noch bis Mai 2021 verlängert, die Rehabilitation der Trauminsel dauert an. Denn immer noch sind zu viele Bauten zu nahe am Strand, bis zum Spülsaum sollen stets 25 Meter Sand frei bleiben. Auch auf den Straßen sind viele Verkaufsstände nach wie vor im Weg, mehr als 700 Gebäude sind im Waldbereich errichtet worden … Die Taskforce muss das Problem lösen, wie illegal errichtete Strukturen abgerissen werden, sie muss die Umgehungsstraße fertigbauen, aber vor allem muss sie sich um Abwasserleitungen kümmern. Sechs Monate, das sei sehr kurz gedacht gewesen, sagen Experten. Es dauere um einiges länger, bis Strände und Gewässer sich erholten.

Thailand hat einen entschiedeneren Weg eingeschlagen. Kurze Rückblende: Leonardo Di Caprio lässt sich glückselig in den Sand fallen, er blickt über weißen Strand, aquamarinfarbenes Wasser hinüber zu wild geformten Klippen, die Sphärenklänge von Mobys Ambience-Hit »Porcelain« schweben über dieser magischen Bucht – der Film »The Beach« aus dem Jahr 2000 zeigte einen sagenumwobenen Strand, überhöht wie ein Shangri-La, von dem man sich in den Hostels der thailändischen Hauptstadt erzählte, so schön und unerreichbar, dass er gar nicht wahr sein konnte. Diesen Strand fanden die Filmproduzenten damals in der Maya-Bucht auf der Insel Ko Phi Phi Leh im Süden Thailands.

Der Film katapultierte sie zu Ruhm, machte sie schlagartig zur berühmtesten Bucht der Andamanensee. Abertausende Besucher ließen sich täglich mit Schnellbooten zu der unbewohnten Insel schippern – der Geruch von Treibstoff und Sonnencreme waberte über die Bucht. Boote, Besucher, geballte Massen zerstörten die Korallen, die

Attraktion des »unerreichbaren«, abgelegenen Strandes ließ mit jedem weiteren Urlauber nach. Statt auf türkisblaues Meer und hundert Meter hohe Felsen blickte man in einen Wald aus Selfie-Sticks. Und dahinter auf Hunderte von Menschen, die dicht an dicht im seichten Wasser herumtraten, bis ihr Boot sie wieder röhrend abtransportierte. Zurück blieben Müll und tote Korallen.

Jetzt herrscht Stille. Eigentlich sollte die Maya-Bucht ab Juli 2018 nur für vier Monate geschlossen bleiben, doch jetzt werden es wohl drei Jahre werden. Der zuständige Minister für Natürliche Ressourcen und Umwelt sagte: Da die Korallen durch exzessiven Tourismus zerstört wurden, soll die Bucht solange geschlossen bleiben, wie die Genesung andauert. Es sollen keine Schiffe mehr in die Maya Bay selbst fahren – wer dorthin will, muss zukünftig durch den Hintereingang. Doch schon jetzt sind Fortschritte zu erkennen: Schwarzspitzen-Riffhaie kehren zurück in die Bucht, die Korallen scheinen wieder ein guter Ort für ihren Nachwuchs zu sein. Und das Nationalpark-Amt hat kürzlich Bilder einer seltenen Krabbenart veröffentlicht, die sich in der Maya Bay gezeigt hat. Die zehn Zentimeter großen Pu Kai-Krabben mit ihren haarigen Beinen seien ein guter Indikator dafür, dass sich das Ökosystem des Meeres in der Bucht erhole, so die Naturschützer.

Im vergangenen Jahrzehnt haben Thailands 26 Meeresnationalparks eine immer schneller wachsende Zahl von Touristen angezogen, der Großteil von ihnen aus China. Viel zu viele Menschen für viel zu empfindliche Ökosysteme. Mit dem Ergebnis, dass die Massen auf den Bootsschwärmen genau die faszinierende Unterwasserwelt verjagen und zerstören, für die sie so weit gereist sind. Die Regierung hat erkannt, dass sie die Natur schützen muss, weil sie der kostbarste Schatz des Landes ist. Besonders gefährdete Gebiete wurden gesperrt, Besucherzahlen begrenzt.

Doch Thailand steckt in einer Zwickmühle: Das Land braucht die Gäste. Im vergangenen Jahr haben die Tourismusindustrie und alle angeschlossenen Wirtschaftszweige ein Fünftel des thailändischen Bruttoinlandsproduktes ausgemacht. Und die Touristen wollen kommen, drängen in das Land. Alle Anbieter heißen sie mit offenen Armen willkommen, keiner will sie wegschicken oder beispielsweise sagen: »Nur jeder dritte ist willkommen, ihr seid zu viele.« Mag sein, sagt Umweltminister Varawut Silpa-archa, aber der meeresorientierte Tourismus in Thailand ist in die »Billigpreis-Falle« gestürzt: Trotz der großartigen Szenerie kosten Thailands tollste Strände zu wenig, ziehen immer mehr Menschen an, und diese Massen sorgen für einen stückweisen Verfall der natürlichen Ressourcen. Um die sinkende Qualität der Attraktionen auszugleichen, werden die Preise gesenkt, um wiederum mehr Menschen anzuziehen. Wenn sie nicht aus der Billigpreis-Falle entkommen, sagt Varawut, dann werden sie am Ende absolut nichts mehr übrig haben, das noch Touristen anziehen würde. Sie müssten dringend darüber nachdenken, wie Thailand ein Ziel mit Klasse, nicht Masse wird.

Die Corona-Pandemie hat gezeigt, wie die Natur ohne die Touristen aussieht. Wegen der Reisebeschränkungen konnte monatelang kein Tourist das Land besuchen. Und vor den Stränden Thailands tauchten plötzlich Dugongs auf. Diese asiatische Seekuh-Art gehört zu den gefährdeten Tierarten, doch nun weideten ganze Herden die Seegras-Felder vor Inseln ab, die sonst von Touristen in Schnellbooten wimmeln. Neugierige Delfine spielen mit Fischern, Haie und Wale schwimmen ungestört nahe der Strände entlang. Lederschildkröten haben Hunderte von Eiern an dem Strand gelegt, der zum Flughafen des ansonsten überlaufenen Ferienziels Phuket gehört. Die Abwesenheit des Menschen lässt das marine Tierleben aufblühen, meinen Experten.

Umweltminister Varawut betont, dass er in den Monaten des Corona-Lockdowns von keinem Tier gehört habe, das an Plastikmüll verendet sei – davor sei es bedauerlicherweise an der Tagesordnung gewesen. Er möchte gerne in allen 153 Nationalparks des Landes eine abwechselnde Schließung einführen: Im Rotationsprinzip sollen sie jeweils zwei bis drei Monate pro Jahr schließen. So könnten sich die Ökosysteme mit ihrer großen Artenvielfalt erholen und dennoch gebe es genügend Attraktionen für Touristen. Doch von denen sollte man vielleicht auch nicht mehr so viele in die verschiedenen Parks lassen – Zugangsbegrenzungen sind ein anderer Punkt, der diskutiert wird. Die beschränkten Ticketzahlen übersetzen sich dann in höhere Preise, sagen Tourveranstalter. Darum solle man ruhig auf die Zielgruppe setzen, die bereit ist, mehr zu zahlen. Klasse statt Masse – ist der elitäre Gedanke, der Reisen wieder zu einem Luxus für wenige macht, die Rettung für die Natur, ist Geld also die Lösung? Die Beschränkung über Eintrittspreise?

Aber haben Menschen, die viel Geld bezahlen, um ein exklusives Ziel zu besuchen, automatisch auch ein Bewusstsein für den Wert der Umwelt, in der sie sich befinden? Eine Antwort darauf wird es vielleicht eines Tages in Indonesien geben, im Komodo-Nationalpark:

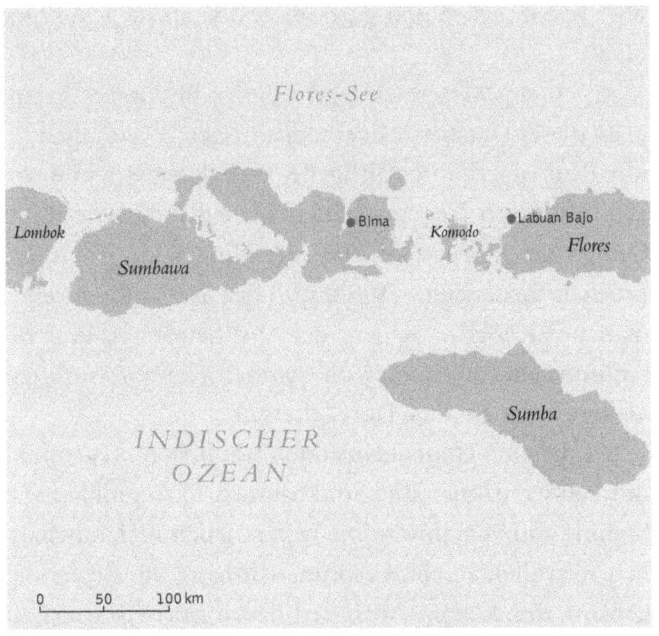

Ganz Labuan Bajo, im Westen der Insel Flores gelegen, ist auf ein Tier geeicht: den Komodo-Waran. Sogar der Flughafen der Stadt ist in seiner Form dem berühmtesten Tier des östlichen Indonesiens nachempfunden, ein Waran aus Stahl und Glas. Der letzte Drache dieser Erde, so wird er oft genannt, lebt auf einigen vulkanischen Inseln westlich von Flores, und von Labuan Bajo aus brechen die Boote voller Touristen in den Komodo-Nationalpark auf, um diese riesige Echse zu sehen.

»Der Waran ist unser Star! Wissenschaftler sagen, dass der Komodo-Waran aus Australien kommt, ein Sohn der Dinosaurier«, so erzählt es Jackie Chan (kein Witz), ein Ranger auf Komodo Island. Tatsächlich entstand die Art vor Millionen von Jahren in Australien, verbreitete sich über Landbrücken und starb später überall aus – nur hier nicht.

An einem Wasserloch lagern einige imposante Exemplare dieser Drachen. Mit einem einzigen Biss können sie ihre Beute durch ihren giftigen Speichel langsam umbringen. Mit ihren langen scharfen Klauen reißen sie ihren Opfern den Körper auf und verschlingen sie in großen Brocken unzerkaut. Das sind Hirsche, Wildschweine, manchmal auch Nutztiere der Dorfbewohner, und im schlimmsten Fall ein Mensch – vor zehn Jahren wurde ein kleiner Junge aus dem Dorf gefressen.

Berghänge, Graslandsavanne, tropischer Regenwald mit Palmyrapalmen und Stinkbäumen, dazu pinkfarbene Strände und Mangroven: Die Warane leben auf landschaftlich reizvollen Inseln. Ursprünglich hatte die Regierung geplant, den Echsen einen Teil davon zeitweise ganz zu überlassen, ähnlich wie Boracay und Maya Bay sollte es eine Regenierungspause zum Wohle der Natur geben: Komodo Island sollte für mindestens ein Jahr für Besucher geschlossen und die Dorfbewohner umgesiedelt werden. Denn wie in anderen Fällen auch, hatte die Attraktion gelitten. Erste Besucher in den 1970er-Jahren berichteten von den wilden Drachen, von der Gefahr, die von ihnen ausging; davon, wie die Besucher die Einheimischen für eine Ziege bezahlten – die wurde dann in eine Senke geschickt und von den Komodo-Waranen in einem kurzen blutigen Spektakel aufgefressen, mit Knochen und allem. Das sprach sich rum. Mehr Menschen wollten die letzten Drachen dieser Erde sehen. Und um mehr Menschen den Besuch zu ermöglichen, wurde das Erlebnis eingedämmt, reguliert und massentauglich gemacht. Von dem puren, evolutionären Kick ist nichts mehr geblieben, die Wildheit ist verloren – was ja unter Sicherheitsaspekten auch gut ist. Aber eben einer professionellen Abfertigung gleicht und keinem einzigartigen Erlebnis. Auf Reise-Foren im Internet beschweren sich Touristen: »Lahm, nur ein paar faule Warane, die an der Rangerstation gefüttert werden – das ist es nicht wert.«

Künftig sollen die Urzeitviecher wieder exklusiver werden. Statt den Zugang auf die Inseln zu beschränken, will die Regierung die Preise erhöhen. Statt bisher rund 16 Euro pro Tag auf 1000 Dollar Eintritt –, inklusive Ranger und Schnorchelerlaubnis. Für den hohen Preis dürfte man ein Jahr lang immer wieder den Nationalpark besuchen, heißt das Argument, und der größte Teil des Geldes soll in den Naturschutz gesteckt werden.

Auch die Pläne für einen internationalen Flughafen, für eine schicke Marina mit angeschlossenem Hotel, einen neuen Hafen und luxuriöse Shoppingmalls zeigen, dass Komodo künftig keinen Wert mehr legt auf seine bisherigen Besucher: Backpacker und Familien, die jetzt noch die Stadt Labuan Bajo füllen, in Hostels, Bed and Breakfasts oder anderen Unterkünften.

Ein Tauchshop reiht sich an den nächsten, ein Touranbieter an den anderen. Das gängige Paket, das Rucksackreisende, Familien und Rentner wollen: auf einem Boot wohnen, mit Mantarochen tauchen, mit Schildkröten schnorcheln, aber vor allem zu den Waranen wandern.

Von der ursprünglich geplanten Schließung wäre auch der Ranger Jackie Chan betroffen gewesen: »Ja, aber wir haben demonstriert und die Regierung in Jakarta getroffen und dann haben sie gesagt, dass sie die Insel nicht schließen, und wir nicht umziehen müssen. Aber jetzt bringen sie die Menschen ganz, ganz langsam um.« Denn die Preiserhöhung hat für die Bewohner gravierendere Folgen, als wenn die Insel für ein Jahr geschlossen worden wäre. Die Menschen hier leben vom Tourismus, sie verkaufen den Besuchern Komodo-Statuen, Ketten, Perlen, T-Shirts. Warane in allen Größen und Positionen schnitzen die Männer direkt am Souvenirstand, manche fahren auch abends mit ihrer Ware zu den Schiffen, auf denen die Touristen nächtigen, und machen eine kleine Verkaufsshow an Bord.

Für Dorfbewohner wie Ranger Jackie Chan bedeuten weniger Touristen, dass er seine Familie verlassen muss: »Wenn ich meinen Job im Tourismus verliere, muss ich umziehen, in ein anderes Land oder mindestens auf eine andere Insel, wie Bali, und dann muss ich meine Frau und zwei Kinder hier zurücklassen.«

Früher lebten die Inselbewohner vom Fischfang. Doch seit die See zwischen den Inseln zum Unesco-Welterbe und Biosphärenreservat wurde, dürfen sie das nicht mehr und leben stattdessen vom Tourismus. Mantarochen, Schildkröten, Delfine, Haie verschiedener Arten, Papageien-, Kugel- und Feuerfische schwimmen seither unbehelligt im Meer. Aber wie lange noch, fragt sich Tourguide Paul: »Wenn die Menschen kein Einkommen mehr haben, kehren sie wieder zum Fischen zurück, und das wird ein Problem für den Komodo-Nationalpark. Dann fahren sie an die ganzen Tauchgründe und fischen dort illegal, und dann wird die Attraktion des Parks zerstört.«

Zu *viele* Touristen vernichten die Natur, zu *wenige* Touristen sorgen wiederum dafür, dass die Einwohner selbst die Natur vernichten, weil sie ansonsten kein Einkommen mehr haben. Ein Dilemma. Insofern ist Armutsbekämpfung vielleicht der beste Naturschutz. Wer genügend Geld hat, um sich Reis zu kaufen und seine Kinder zur Schule zu schicken, muss nicht wildern oder illegal abholzen. Wer sieht, dass Besucher für den Anblick gut erhaltener Natur Geld bezahlen, wird sie nicht zerstören. Wer erlebt, dass Touristen gefährdete Tiere lieber lebendig in ihrer angestammten Umgebung bewundern, tötet oder verkauft sie nicht. Sondern kann dauerhaft Geld verdienen, wenn er Übernachtungsmöglichkeiten bietet, Essen verkauft oder als Fremdenführer arbeitet. All das ermöglicht eben gut gemachter Ökotourismus.

Wildtierhandel ist ein großes Problem, nicht nur in Südostasien. Weltweit steht es auf Listenplatz Nummer vier als besonders lukratives illegales Geschäft, nach Drogenhandel, Menschenhandel und Waffenschmuggel. Vereinte Nationen und Interpol schätzen den jährlichen Umsatz auf bis 23 Milliarden US-Dollar. Tiger, Elefanten, Nashörner, Schildkröten, Hornvögel, Leoparden, Orang-Utans, Bären – gejagt für ihr Horn, ihr Fell, für ihr Fleisch oder einfach ihre Seltenheit. Je gefährdeter, desto höher der Preis. Es ist ein Markt, der auf zu viele Menschen zu attraktiv wirkt, auch die, von denen man es nicht erwartet: In einem buddhistischen Tempel in Thailand tauchten vor einigen Jahren bei einer Razzia Dutzende gefrorene Tigerjunge, Tigerbabys in Formaldehyd, ganze Stapel von Fellen auf. Wenn nicht ganze Tiere geschmuggelt werden, dann ihre Teile: Klauen, Hörner und Schuppen, Kiemen, Schnäbel und Federn werden tonnenweise über illegale, aber gut etablierte Wege gehandelt.

Es ist ein kranker Konsum, dessen Auswirkungen die Ökosysteme ins Wanken bringen und die Gesundheit der Menschen selbst gefährden. Südostasien ist eine Region, in der zum einen gewildert wird – viele Tiere werden in den Regenwäldern, den tropischen Meeren und Bergregionen gefangen –, zum anderen ist es ein Umschlagplatz für gewilderte Tiere aus aller Welt, und zum dritten ist die Nachfrage für den Konsum hier ebenfalls groß, ob es Bärengalle oder Rochenkiemen sind.

Die fragwürdige Ehre, das meistgewilderte Tier der Welt zu sein, hat der Pangolin. Auch als Tannenzapfentier, Schuppentier, Artischocke auf Beinen bekannt. Oder auch »das niedlichste Lebewesen, von dem du nie gehört hast« – all das sind Namen des Pangolins. Es ist das einzige Säugetier mit Schuppen, die dachziegelartig angeordnet seinen Körper bedecken – eine richtige Rüstung. Und das ist sein Fluch: In Afrika und Südostasien beheimatet, wird es wegen seiner Schuppen und seines Fleisches bis an den Rand der Ausrottung gejagt. Die Schuppen sind in der traditionellen chinesischen Medizin sehr gefragt – pulverisiert und in Wasser aufgelöst, sollen sie bei Kopfschmerzen helfen, Fieber senken, sollen Hautkrankheiten heilen oder sogar Krebs und sie sollen den Milcheinschuss bei Frauen auslösen. Das Fleisch gilt als Delikatesse – besonderer Luxus ist eine Suppe: Für die wird der Embryo aus dem Leib des Muttertiers herausgeschnitten. Der Bedarf ist offensichtlich groß. Obwohl zum Beispiel in Vietnam 15 Jahre Gefängnis für das Wildern oder Verkaufen eines Pangolins drohen, gibt es genügend Menschen, die mit dem Kauf dieser fürchterlichen Feinkost ihren Reichtum demonstrieren wollen.

In der Tierwelt kann sich der Pangolin verteidigen, indem er sich zu einem Ball zusammenrollt: Er steckt die Schnauze durch die Hinterbeine und deckt mit dem Schwanz den Kopf ab. Die Schuppen sind so hart und scharf, dass tierische Jäger aufgeben müssen. Doch für menschliche Jäger sind sie leichte Beute, wenn sie sich zusammenrollen, denn sie lassen sich leicht einsammeln, in eine Tüte stecken und zum nächsten Händler schleppen.

Die vier asiatischen Schuppentier-Arten sind fast ausgerottet, inzwischen werden auch die vier afrikanischen Arten immer mehr gewildert. Nach dem Artenschutzabkommen stehen sie auf der höchsten Schutzstufe. Solange sie noch existieren, versuchen Forscher weltweit, mehr über dieses Tier zu lernen, denn allzu viel ist nicht bekannt. Ameisen und Termiten sind seine Hauptnahrungsquelle. Das bis zu acht Kilo schwere Tier hat eine lange röhrenförmige Schnauze, einen zahnlosen Kiefer und eine phantastisch lange Zunge; die Tiere sind nachtaktiv und haben starke Klauen, mit denen sie Termitenbaue aufbrechen können. Ihr Schwanz ist ebenfalls kräftig, sie können damit klettern und sich von Ästen herabhängen lassen. Jungtiere werden von der Mutter getragen: Direkt nach ihrer Geburt klettern sie auf den Rücken der Mutter und bleiben dort, solange sie noch gesäugt werden.

Im vergangenen Jahrzehnt wurde eine Million Schuppentiere illegal gehandelt. Das ist nur die offizielle Zahl, noch viele mehr, so vermuten Tierschützer, wurden von Wilderern direkt in Asien und Afrika an lokale Märkte geliefert. Immer wieder gibt es Meldungen wie im vergangenen Jahr aus Malaysia: Polizisten fanden tonnenweise gefrorene Pangoline, einige lebendige Tiere und Säcke um

Säcke voller Schuppen. In Singapur leben die Tiere tatsächlich in freier Wildbahn, es gibt diverse Videos in den sozialen Netzwerken, die Pangoline in Treppenhäusern oder auf Parkdecks zeigen. Aber auch im Zoo sind sie zu sehen; um den Menschen bewusst zu machen, wie absurd die Sucht nach diesen Schuppen ist, hatte der Zoo eine Aktion gestartet, die nicht besonders appetitlich wirkte: Besucher sollten ihre Fingernägel und Fußnägel schneiden, die Nägel wurden in einem großen Pott gesammelt und mit einem Schild versehen: »Würden Sie das essen?« Pangolinschuppen, Nashornhörner, menschliche Fußnägel – das Material ist gleich, Keratin. Kungfu-Ikone Jackie Chan appelliert im Video einer Tierschutzorganisation: »Kaufen Sie nie Pangolin-Fleisch oder -Schuppen. Wenn das Kaufen stoppt, endet auch das Töten.«

Klingt so einfach.

Als bekannt wurde, dass der Pangolin womöglich der Zwischenwirt des Coronavirus Covid-19 sein könnte, sprach zum Beispiel die *Frankfurter Allgemeine Zeitung* von der »Rache des Schuppentiers«. Ein scheues, einzigartiges Tier, das die Menschen mit ihrem kranken Konsum fast ausgerottet haben, überbringt ihnen ein tödliches Virus. Das Tier selbst ist dagegen gerüstet, doch wir nicht. Auf Frischmärkten wie in China kommen wir ihm und allen anderen Wildtieren viel zu nahe, der illegale Handel mit ihnen sorgt dafür, dass es für wilde Tiere keinen Hort mehr gibt, keinen Ort, der ausschließlich für sie existiert, dass sie nirgendwo mehr sicher sind. Mensch und Tier geraten in eine ungesunde Nähe. Die endet für Tiere meistens tödlich – wir essen sie und verarbeiten sie zu Medizin –, für Menschen ist sie durch Krankheiten wie Covid-19,

Mers und Sars immer öfter lebensgefährlich. Eine deutliche Lektion der Natur: Wer Tiere fängt, jagt, mit ihnen handelt und ihre gesamte Art gefährdet, gefährdet am Ende sich selbst.

6 Viel zu heiß und knochentrocken – Australien verdorrt und brennt

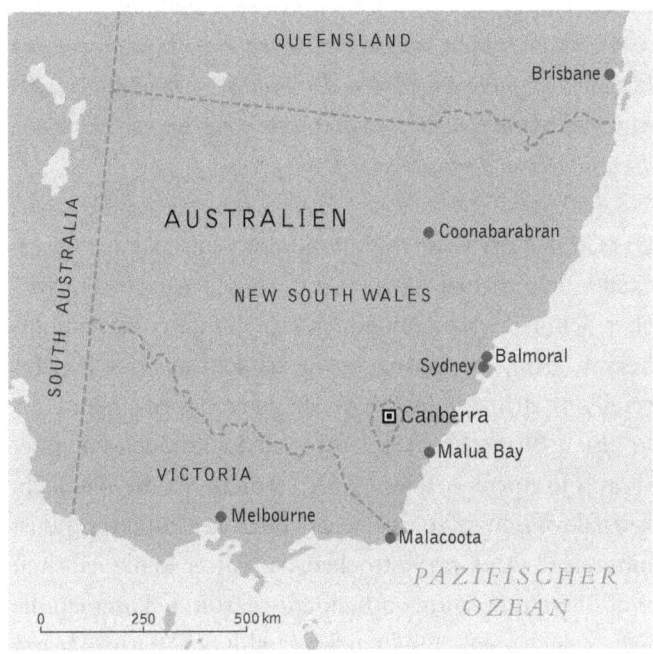

Der Sommer 2019/2020 war für Australien die Wirklichkeit gewordene Apokalypse: Riesige Rauchschwaden und Feuerstürme zogen über das Land, schwarz verkohlte Kängurus und Koalas blieben zurück. Und kurz darauf wurde das Land down under zum Land unter, denn Fluten überschwemmten viele Landesteile. Australien ist extreme Wetterphänomene gewohnt; der rote Kontinent ist unwirtlich, wer ihn von Küste zu Küste überfliegt, sieht aus dem Fenster rote trockene Weite, riesige ausgetrocknete Salzseen – und unglaubliche vier Stunden später im-

mer noch rote Weite. So groß, so existentiell, scheint es, ist dieses Land, dass eine Besonderheit dort die nächste jagt: die giftigsten Lebewesen, die größte Pflanzenvielfalt, die absurdesten Tiere, die es nur hier gibt, von Kängurus bis Schnabeltieren. Und das Land mit den extremsten Wettern, den heißesten Sommern, den verheerendsten Bränden, den heftigsten Fluten. Schon vor den Bränden hat jahrelange Dürre den Kontinent heimgesucht; darum war ich im Januar 2019 dort unterwegs, um die zu treffen, die am meisten darunter leiden: die Farmer.

Das Gesicht der Krise trägt Pullunder: Unschlagbar entzückende Lämmchen schauen mit großen Augen und weicher Schnauze aus handgestrickten bunten Wärmepullis heraus, grün, rot, geringelt: Sie trinken aus der Flasche, spielen zu dritt auf der Weide, sie sitzen neben einem Baby in einem Planschbecken: Auf dem Landfrauen-Kalender »Lamb Jumpers – Helping our Farmers« ist der Niedlichkeitsfaktor schwer zu übersehen, doch der Hintergrund ist bitterernst. Das Gras ist trocken, das Futter wenig nahrhaft und überhaupt kaum vorhanden – darum bekommen die Schafe auch wenig Nachwuchs, erzählt Schaffarmer Marty Kramer: »Wir hatten kaum neue Lämmer, schon 2017 war es schwach, und 2018 kamen noch weniger zur Welt – und vor allem haben wir viele Mutterschafe dabei verloren.«

Der Farmer ist ein gestandener Mann, seine Haut hat einen gesunden Braunton von der Arbeit an der frischen Luft, sein Lächeln ist verschmitzt und optimistisch, aber wenn er von seinen Schafen erzählt, stockt ihm die Stimme: »Sie haben während ihrer Tragezeit alle Energie in die Lämmer gesteckt, und dann, bei der Geburt,… sind sie gestorben.«

Ein trauriges, aber weit verbreitetes Phänomen der Dürre. So viele Lämmer sind als Waisen aufgewachsen, ohne die Wärme einer Mutter. Also begannen die Landfrauen von Coonabarabran, Pullunder für die Jungtiere zu stricken, eine Frauenzeitschrift druckte ein Strickmuster ab, und seitdem trudeln aus aller Welt wärmende Überzieher für Waisenlämmer ein. Danach haben die Landfrauen aus Fotos mit den Pullunderlämmchen einen Kalender entworfen, den sie wiederum für den guten Zweck verkaufen. Die Unterstützung für die Farmer ist dringend nötig, denn die Dürre dauert in einigen Teilen des Landes schon Jahre an.

Hier in Warrumbungle Shire, einer Region im zentralen Westen von New South Wales, sind die vorherrschenden Farben das vertrocknete Hellbraun der ehemaligen Weiden, das Rot des rissigen Bodens und das Blau des weiten Himmels, an dem selten eine Regenwolke zu sehen ist. Die Straßen sind lang, einsam und staubig. Ab und zu queren sie einen Flusslauf, braun und mit trockenen Gräsern zugewachsen. Die Höhenanzeige soll davor warnen, wie hoch dieser Creek steigen kann – absurd ragt in der dürren Leere ein Zweimeterpegel in die Höhe. Dass der Fluss hier einen solchen Wasserstand erreichte, ist sehr lange her. Wenn Regen fällt, dann ist es zu wenig, um die Reservoirs aufzufüllen. Die Situation ist angespannt: »Wir müssen unser Vieh am Leben halten, wir müssen Futter kaufen, wir haben kein Getreide, konnten also nichts aussäen, wir können nichts verkaufen und haben darum kein Einkommen für die nächsten zwölf Monate.«

Kay Jordan ist Farmerin, sie steht in der Food Pantry, einer Art Tafel für die Farmer, auch von Landfrauen betrieben. Hier gibt es Mineralwasser, Kartoffeln, Konserven,

Frühstücksflocken, H-Milch, frisches Obst und Obst in Dosen, Duschgel, Zahnpasta, Damenbinden – alles gratis. Es scheint absurd, dass gerade diejenigen, die das Land mit Lebensmitteln versorgen sollten, Mangel leiden. »Wir halten durch, indem wir hierherkommen«, erzählt Kay Jordan, »es gibt auch Hilfsprogramme für Strom- und Gasrechnungen und Beihilfe für Treibstoff, aber das wichtigste ist Wasser – wir müssen unser Vieh tränken. Aber alle Staudämme und Wasserlöcher sind trocken. Wir verkaufen Vieh, um den Rest durchzubringen, wir machen Schulden, damit wir sie füttern können, wir müssen sie retten, damit sie nicht sterben. Aber ohne Wasser…«

Auf den Feldern wächst nichts, brauner Staub weht dort, wo sich vor einigen Jahren volle Ähren im Wind wiegten, Schafe knabbern hartnäckig an der trockenen Grasnarbe herum, Kühe scharen sich um den einzigen Baum, der in der Gluthitze von 40 Grad Schatten spendet. Mit Wassertanks und Haferstrohballen sind die Farmer täglich unterwegs, Tausende von Dollar wenden sie für Futter und Wasser auf; wer es sich leisten kann, investiert in einen Brunnen, der die unterirdischen natürlichen Wasserspeicher anzapft. Wer sich das nicht leisten kann, dem bleibt nur die Hoffnung, wie Kay Jordan: »Wir müssen einfach weitermachen und eines Tages wird es regnen. Aber vor diesem einen Tag liegen sehr viele sehr lange Tage. Jedenfalls – eines Tages gibt es einen durchdringenden Landregen, wie eine Flut, die die Dürre beendet.«

Auf einer ruhigen Nebenstraße unweit des Clubhauses der Landfrauenvereinigung CWA sitzt Brenda Young im Feathers Café mit ihren Mitstreiterinnen. Die Landfrauen sammeln Spenden, Lebensmittel oder Geld, verteilen Einkaufsguthaben, bezahlen Rechnungen für Strom oder Gas, geben Gutscheine für einen Haarschnitt oder einfach für eine Tasse Kaffee aus – Dinge, die sich viele Farmersfrauen sonst nicht mehr leisten können. Weil sie nur um eines kämpfen – ums Überleben.

Die Landfrauen haben auch noch einige Lämmchen-Pullunder bekommen. Samt Begleitbrief: »Beiliegend sind zwei kleine Pullover und ein paar Lebensmittel für die Menschen, die unser Land am Leben erhalten. Ich weiß, es ist nur eine kleine Spende, aber jedes Bisschen hilft. Ich werde noch zwei weitere Pullunder stricken und an euch senden. Wenn wir noch irgendwie sonst helfen können, lasst es mich wissen; wir haben Bargeld über die Supermärkte gespendet und hoffen, dass wir auf diese Weise ein wenig helfen. Alles Gute für euch, lasst uns für Regen beten!«

Ein paar Häuser die Straße hinab vom Feathers Café steht das rot- und chromglänzende Löschfahrzeug der Freiwilligen Feuerwehr. Darum herum einige Feuerwehrmänner, trotz glühender Hitze in voller Ausrüstung. Die Männer blicken in den – wolkenlosen – Himmel. »Es ist eine nette kleine Stadt, wir rücken zusammen in Zeiten wie diesen«, sagt Clinton Begley, der Captain der Firefighter von Coonabarabran. Zweimal im Monat trifft sich die Mannschaft, aber weil Wasser während der Dürre rationiert ist, können sie nicht richtig trainieren, stattdessen polieren sie den Löschwagen, ordnen die Ausrüstung. Hauptberuflich arbeitet er im Saatguthandel gegenüber der Feuerwache, aber dort ist es zurzeit eher ruhig, weil niemand Geld hat, um einzukaufen, erzählt Clinton Begley: »Normalerweise würden wir jetzt Dünger für die Saat verkaufen, aber niemand sät, es gibt keinen Regen, der uns erlaubt, etwas auszusäen – das alles macht die Stadt etwas ruhiger.«

Kay Jordan, die Farmersfrau, steht in der Foodpantry und gibt sich kämpferisch: »Wir werden überleben – müssen wir ja, das Land braucht Farmer! Wir sind das Rückgrat Australiens! Ohne Farmer gibt es kein Essen!« Aber es gibt Farmer ohne Essen. Wie man in der Foodpantry sieht. Ein Mann nimmt zwei Packungen Toastbrot entgegen, aber von seiner Situation erzählen will er nicht. Das ist ein Problem dieser Dürrekrise: Die Frauen sind offener, gehen aufeinander zu, haben die CWAs, die Landfrauenvereinigungen, um sich auch mental zu unterstützen, aber viele Männer fressen ihren Frust in sich hinein. Depressionen sind verbreitet, die Selbstmordraten steigen. Deswegen gibt es Projekte wie »Mate helping Mate«, »Kumpel hilft Kumpel«. Auf einer CD erzählt John Harper von seinen eigenen Erfahrungen mit Depressionen: »Ich bin kein Arzt, ich bin nur ein Farmer, aber ich bin stolz, Farmer zu sein, das ist alles, was ich will. Und ich erzähle hier, weil ich vom ›schwarzen Tier‹ gebissen wurde – und darüber hinwegkam. Damals ging ich einfach zu meiner Farm zurück und sprach nicht darüber. Aber als ich sah, dass mein Nachbar dieselbe Richtung einschlug wie ich damals, dachte ich: Er ist mein Kumpel, wir helfen einander.«

Freimütig erzählt John von seinen Ängsten, von seinen Aggressionen, davon, dass er nicht mehr mit seiner Frau schlafen konnte, dass seine Kinder Angst vor ihm hatten, und davon, was ihm geholfen hat, um aus diesem Loch zu kommen. »Wir wollen psychische Krankheiten reduzieren, Depression und Selbstmord vorbeugen – und um das zu tun, glaube ich, dass es immer wieder darauf hinausläuft: Verlass dich auf deine Kumpel, vertrau dich ihnen an.«

Auf seiner Farm, rund zehn Kilometer außerhalb von Coonabarabran versucht Marty Kramer, Zuversicht auszustrahlen. »Mir geht's prima. Nur die vergangenen zwei Jahre waren extrem hart. Vor allem für unser Vieh. Wir konnten auch keine Ernten einbringen. Was wir aussäen konnten, haben wir in kürzester Zeit abgemäht und verfüttert, anstatt es zu verkaufen.«

Früher hatte er 2000 Schafe, jetzt sind es nur noch 1000, Marty musste den Bestand drastisch reduzieren. Doch er hofft, dass trotz aller Hindernisse einer seiner Söhne in seine Fußstapfen tritt: »Wenn sie die Farm nicht übernehmen, dann... wird es wohl jemand anders tun.« Da schluckt er, sein Optimismus geht verloren. Von einem Lebensstil, den die Familie seit Generationen pflegt, kann man sich schwer verabschieden.

Zum ersten Mal seit fünfzig Jahren sei es manchen Farmern nicht möglich gewesen, eine Saat auszubringen, erzählen die Landfrauen, währenddessen jage eine Hitzewelle die nächste. »Aber damit sind wir nicht allein«, meint Brenda Young, »überall auf der Welt wird das Klima extremer, heißer, kälter, trockener, feuchter, es gibt heftigere Klimaereignisse, überall, und wir müssen sehen, was wir ändern und wie wir uns anpassen müssen.«

Australiens Boden ist arm an Nährstoffen, es ist oft nur eine dünne Schicht, die nicht weit in die Tiefe geht – paradoxerweise resultiert ein Teil der phantastischen Pflanzenvielfalt des Kontinents aus dieser Nährstoffarmut: Australien hat etwa 34 000 Pflanzenspezies, in Deutschland, dessen Böden viel nährstoffreicher sind, gibt es nur rund 9500.

Australiens Pflanzen sind spezialisiert auf die verschiedensten, lebensfeindlichsten Umgebungen; und immer noch neue Arten werden entdeckt. Doch auch die können nur schwer überleben, wenn die Sommer immer heißer und die Feuersbrünste immer wütender werden.

Die Niederschlagsmengen sind gering (in zwei Dritteln des Landes sind es unter 500 mm im Jahr), und davon verdunstet durch die meist vorherrschende Hitze ein Gutteil. Landwirtschaft ist nur in einigen Teilen des Landes möglich, ein fruchtbares grünes Band zieht sich sozusagen um das trockene, rote, riesige Innere des Kontinents. Und vielleicht wird dieses Band in Zukunft noch dünner werden, werden es noch weniger Gebiete sein, in denen überhaupt etwas angebaut werden kann. Im schlimmsten Fall müssen die Bauern ihr Vieh notschlachten. Ein Fünftel aller Farmer musste inzwischen aufgeben, Australien vergangenes Jahr erstmals wieder Weizen importieren.

Die Klimaereignisse, von denen Landfrau Brenda Young sprach, wurden nie so deutlich wie im australischen Sommer von 2019/2020. Dass sie überhaupt davon spricht, ist ungewöhnlich. Denn in kaum einem anderen Land der Erde gibt es mehr Menschen, die den Klimawandel leugnen oder zumindest seine Bedeutung verdrängen. Fast jeder fünfte Australier glaubt laut einer Umfrage der Universität von Canberra nicht, dass der Klimawandel ein ernstes Problem darstellt, neun Prozent leugnen ihn komplett. Eine Einstellung, die lange auch von Mitgliedern der konservativen Regierung geteilt und gefördert wurde.

»Australien ist ein Paradox«, erzählt Professor Tim Flannery im März 2020. »Wir werden durch den Klimawandel auf viele verschiedene Arten und Weisen deutlich angegriffen. Nur ein Beispiel: Australiens Farmer mit großen Anbauflächen haben in den vergangenen zwei Jahrzehnten 22 Prozent ihres Einkommens durch den Klimawandel verloren. Ein deutlicher Einbruch. Der Grund dafür, dass dieses Problem nicht angemessen angegangen wird, ist, dass Australien der größte Kohleexporteur der Welt ist und bald auch der weltgrößte Exporteur von Gas.«

Tim Flannery, Zoologe, Paläontologe, Säugetierentdecker, Buchautor, ist einer von Australiens entschiedensten Klimaschützern. Die Encyclopedia Britannica schreibt: Er wurde 2007 »zum Australier des Jahres ernannt in Anerkennung seiner Rolle als effektiver Kommunikator im Erklären von Umweltproblemen und darin, sie der australischen Öffentlichkeit nahezubringen«. Er hat Dinosaurierfossilien entdeckt und neue Känguruarten beschrieben, er hat die pazifischen Inseln bereist, in Papua-Neuguinea geforscht – und all das, seine Erkenntnisse von der Urzeit bis heute, machen ihn um die Zukunft besorgt: »Wir leben in einem wundervollen Land. Mein Leben lang hoffte ich, es meinen Kindern in einem besseren Zustand übergeben zu können, als ich es vorgefunden habe. Dafür sehe ich jetzt schwarz, ich fühle mich erschöpft.«

Seit zwanzig Jahren warnt er unermüdlich; zwei Jahre lang war er Chefberater der Klimakommission der australischen Regierung – sie sollten die wissenschaftliche Expertise bringen, um die Regierung in Fragen des Klimawandels zu beraten. Das war unter einer Labour-Regierung. Nach dem Wahlsieg der Konservativen 2013 wurde die Kommission einfach aufgelöst. Also riefen Flannery und andere Wissenschaftler zur Gründung einer vollkommen unabhängigen gemeinschaftsfinanzierten Organisation auf. Und in einer der größten Crowdfunding-Aktionen, die das Land je gesehen hatte, trugen Zigtausende Australier dazu bei, dass das Climate Council entstand, dessen Leiter Tim Flannery ist. Er und seine Mitstreiter gehen unverdrossen an die Öffentlichkeit und mahnen, vor allem aber bringen sie ihre wissenschaftlichen Erkenntnisse ein: »Das Land verändert sich sehr schnell. Die Dürre, die wir im Südosten Australiens sehen, ist noch nicht vorüber. Größere Städte westlich der Great Dividing Range, des Großen Australischen Scheidegebirges, haben nur noch Wasservorräte für ein paar Wochen. Die Dürre beginnt, die Fähigkeit, unsere eigene Nahrung zu produzieren, zu zerstören. Der Gedanke, dass wir irgendwann nichts mehr zu essen haben, ist also gar nicht lächerlich.« Eine Vorstellung, die zunächst absurd scheint – australische Milch, australisches Fleisch, das schien doch immer für Qualität und Genuss im Überfluss zu stehen. Doch die Bilder der vertrockneten Weiden, der staubigen Felder und der abgefressenen Grasnarbe, der ausgelaugten Mutterschafe, der Lämmer im Pullunder und der Farmer in der Food Pantry – all das überlagert nun das alte Füllhorn-Image.

Doch Tim Flannery ist noch nicht fertig: »Die Hitzewelle, die wir gerade erlebt haben, hat Hunderte von Menschen getötet. Diese Hitzewellen nehmen an Intensität, Dauer und Häufigkeit zu. Die gesamte Infrastruktur Australiens ist für die Bedingungen des 20. Jahrhunderts gebaut. Meeresspiegel des 20. Jahrhunderts, Temperaturschwankungen des 20. Jahrhunderts, Niederschlagsmuster des 20. Jahrhunderts. Und jetzt verlassen wir diese Rahmenbedingungen. Zum Beispiel sehen wir, dass unsere Krankenhäuser während einer Hitzewelle völlig überlastet sind. Unsere Verkehrssysteme kollabieren, wenn es heißer wird, weil unsere Schienen sich verbiegen, und so weiter. Wir sehen enorme Auswirkungen durch Überschwemmungen und den Anstieg der Meeresspiegel. Es wird tatsächlich in manchen Bereichen Australiens schwer, Häuser an der Küste zu versichern – wegen der Wahrscheinlichkeit, dass diese Häuser von der See weggespült werden.«

Dürre und Flut: Kaum ein Land wird so von Extremwetterlagen heimgesucht. Im Februar 2019 litten Teile Australiens nach wie vor unter einer beispiellosen Dürre: Ganze Herden von Wildpferden verdursteten, Fische starben massenhaft, weil die Flusssysteme zu niedrig und zu sauerstoffarm waren. Gleichzeitig starben 300 000 Rinder durch Überschwemmungen.

Dürre und Flut, Hitze und Feuer – ein kleiner Rückblick ins Inferno, Januar 2020: Die Rot- und Blaulichter der gewaltigen Löschtrucks zucken diffus im grauen Dunst, Kommandos hallen durch dichten Rauch, Bulldozer planieren zum letzten Mal den fast ein Kilometer breiten Erdstreifen. Eine Schneise gegen die anrückende Flammenwalze. Alles brennbare Unterholz wurde penibel geräumt, damit das Feuer keine Nahrung mehr findet. Mehr als Eindämmen können die Feuerwehrmänner die Brände nicht – sie sind zu gewaltig, zu heiß und zu intensiv, um sie zu löschen, erklärt Brandon O'Connor, Fire Captain von Balmoral, einer Gemeinde 100 Kilometer südwestlich von Sydney: »Da gibt es nichts, das wir tun können. Egal, was wir den Flammen entgegenwerfen – es reicht nicht.«

Rauch liegt wie dichter Nebel über Balmoral, Wind rauscht durch die verkohlten, schwarzen Baumskelette. Heftiger Wind, bis zu 100 Stundenkilometer schnell – und zeitweise weit über 40 Grad heiß. Die Männer der Freiwilligen Feuerwehr haben ihre Flammenschutz-Overalls abgelegt, liegen schwitzend im trockenen Gras – und warten auf den nächsten Einsatz. »Stell' dir vor, im Wintermantel in die Sauna zu gehen«, sagt Saffron McCarthy, »dann weißt du, wie das für uns ist!« Hat er Angst bei seinen Einsätzen? »Jeder, der behauptet keine Angst zu haben, lügt. Wobei du von den Flammen gar nicht viel siehst, nur mächtig viel Rauch, der vor dir explodiert. Vor allem *hörst* du das Feuer! Es brüllt! Es versucht, dich reinzuziehen mit gewaltigem Sog, der Sturm schlägt nach dir. Du kannst das nicht beschreiben. Auf den Fernsehbildern sieht das ja schon furchterregend aus – aber das gibt auch nicht annähernd wieder, wie es ist, wenn du dem Feuer gegenüberstehst. Dieser Aufprall auf alle Sinne.«

Die Anwohner präparierten ihre Häuser gegen das Feuer, hofften, dass ihr Heim verschont werden würde. Ray Webbie aus Malua Bay in New South Wales hat die Abflüsse seiner Regenrinnen verstopft und sie mit Wasser gefüllt, das Dach und die Fensterläden nass gemacht, alles Totholz und alle Blätter rund ums Haus entfernt. »Dann habe ich die Tür abgeschlossen, bin an den Strand geflohen und habe gehofft.«

Der Himmel changiert zwischen orangerot und schwarz, Asche regnet auf den Strand. 4000 Menschen haben sich ans Meer geflüchtet aus der Küstenstadt Mallacoota – auf Videos in den sozialen Netzwerken sieht man sie unruhig umherlaufen oder apathisch im Sand liegen, verzweifelte Stimmen sind zu hören, ihre Häuser sind niedergebrannt – die Feuer umzingeln ihren schmalen Küstenabschnitt von drei Seiten, es gibt nur einen Ausweg: übers Wasser.

Die australische Marine hat ein Kriegsschiff geschickt, damit können schon einmal tausend Menschen herausgebracht werden. Flugzeuge und Hubschrauber werfen Versorgungspakete mit Lebensmitteln und Wasser ab für die Anwohner und Urlauber, die seit dem Silvesterabend hier ausharren. Und es ist ja nicht nur Mallacoota – zehntausende Menschen sind an der Südostküste von New South Wales an die Strände geflohen und warten auf Rettung. Die Bilder aus dem Militärhubschrauber zeigen brennende Wälder, soweit das Auge reicht.

Wochenlang hing der Rauch der Feuer über dem Land. Sydney, die größte Stadt des Landes, konnte das eigene Wahrzeichen, die Oper, nicht mehr sehen. Canberra, Adelaide, Melbourne versanken im Rauch. Die Luftverschmutzung stieg auf ein gesundheitsgefährdendes Niveau, 4000 Menschen mussten mit Atemproblemen ins Krankenhaus. Und wie eine Untersuchung ergab, sind mehr als 445 Menschen an den Folgen gestorben.

Schon vor dem fatalen Sommer, als die Buschfeuer gerade begannen aufzuflackern, und zwar früher als sonst, hatte sich eine Gruppe ehemaliger Feuerwehrchefs gemeinsam an die Regierung gewandt.

Die Männer mit Jahrzehnten Berufserfahrung haben Buschfeuer kommen und (aus)gehen gesehen, es ist ein Phänomen, das zu Australien gehört – aber nicht in diesem Maße. Die Klimakrise mache die Waldbrände tödlicher und die Buschfeuersaison länger – und die Regierung müsse sofort handeln, so die Forderung der Feuerwehr-Veteranen. Aber die Regierung wolle einfach nicht über Klimawandel reden; aus rein politischen Gründen ignoriere sie den Rat der Experten.

Und so fraßen sich die Flammen durchs Land, so heftig, heiß und schnell wie noch nie, Brände, die von Baumwipfel zu Baumwipfel sprangen, Baumriesen, Sumpfgebiete, Regenwald, alles brannte, alles, was vorher nie gebrannt hatte. Zehntausende Firefighter standen machtlos vor der tosenden Apokalypse und konnten nicht mehr tun, als auf Regen zu warten. Die Rettungskräfte hatten es in Australien mit einem sehr seltenen Phänomen zu tun: der Feuerwolke. Sie entsteht, wenn große Hitze Ruß, Asche und Rauch in die Atmosphäre reißt. Schwebstoffmengen wie bei einem mittleren Vulkanausbruch gelangen dabei in gewaltige Höhen – und sie reißen auch enorme Mengen Wasserdampf mit. Wenn der dann unter bestimmten klimatischen Bedingungen kondensiert, bilden sich riesige Wolken, die Feuerwolken – in denen sich Gewitter zusammenbrauen, erklärte Victorias Katastrophenschutzchef Andrew Crisps: »Die Feuer haben eine Hitzesäule erzeugt, die 14 Kilometer in die Atmosphäre aufgestiegen ist und die dann ihr eigenes Wetter erzeugt. Es entstehen Blitze in diesen Säulen. Das ist absolut unvorhersehbar.« Blitze aus einer Feuerwolke können neue Brände auch in größerer Entfernung entzünden. Im knochentrockenen Unterholz finden die Flammen ideale Bedingungen – angefacht durch Starkwinde, die ständig die Richtung wechseln. Ein Horrorszenario für die Rettungskräfte.

Die zerstörerischsten Waldbrände der neueren Geschichte verwüsteten das Land, nach einer gemeinsamen Studie verschiedener Universitäten starben dadurch bis zu drei Milliarden Tiere – dabei sind Wirbellose und Insekten noch gar nicht mitgezählt. Ganze Ökosysteme wurden dezimiert oder gar ganz ausgelöscht. Eine Fläche so groß wie ein Drittel Deutschlands brannte ab. Tausende Häuser und Wohnungen, Felder, Obstplantagen, Fabriken wurden Opfer der Flammen, Millionen Kubikmeter Bauholz wurden mit den Wäldern vernichtet. Die Schätzungen über die Schäden durch die Brände schwanken zwischen 100 und 200 Milliarden Dollar. Nicht eingerechnet die Langfristfolgen der immer extremeren Dürren für die Landwirtschaft.

Für den Zoowärter Jake Meney ist der Klimawandel denn auch keine politische Frage – sondern ganz konkrete Erfahrung: »Der vergangene Sommer war der heißeste meines Lebens. Wenn man sich die Höchsttemperaturen der vergangenen zwanzig Jahre anschaut, dann ist klar: Es wird Jahr für Jahr heißer, das Klima wird immer wärmer – und vor allem in den letzten Jahren fiel immer weniger Regen. Diese Kombination funktioniert nicht besonders gut – sie sorgt für ein sehr trockenes Land, das sehr verletzlich ist und sehr anfällig für Katastrophen, vor allem Feuer.« Und wenn es dann doch regnet, kommt es schnell zu Überschwemmungen – weil die harten, knochentrockenen Böden das Wasser kaum aufnehmen können.

Monatelang hatten die Australier mit den Brandwarnungen gelebt: Apps wie »Fires near me« sagten stets minutengenau, wo die Gefahr lauerte: Ob sich der Wind drehte, ob man noch in Sicherheit war oder lieber ins Auto springen und sich davonmachen sollte – oder ob es dafür zu spät war und man nur noch hoffen konnte. Fernsehsender, Radiostationen, die Nachbarn, alle warnten sich gegenseitig und langanhaltend vor den Feuern. Und plötzlich meldete die Polizei: »An vielen Orten ist der Regen sehr willkommen, er ist ein Segen, was die Dürre angeht, die wir erlebt haben. Aber in den nächsten Tagen werden wir weiterhin viel Regen erwarten, darum wollen wir auf jeden Fall sichergehen, dass die Menschen die Überflutungswarnungen hören und die richtige Entscheidung treffen.«

Monatelang hatten alle davon geträumt: langanhaltende Regenfälle, die alles durchdringen und durchnässen. Jetzt wurde der Regen zum Albtraum. Überschwemmungen sorgten für Verkehrschaos, Menschen ertranken. Flüsse traten über die Ufer, überspülten Straßen, in reißender Geschwindigkeit trugen sie Schutt mit sich. Bäume stürzten um und wurden fortgerissen, blockierten Wege, Straßen, Abflüsse. Häuser und Weiden wurden überschwemmt, wie die von Emily Campbell: Die junge Frau erzählte der Nachrichtenagentur Reuters, wie die Flut kam: »Ich schaute raus und es war wie ein Tsunami. Es hat noch nicht mal richtig geregnet, und dann kam das Wasser herangerauscht, und wir haben alles fallengelassen und sind rausgerannt, um die Pferde zu holen; als wir auf der Koppel ankamen, stand es schon in Brusthöhe. Dann, als wir zurückkamen, war alles im Haus nass, wir konnten nichts mehr hochstellen und in Sicherheit bringen, wir haben noch eine trockene Matratze oben, mehr nicht.«

Es hat beinah biblische Ausmaße, was Australien erlebt: die Dürre, das Inferno, die Fluten, die das Land heimsuchen – und siehe, danach kehren die Tiere zurück. Denn die Tiere *sind* zurück, die Vögel singen wieder in den australischen Brandregionen. Während der Buschfeuer war es oft totenstill: Anders als Kängurus, Wombats oder Koalas konnten die Vögel den Flammen davonfliegen. Doch am Ende sind sie zu Hunderttausenden erschöpft ins Meer gestürzt. Jetzt, während eines Besuchs im März 2020, ist ihr Gesang zu hören und sind sie wieder zu sehen: Flöten-vögel, Regenbogenpapageien, Schwärme schneeweißer Kakadus. Sattgrüne Wiesen, wo vor wenigen Wochen nur verdorrtes braunes Unterholz war – nach Hitze, Feuer und Regen. Selbst aus verbrannten, schwarzverkohlten Baum-stämmen sprießt frisches Grün.

Das ist das Besondere an der Flora und Fauna dieses Landes, meint Jake Meney: »Australien hat ein sehr har-sches Klima, es ist arid, also es fällt weniger Niederschlag als verdunstet. Aber die Buschregion und die Tiere, die im Busch leben, sind sehr widerstandsfähig und sehr gut darin, wieder auf die Beine zu kommen.« Er leitet die Rep-tilienabteilung im Australian Reptile Park, einem großen Zoo in der Nähe Sydneys mit Reptilien aus aller Welt und vielen Tierarten, die in Australien heimisch sind. Auch auf dem Weg zum Zoo sind die Spuren der Brände zu sehen, immer wieder führen die Straßen durch Waldgebiete mit schwarz verkohlten Stämmen – und frischen grünen Knos-pen. »Wir haben in den vergangenen Monaten gesehen, wie die Vegetation wieder wächst, es gibt neue Lebenszei-chen und viele Spezies wilder Tiere, denen es gelungen ist, die Feuer zu überleben, und die jetzt dabei sind, sich wie-der zu erholen.«

Im Zoo selbst ist das Leben im vollen Gange, hier hop-peln Kängurus in verschiedenen Größen frei durch die Ge-gend, Emus wollen Butterbrote klauen, Wombats, Schna-beltiere und Ameisenigel haben hier ein Zuhause. Der ers-te Koala-Nachwuchs nach den Waldbränden ist gerade zur Welt gekommen. Doch diese Idylle soll nicht täuschen: »Es gibt eine ganze Reihe von wichtigen Spezies, die schwer getroffen wurden durch die Feuer. Aber keine davon ist ausgestorben, es ist keine Tierart ausgelöscht worden, doch sicher ist: Für Spezies, die schon vor den Feuern bedroht oder sehr bedroht waren, haben die Waldbrände die Situation erheblich verschlechtert. Wir sehen das insbesondere bei den Koalas – ihre Zahlen haben in den vergangenen 50 Jahren immer weiter abgenommen, und diese Brände haben viele ihrer Bäume zerstört – ihre Population hat weiter abgenommen.«

Die Bilder von Koalas mit verbrannten Pfoten und versengtem Fell, die herzzerreißend rufen, den Menschen Wasserflaschen aus den Händen schnappen oder die von mutigen Helfern aus ihren Bäumen geholt werden, haben die Welt gerührt. Die niedlichen Beuteltiere mit den Plüschohren gehören zu den Wahrzeichen Australiens. Prominente wie Queen-Gitarrist Brian May posierten mit Koalas im Arm und sammelten Millionen Spendengelder – zwar nicht nur für Koalas, sondern den Kampf ganz Australiens gegen die Folgen der Brände. Aber Koalas waren einfach am plakativsten und am mitleiderregendsten.

Tatsächlich sind die Tiere durch die Feuer besonders betroffen gewesen: Denn normalerweise fressen sich die Flammen durch die trockene Vegetation am Boden – Buschfeuer eben. Die Koalas klettern dann in die Kronen der Eukalyptusbäume und lassen die Brände in sicherer Höhe vorüberziehen. Doch diesmal waren die Feuer so heiß und so hoch, dass die ikonischen Tiere richtiggehend gegrillt wurden.

Jake Meney arbeitet auch bei dem Projekt »Aussie Ark« mit, einer Art Arche für bedrohte australische Spezies. Es begann mit Tasmanischen Teufeln, die vom Aussterben

bedroht waren, jetzt haben sie ihre Projekte auf die Süß-
wasserschildkröten des Manning River, Quolls, also Beu-
telmarder, und Koalas erweitert. Weniger niedlich als diese,
aber nicht weniger betroffen sind die Bürstenschwanz-Fels-
kängurus: »Das ist eine der Spezies, die unter der Dürre
und den Bränden sehr leiden. Ein paar Stunden nördlich
von hier ist ihr Habitat, die Region ist von den Feuern
komplett verwüstet worden. Das hatte zum Ergebnis, dass
die Felskängurus entweder verbrannt sind – oder verhun-
gert und verdurstet. Denn der Fluss dort ist ausgetrocknet.
Also haben wir uns seit den Bränden besonders auf diese
Spezies konzentriert: Wir sind dorthin und konnten ihnen
Nahrung bringen – und so können sie hoffentlich überleben, bis die guten Zeiten wieder beginnen und es richtig
zu regnen anfängt.«

Der Karotten-Kopter wurde berühmt, denn einen großen Teil ihrer Nahrungslieferung brachten die Tierretter
per Hubschrauber in den bergigen Lebensraum der kleinen Kängurus. Süßkartoffeln und Möhren fielen vom
Himmel. »Aber wir sind auch tatsächlich durchs Gelände
gelaufen und haben einen Bereich gefunden, wo ziemlich
viele von ihnen an einem kleinen Gewässer lagerten«, erzählt Jake Meney. »Dort haben wir auch noch fast tausend
Kilogramm Süßkartoffeln abgeladen.«

Die Brände haben nicht nur bis zu drei Milliarden Tiere
direkt getötet, sondern auch für die Zukunft gefährdet:
Ihre Lebensräume sind zerstört, ihre Nahrung fehlt. Koalas
etwa nehmen das nötige Wasser eigentlich mit den Blättern auf, sie müssen nicht extra trinken. Doch durch die
Dürre sind Eukalyptusbäume und ihre Blätter zu trocken
geworden. Darum wurden große Netzwerke von Trinksta-

tionen aufgebaut, damit sie genügend Wasser aufnehmen können. Ansonsten würden sie dehydrieren und wären viel anfälliger für Krankheiten.

Auch wenn die augenfällige Katastrophe der Feuer nun fürs Erste gelöscht ist – die Dürre bleibt, und mit ihr die Bedrohung für Menschen, Tiere und Natur. »Gerade nach den Waldbränden ist noch einmal deutlich geworden, dass wir große Bereiche Land schützen müssen, als Naturschutzgebiete«, bricht Jake Meney noch einmal die Lanze für die Aussie Ark. »Und wenn wir wieder eine solche Katastrophe erleiden, haben wir Reservate, in die die wild lebenden Tiere sich dann oder auch schon früher flüchten könnten, dort wären sie geschützt und wir hätten immerhin dort noch eine gewisse Population. Eine Backup-Population sozusagen.«

Eine Arche eben. Die biblischen Ausmaße der Katastrophen, die Australien erlebt, erfordern auch biblische Entgegnungen. Aber ob das reicht? Australien stehen immer längere Sommer bevor, die immer brandgefährlicher werden – gleichzeitig werden die Winter immer kürzer, in denen sie Vorsorgemaßnahmen gegen die Feuer treffen könnten. Das australische Büro für Wetterkunde hat einige Monate nach den heftigen Waldbränden zwei Dinge festgehalten: Zum einen, dass die lang anhaltende Dürre einer der Hauptgründe für die Brände war. Zum anderen, dass diese Buschfeuer Teil eines zugrunde liegenden Klimatrends seien, der in diesem Jahrhundert zutage getreten sei. »Das ist kein einmaliges Ereignis«, so sagt Karl Braganza vom Büro für Wetterkunde, »die Frequenz nimmt zu, im 19. und 20. Jahrhundert sind diese großen Feuer nicht so häufig aufgetreten.«

Nach wie vor argumentieren viele Australier, dass die Buschfeuer, die Überschwemmungen, die Dürren ganz normale Phänomene seien. Australien sei ein erbarmungsloser Kontinent – wer sich die schiere Größe des Landes noch einmal vor Augen führt, und wieviel Prozent davon wirklich nur bewohn- und bebaubar sind, muss dem zustimmen. Es ist ein von der Sonne verbranntes Land, rot, felsig, salzig in seiner riesigen Mitte, flutgefährdet an seinen Rändern, und nach den Fluten wieder ausgetrocknet. Aber dass Waldbrände wie diese normal seien, da widerspricht Professor Tim Flannery vom Australian Climate Council entschieden: »Diese Brände waren die größten Brände in der Geschichte. Seit Beginn der Aufzeichnungen hat noch niemand ein Ereignis beobachtet, bei dem 20 Prozent der Waldfläche eines Kontinents verbrannten. Und genau das haben wir in diesen Feuern erlebt.«

Doch Australiens Regierung wollte lange nicht wahrhaben, dass es einen Zusammenhang zwischen den Bränden und Klimawandel gibt. Noch 2013 hat der damalige Premier Tony Abbott Feuer als »Teil des australischen Erlebens« bezeichnet. Ja, es gebe den Klimawandel und man müsse auch etwas dagegen tun – aber einen Zusammenhang mit den Feuern? Nein, die Feuer seien keine Bestätigung des Klimawandels, sondern so würde das Leben in Australien eben funktionieren. Das war kurz nachdem der Konservative Abbott gewählt wurde, kurz nachdem er ankündigte, die CO2-Steuer abzuschaffen, und kurz nachdem seine Regierung die Klima-Kommission aufgelöst und Tim Flannery gefeuert hatte.

Der hat seitdem mit dem unabhängigen Klima-*Rat* unermüdlich dafür gekämpft, dass der Öffentlichkeit die Gefahr und die Zusammenhänge des Klimawandels bewusst werden. Und jetzt könnte eigentlich niemand mehr der Einsicht entkommen, findet Flannery: »Die Feuer hängen mit dem Klimawandel zusammen, weil die extrem heißen und trockenen Bedingungen, die zu den Feuern geführt haben, vom Klimawandel angetrieben werden. Lassen Sie mich das erklären: Wenn Sie ein Klimamodell nehmen und sagen, es solle nur die natürlichen Faktoren einbeziehen: Sonneneruptionen, solares Aufflackern, Vulkane und so weiter – wie stehen die Chancen, dass wir einen Sommer bekommen, der im Durchschnitt so heiß ist wie der vergangene? Die Antwort lautet: etwa alle 400 Jahre. Wenn Sie den Computer bitten, dieselbe Frage zu berechnen, aber dabei die menschgemachte Verschmutzung einzubeziehen, die Treibhausgase – dann lautet die Antwort: etwa alle acht Jahre. Die Bedingungen, die zu diesen Feuern geführt haben, sind stark vom Klimawandel beeinflusst, sowohl das Austrocknen des Kontinents als auch seine Erhitzung.

In einem Land wie Australien ist es nahezu irrelevant zu fragen, was das Feuer entflammt hat, denn es gibt immer mehr Zündfunken als nötig, um das ganze Brennmaterial abzufackeln. Es sind die klimatischen Bedingungen, die wirklich zählen, wenn es darum geht, dass Feuer in Australien Nahrung finden.«

Inmitten der Feuer von 2019/2020 erkannte der jetzige Premierminister Scott Morrison, ein Parteikollege von Abbott, in einem Fernsehinterview den Zusammenhang zwischen Klimawandel und heißen Sommern an: »Es gibt die Ansicht, dass unsere Sommer länger, heißer und trockener sind und das liegt offensichtlich an dem umfassenden

Wandel des Klimas.« Seine Regierung wolle Emissionen reduzieren, aber alles im Rahmen der großen wirtschaftlichen und sozialen Interessen des Landes. Die Kohleförderung wird demnach erst einmal nicht eingeschränkt.

Womöglich neigt zur verschwenderischen Sorglosigkeit, wer mit Gütern so reich gesegnet ist: Natur war für die pragmatischen Australier dazu da, um sie nutzbar zu machen. Die verheerenden Brände haben gezeigt, wie verletzlich diese Natur ist. Auf Dauer wird die Regierung nicht umhinkönnen, sich dem Klimawandel und seinen Folgen zu stellen. Er hoffe nur, dass es noch nicht zu spät sei, sagt Tim Flannery: »Unsere Regierung ist unfähig, uns zu helfen und mit den wirklich düsteren Zukunftsaussichten umzugehen. Dabei ist dies nun wirklich der ›Jetzt oder nie-Moment‹ für mein Land.«

Diesen Moment erlebt aber nicht nur Australien – die verheerenden Brände waren ein Weckruf für die ganze Welt. Ihr Rauch zog um die ganze Erde, wie der Rauch, den eine Fackel hinter sich herzieht, ein Warnfeuer, und es ist schwer, die Augen davor zu verschließen. Wenn uns die pazifischen Inselstaaten zu weit weg scheinen mögen, so ist uns Australien, für viele der Lieblingskontinent, Heimat von Känguru, Koala und Kylie, vielleicht näher.

Jake Meney arbeitet an einer Arche, Tim Flannery mahnt, und die Landfrauen von Coonabarabran haben noch einige Pullunder für Lämmer auf Lager: Die Hilfe versiegt nicht, aber solange sich auf einer politischen, globalen Ebene nichts ändert, ist all das vergeblich. Wie Landfrau Brenda Young sagte: »Ich weiß nicht, was geschehen wird. Aber ich glaube nicht, dass wir so weitermachen und weiterhin fossile Brennstoffe nutzen können.«

Australien und die Kohle: Das ist jedoch eine schwer zu trennende Beziehung.

7 Kohle statt Korallen –
ein Weltwunder wird geopfert

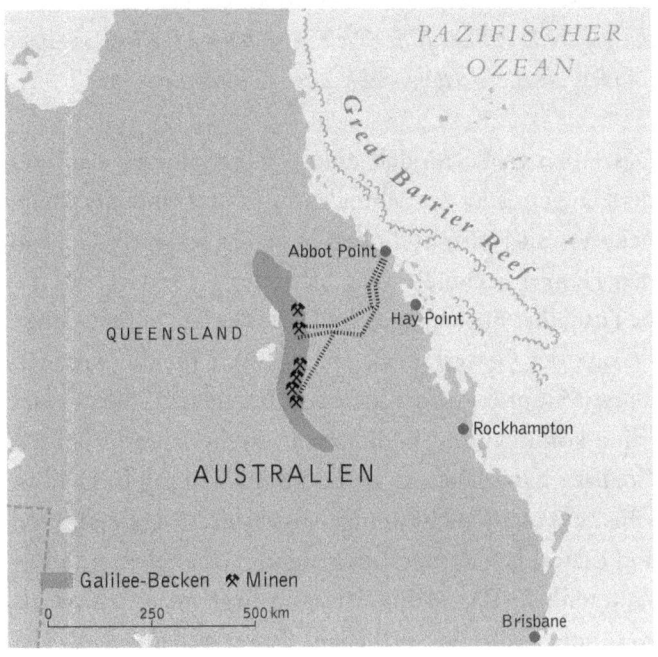

Fast nirgendwo auf der Welt gibt es mehr Leugner des mensch-
gemachten Klimawandels als in down under. Eine regelrechte
Leugnungsindustrie hat schon vor Jahrzehnten ihre Arbeit aufgenommen. Denn Kohle hat im Wortsinne die Wirtschaft befeu-
ert, Australiens langer ökonomischer Erfolg fußt zu einem großen Teil auf seinen Bodenschätzen.

Doch jahrelange Dürren, schwere Überschwemmungen,
Korallenbleichen, Rekordhitze und zunehmende Buschfeuer
lassen Australier die Folgen spüren und den Klimawandel
hautnah erleben. Auch wenn das Land sich bei der jüngsten

Parlamentswahl gegen eine grünere Politik entschieden und
stattdessen die konservative Regierung mit ihrer Förderung des
Kohlebergbaus wiedergewählt hat, so ist ein Teil der Bevölke-
rung doch in großer Sorge – um das Klima, um ihr Land, um
das größte Korallenriff der Welt. Also habe ich Klimaschützer
und Riffforscher getroffen, aber auch Kohlebefürworter.

Das lebensgroße Modell eines Grubenpferdes, dahinter
der Hänger voller Kohlebrocken, die Figur eines Bergman-
nes, der mit Helm und oben ohne das schwarze Gold in
den Hänger schaufelt. Eine Sammlung von Grubenlam-
pen und ihre Entwicklung im Laufe der Jahrzehnte. Große
Plakate der Gewerkschaft, die weltweit für die Arbeiter-
klasse kämpfte. Aufnahmen von Bergleuten, die aus der
Mine kommen, mit kohleschwarzen Gesichtern: Bei der
Coalface Experience, so heißt die Ausstellung in Collinsville, geht es um nicht weniger als »Strife, struggle, survival
and mateship«, Kampf, Anstrengung, Überleben und Zusammenhalt. Das kleine Museum liegt im ersten Stock-
werk oberhalb des örtlichen Gewerkschaftslokals, des
Workers Club, wo Minenarbeiter günstiges Bier, Steaks
und einen Billardtisch finden. Daran angrenzend: der Mi-
ners Memorial Rose Garden, in dem die Figur eines Berg-
mannes eine Grubenlampe hochhält – hier wird jeden Ok-
tober an das State Mine Disaster erinnert. Bei dem Gruben-
unglück starben sieben Bergleute untertage. »Let's never
forget the real cost of coal«, »Lasst uns nie den wahren
Preis von Kohle vergessen«, so lautet das Motto. Und in der
Coalface Experience soll daran erinnert werden. Der Beginn des Kohleabbaus, der wirtschaftliche Aufschwung,
der Kampf der Gewerkschaften darum, dass auch die Ar-

beiter, die die Gefahren, die Last, die Enge tragen, von dem Aufschwung profitierten – all das können die Besucher erleben – und natürlich das Desaster von 1954, in einem Film am Ende der Ausstellung. Die Grubenpferde, die Pit Ponies, gibt es nicht mehr. Aber Collinsville nennt sich trotzdem stolz Pit Pony Capital, die Grubenpferd-Hauptstadt.

Die beiden letzten Tiere ihrer Art mit den schönen Namen Wharrier und Mr Ed gingen 1990 in Rente. Sie waren, so heißt es in den Annalen von Collinsville, geliebte und geschätzte Kollegen und Mitglieder der Gemeinschaft. 25 Jahre später wurde eine lebensgroße Statue eines Grubenpferds in der Mitte der kleinen Stadt enthüllt, bezahlt durch Spenden, denn, so wird gesagt: Damit solle nicht nur das Leben der Grubenpferde gewürdigt werden, sondern auch die Stärke kleiner Gemeinschaften, sich zu erheben und sich voranzukämpfen, gegen alle Widerstände. Gegen alle Widerstände weiterzumachen, »strife, struggle, survival and mateship«: Das sind nach wie vor die Ideale, die ein Gutteil der australischen Bevölkerung mit dem Kohleabbau verbindet.

In Deutschland ist Kohle jetzt offiziell Geschichte: Die letzte Steinkohle ist gefördert, das letzte Steigerlied gesungen. In der Kokerei Zollverein in Essen zeigte eine historische Ausstellung namens »Das Zeitalter der Kohle« die Dimension, die Bedeutung, die Mühen des Bergbaus und die Ablösung der Steinkohle durch neue Energieträger – und so endet die Ausstellung mit einem Abschied vom Bergbau. Das Zeitalter der Kohle: eine Ära, die vorüber ist.

In Australien aber ist sie gegenwärtig. Die örtliche Kneipe in Collinsville heißt Pit Pony Tavern, Grubenpferd-Taverne. Und hier kommen sie zur Tränke, nach wie vor betreten wie im Film Männer mit kohlestaubigen Gesichtern das Lokal, um Billard zu spielen. Sicherheitswesten für Bau, Bergbau und Tagebau sind ein weit verbreitetes Kleidungsstück. Die Titelseite der örtlichen Zeitung schmückt die stolze Schlagzeile: »Neue Mine, neue Jobs!« Jeder Fan der Coalface Experience kann ein extra gestaltetes Hemd bestellen, orange und braun, fast psychedelisch anmutend, das 100 Jahre Kohleabbau feiert – »100 Years of Mining 1919 to 2019«.

Hundert weitere Jahre Kohle, das ist das Versprechen, das der Kontinent noch birgt. Und was im Boden ist, soll auch rausgeholt werden, so die Ansicht der Kohlebefürworter. Daran ändert auch eine Waldbrandsaison wie 2019/20 nichts. Australien ist reich an Kohle, Gas, Eisenerz und der Aufstieg der Nation ist eng mit den Bodenschätzen verbunden. Australien ist der größte Kohle-Exporteur der Welt. Eines der Lieblingsargumente der Kohleförderer: Wenn wir sie nicht verkaufen und exportieren, dann tut es jemand anders. Nach einer neuen Studie ist Australien der drittgrößte Exporteuer von CO_2 in fossilen Brennstoffen, weit vor Saudi-Arabien, Irak oder Iran. Die Analyse des Australia Institute, eines politischen Thinktanks, bemisst den Export fossiler Brennstoffe anhand ihres Potentials, CO_2 auszustoßen, und darin rangiert Kohle sehr viel weiter oben als Gas oder Öl.

Bei seinem legendären Auftritt im Parlament hat der jetzige Premierminister Scott Morrison im Parlament also die Unwahrheit gesprochen: 2017, damals noch als Schatzkanzler, begann er eine Rede, indem er einen Kohlebrocken hochhielt (extra lackiert, damit der Kohlestaub nicht an seinen Fingern klebte): »Das ist Kohle«, rief er den seiner Ansicht nach weltfremden grünen Spinnern zu, »habt keine Angst; sie tut euch nichts.« Tut sie eben doch. Wie die Waldbrände zeigten. Doch wer das sagt, leidet nach Ansicht von Scott Morrison unter dem, was er als erfundenes Krankheitsbild entworfen hat: »Kohle hat seit mehr als hundert Jahren dafür gesorgt, dass Australien einen Wettbewerbsvorteil in Energie hat, sie hat der australischen Wirtschaft Wohlstand gebracht und es der australischen Industrie ermöglicht, im globalen Markt wettbewerbsfähig zu sein. Die Opposition leidet unter einer ideologischen, pathologischen Furcht vor Kohle. Es gibt kein offizielles Wort für Kohlophobie – aber das ist die Krankheit, unter der sie leiden. Und es ist diese Krankheit, unter der die Jobs, die Städte, die Industrie und das Land leiden.« Kohlophobie – darunter leidet weder Morrison noch der Rest seiner Regierung. Kohlomanie wäre wohl die Entsprechung. Ein Angriff auf Kohle gilt als Angriff auf die australische Seele, hier reimen sich coal und soul.

An dieser Stelle ist ein Blick auf die Rolle der Medien bei dieser öffentlich ausgelebten Liebesbeziehung angebracht: Scott Morrison wurde Premierminister mit Hilfe des erzkonservativen Flügels der Liberalen Partei. Der damalige Amtsinhaber Malcolm Turnbull plante, die CO_2-Emissionssteuer wiedereinzuführen. Das war nicht im Interesse der Kohlelobby – jemand wie Morrison hingegen schon. Der Sturz von Turnbull wurde unterstützt von Medienmogul Rupert Murdoch, erklärt Michael Mann, Professor für Atmosphären-Wissenschaften in einem Interview mit dem Radiosender *ABC:* »Murdoch hat sein Medienimperium benutzt, um Politiker zu verhindern, die er nicht gewählt sehen wollte; zum Beispiel auch

Malcom Turnbull, der sehr fortschrittliche Ansichten zum Klimawandel und zum Kampf dagegen hatte – am Ende fiel das Murdoch-Imperium über ihn her und er wurde durch Scott Morrison ersetzt; der ist nach Meinung vieler nur ein Lakai für die Interessen der fossilen Brennstoffe, besonders der Kohleindustrie.« Morrisons Regierung habe im Prinzip das Fortkommen des Klimagipfels von Madrid sabotiert: Er hat seine Bemühungen um die Kohle verdoppelt, obwohl er eigentlich die Emissionen Australiens rapide reduzieren sollte.

Australiens Medienwelt wird weitgehend von Rupert Murdochs NewsCorp beherrscht; es gibt zwar von der ABC auch öffentlich-rechtliche Fernseh- und Radioprogramme. Aber Murdoch hat Fernsehsender wie *Skynews*, landesweit erscheinende Boulevardzeitungen wie *Herald Sun* oder *Daily Telegraph*, mit dem *Australian* auch eine so genannte seriöse Tageszeitung, dazu Regional- und Lokalzeitungen; in einigen Bundesstaaten gibt es ausschließlich Murdoch-Presseprodukte. Und diese transportieren eine Botschaft, wie Professor Michael Mann darlegt: »Murdoch und die Liberale Regierung pushen fossile Brennstoffe, sie attackieren die Wissenschaft hinter dem Klimawandel und verhindern Versuche, etwas gegen die Klimakrise zu unternehmen.«

Die Verbindungen zwischen der Murdoch-Presse und der Liberalen Partei sind eng, wie Journalist Michael West im Auftrag von Greenpeace herausgearbeitet hat: Entweder sind ehemalige Murdoch-Journalisten als Berater um Scott Morrison herum positioniert oder seine Mitarbeiter sind auf Posten in der News Corp gewechselt. Für die Kohlelobby vorteilhafte Berichterstattung und Politik ließen sich so auf einfache Weise durchsetzen. So propagierten die Kommentatoren des Murdoch-Senders *Skynews:* »Die Angst vor dem Klimawandel hat nichts mit dem Klima zu tun und auch nichts mit dem Wetter, sondern nur damit, dass der Sender ABC und andere uns die ganze Zeit predigen, dass wir Angst haben sollten.«

Diese Haltung ließ sich angesichts der australischen Apokalypse, und der heftigsten Wald- und Buschbrandsaison, die das Land je erlebt hatte, schlecht aufrechterhalten. Also schob eine neue Kampagne die Schuld zum einen Teil den Grünen in die Schuhe, die angeblich Maßnahmen zur Brandbekämpfung verhindern wollten, und zum anderen Brandstiftern – doch nach Angaben der Polizei ließ sich nur ein Prozent der Hunderte von Bränden darauf zurückführen.

Da hatte Emily Townsend, leitende Angestellte von Murdochs NewsCorp, genug: Sie schrieb in einer Email an ihren Vorsitzenden, mit Kopie an alle Mitarbeiter, das sei »eine Fehlinformations-Kampagne, die versucht, die Aufmerksamkeit vom wahren Problem, nämlich Klimawandel, auf Brandstiftung zu lenken, einschließlich irreleitender Fakten.« Emily Townsend hat gekündigt, wollte das aber noch loswerden: »Ich fände es skrupellos, weiter für dieses Unternehmen zu arbeiten und zu wissen, dass ich zur Leugnung des Klimawandels und zu Lügen beitrage. Die Berichterstattung, die ich im Australian, dem Daily Telegraph und der Herald Sun erlebt habe, ist nicht nur unverantwortlich, sondern gefährlich und schädlich für unsere Gemeinschaft und unseren wunderschönen Planeten.«

Auch Rupert Murdochs Sohn James hat sich öffentlich gegen die Berichterstattung der News Corp gewandt: Seine Frau und er seien frustriert angesichts eines Teils der Berichterstattung von NewsCorp und Fox (Rupert Murdochs US-Sender, Trumps Hauskanal) über die Klimakrise, besonders über das fortdauernde Leugnen durch die australischen Nachrichtenkanäle – vor dem Hintergrund der offensichtlichen Beweise für das Gegenteil. Sprich: Hört auf zu leugnen, das Land brennt, und der Klimawandel ist Wirklichkeit und beides hängt zusammen. Im Sommer 2020 hat sich James Murdoch schließlich ganz aus dem Medienunternehmen des Vaters zurückgezogen. Die Äußerung von James Murdoch sei ein bemerkenswerter Schritt gewesen, meint Medienjournalistin Margaret Simons. Sie beobachtet seit einiger Zeit eine Abnahme des Einflusses der Murdoch-Presse: »Trotzdem sind sie noch sehr dominant und was sie zur öffentlichen Debatte machen, bestimmt, worüber in Australien geredet wird, und das Klima der Politik.« Eine unheilige Allianz. Die in ihrer Nähe nur von der Liebe zur Kohle übertroffen wird. Coal and soul, eben.

Laut Tim Flannery vom Australischen Klimarat füttert die Regierung diese Liebesbeziehung regelrecht an – indem sie Verlustängste schürt: »In den Kohlefördergebieten, wo es eine hohe Abhängigkeit vom Bergbau gibt, sagen die Menschen: ›Wenn wir keine Kohle haben, dann haben wir hier gar nichts.‹ Und die Regierung will, dass die Menschen so empfinden. Sie veröffentlichen Propaganda, weil sie an der Kohleförderung festhalten. Die Wahrheit ist aber, dass es viele Optionen in diesen Regionen gibt: Es gibt Erkenntnisse darüber, dass wir Wind- und Solarenergie in den Kohleregionen gewinnen könnten. Wir können neue Industrien haben. Wir können in diesen Regionen

Steine und Erden aufbereiten. Aber die Regierung möchte nicht, dass diese Menschen das wissen. Sie möchte, dass sie das Gefühl haben, dass sie ohne Kohle gar nichts haben.«

Das hat dazu geführt, dass Scott Morrison die eigentlich schon verloren geglaubte Wahl im Mai 2019 doch gewonnen hat – er selbst sprach von einem Wunder, aber die Wahl entschieden haben wohl Kohlomanie und dazu noch ein gewisser Pragmatismus: »Morrison kennen wir schon, bei dem anderen Kandidaten wissen wir nicht, was uns erwartet.« Dabei war noch kurz vor der Wahl das Klima aufgeheizt, im doppelten Sinne: Es sollte DIE Klimawahl werden, fast ein Drittel der Australier gab an, dass Umweltschutz und Klimawandel für sie das wichtigste Thema seien; ein Sommer voller Hitzerekorde, Dürre und Buschbränden hatte sie die Folgen der Erderwärmung spüren lassen.

In Metropolen wie Sydney gab es deswegen Aktionen, Weckrufe, die Forderungen, der Premier möge den Klimanotstand ausrufen. Greenpeace-Aktivisten seilten sich von der Sydney Harbour Bridge ab, um auf ihr Anliegen aufmerksam zu machen: »Australien erlebt den Klimanotstand und Zerstörung durch den Klimawandel, und der größte Verursacher dieser Zerstörung, die vielen australischen Familien schadet, ist KOHLE.« So der australische Greenpeace-Chef David Ritter.

Doch das ist eben Sydney, die größte Stadt des Landes. Wie in vielen Ländern der Welt, gibt es auch in Australien eine deutliche Lagerbildung – grob gesagt urbane Öko-Befürworter, die »Greenies«, auf der einen Seite und Kohlefreunde, die Umweltbedenken für den Luxus von Städtern halten, auf der anderen Seite.

Dort, in der Provinz, sind andere Dinge Luxus. Unweit der Kohlestadt Collinsville wirbt ein Auto- und Hundewaschladen mit dem Versprechen: »Clean Car, Clean Dog, Happy Days!« Sauberes Auto plus sauberer Hund ergeben glückliche Zeiten. So einfach kann es sein. Die Gegend ist flach, ab und zu erhebt sich ein Hügel, der mit einigen wenigen Bäumen bewachsen ist, die Straße quert Flussläufe mit Namen wie Salty Creek, Sandy Creek, Saltwater Creek, Goodbye Creek; Zuckerrohr wird angebaut, ewig lange Roadtrains – diese Kombination mehrerer Hänger an einer Zugmaschine – vollgeladen mit Zuckerrohr dröhnen vorüber. Irgendwann verläuft parallel zur Straße eine Eisenbahnlinie; sie teilt sich schließlich, ein Gleis führt jetzt Richtung Meer – genau wie ein Teil der Straße. Aber man kommt nicht weit, hinter den Schienen beginnt eine Privatstraße. Unbefugten ist der Zutritt untersagt, so steht es auf den Schildern; Drohnen fliegen zu lassen ist auch verboten.

Waggon um Waggon um Waggon voller Kohle rollt über die Schienen zum Hafen. Abbot Point heißt der Tiefwasserhafen am Korallenmeer, kilometerweit ragt der Pier in das blaue Wasser hinein, so zeigen es Luftaufnahmen – besuchen kann man den Hafen nicht, er ist Privatbesitz der Adani-Gruppe. Adani, das ist hier in Queensland der Name, auf den sich das »Pro Kohle« oder »Contra Kohle« konzentriert. Denn der indische Bergbaukonzern zieht mit der Carmichael-Mine im Galilee-Becken von Queensland die größte Kohlemine der Welt auf; Befürworter sehen tausende versprochene Arbeitsplätze, Gegner fürchten, dass diese Mine nur die erste von vielen neuen in dem Becken ist, sie fürchten die Zerstörung von Natur und Klima. Fünfzig Millionen Tonnen Kohle können hier jährlich verladen werden, die Schiffe fahren durch das Great Barrier Reef. Adani möchte den Hafen erweitern, denn auch die Erträge aus der geplanten größten Kohlemine der Welt sollen hier abtransportiert werden.

An einem frühen Morgen im November 2018 hat Greg Rollens, ein unscheinbarer 37-Jähriger mit schütterem rotblondem Haar, aus drei Metallstangen ein dreibeiniges Gerüst über eine Eisenbahnlinie gebaut. »Dort oben habe ich gesessen und so die Kohlenzüge für drei Stunden blockiert.« So erzählt es der junge Lehrer kurz vor seiner Verhandlung im Mai 2019; ich treffe ihn während einer Recherchereise vor der Parlamentswahl, als ich Kohleverteidiger und Klimaschützer interviewe.

Im Gerichtssaal der Kleinstadt Bowen in Nordqueensland, 15 Kilometer von der betroffenen Eisenbahnlinie entfernt, lässt die Staatsanwaltschaft ein Video vorspielen; der Polizist, der Greg festgenommen hat, nahm es mit seiner am Körper getragenen Kamera auf: Man sieht eine Eisenbahnlinie in der Morgendämmerung, Vögel zwitschern im üppigen Grün, eine menschenleere Szenerie, eine Idylle eigentlich – doch vier Meter über den Schienen hängt ein Mann, in einer Art Schaukelsitz. Er hat etwas zu trinken dabei, und erklärt höflich seinen Standpunkt: warum er hier hängt, warum er das tun muss. Ebenso höflich bittet ihn der Polizist dort herunterzukommen, sonst müsse er ihn festnehmen. Nein, er könne nicht herunterkommen, argumentiert der Aktivist, das sei Selbstverteidigung. Vor Gericht plädiert Greg Rollens dann auf nicht schuldig, seine Aktion sei Notwehr: »Wir sind mitten in einem Klimanotstand, unsere Heimat ist bedroht, die Regierungen haben seit Jahrzehnten versagt, darum müssen wir gewaltfreie Aktionen ergreifen.«

Vor der Anhörung erzählt er, dass er elf Jahre alt war, als die Regierungen der Welt vom Klimagipfel in Rio de Janeiro zurückkamen und klar war, dass etwas gegen die Klimaerwärmung getan werden müsse. »Jetzt bin ich 37 Jahre alt, und eine Regierung nach der anderen hat nichts getan. Wir müssen aus den fossilen Brennstoffen aussteigen, dafür haben wir noch zehn Jahre. Und wenn man sich die Geschichte anschaut: Wenn die Menschen an der Macht die Umwelt und die Menschen in ihr missbrauchen, dann ändert sich nur etwas durch gewaltfreies direktes Handeln. Und ich hoffe, ich kann mit dieser Idee andere Menschen inspirieren zum gewaltfreien direkten Handeln.«

Der Aspekt der Gewaltfreiheit ist ihm besonders wichtig. Er entschuldigt sich im Vorraum des Gerichtes bei dem Polizisten, der ihn an jenem Morgen in Gewahrsam genommen hat – es täte ihm Leid, dass er ihm Umstände bereitet habe und seinen Namen vielleicht nicht deutlich genug ausgesprochen. Der Polizist schüttelt freundlich seine Hand, »never mind, mate – Macht nichts, Kumpel!« und: »Hoffentlich dauert das hier alles nicht zu lange.«

Tut es doch, der Richter vertagt die Verhandlung, nachdem die Staatsanwaltschaft das Video hat vorspielen lassen. Der Polizist hat ausgesagt und Greg Rollens, der sich selbst verteidigt, hat seine Argumente vorgetragen: Selbstverteidigung zum Schutz seines Lebens und des Lebens seiner Nächsten, weil die Regierung durch ihre Untätigkeit im Klimaschutz ihm diesen Schutz versage. Die Reporterin vom »Bowen Independent«, die auf der Pressebank im Gerichtssaal sitzt, schnaubt leise. Die örtliche

Zeitung gehört zu Rupert Murdochs Medienimperium, es ist die einzige Zeitung vor Ort. Sie hat schon oft über die Aktionen der Klimaschützer berichtet und dabei »Stop Adani«-Graffiti als Vandalismus angeprangert oder Blockade-Aktionen der Zufahrtstraße abgebildet – die Leser schimpfen dann über die »Greenies«, über den »Abschaum aus der Metropole«, der ihre Stadt verschmutze; ein paar Wasserwerfer inklusive Seife seien da wohl angebracht, formuliert ein Kommentator. Nein, in Bowen ist man nicht gut zu sprechen auf die Aktivisten, egal, wie gewaltfrei sie auftreten.

Am Ende wird Greg Rollens zu 7500 Australischen Dollar Strafe plus 2000 Dollar Gerichtskosten verurteilt – insgesamt knapp 6000 Euro. Zum Gericht begleitet haben Greg ein Dutzend anderer Aktivisten, sie gehören zu den »Australischen Christen fürs Klima«, zu »Frontline Action on Coal«, also Front-Aktion gegen Kohle, oder zu den Knitting Nannas, den strickenden Omas, die mit leise klappernden Nadeln an öffentlichen Orten protestieren. Die Klimaschützer sind 18 oder 80 Jahre alt. Gemeinsam ist ihnen die Sorge um die Zukunft und die Ablehnung neuer Kohleminen. Viele von ihnen leben in einem Camp ein paar Kilometer entfernt von der Hauptstraße. Das Gelände hat ihnen ein »traditional owner« zur Verfügung gestellt, ein Angehöriger des hiesigen Volkes der indigenen Einwohner. Beim Eingang zum Grundstück neben dem Camp weht die Fahne der Aboriginal, rot und schwarz mit einem großen gelben Kreis in der Mitte. »Heiliges Land« steht auf einem Schild, »Nandadji Birri Nharri« – die Flussmenschen, die River People, leben hier und haben ebenfalls eine Sorge, die der Kohleabbau fördert: »Wir sind die

Flussmenschen, unser Fluss ist heilig, er ist unser Leben, er gibt uns die Verbindung zu unserem Land und dem Beginn der Schöpfung. Es ist unsere Pflicht, unseren Fluss zu schützen gegen den schnell ansteigenden Wasserbedarf der Bergbau-Industrie im Bowen-Bassin.«

Die Bergbau-Industrie und die indigenen Australier: In dieser Beziehung sind die Kräfte nicht fair verteilt. Immer wieder schaffen die Minenbetreiber Tatsachen: Im Mai 2020 zum Beispiel sprengte Rio Tinto eine 46000 Jahre alte heilige Stätte in Westaustralien, um eine Eisenerz-Mine zu erweitern. In der Höhle hatten seit zigtausend Jahren immer Menschen gelebt, ein 4000 Jahre alter geflochtener Haarzopf, den Wissenschaftler dort gefunden haben, bewies die genetische Ahnenreihe, die bis zu den jetzigen traditionellen Besitzern des Landes führt, den Puutu Kunti Kurrama und Pinikura. Alle Mitglieder dieser Völker konnten die Stätte jederzeit als Lagerplatz benutzen, die älteren zeigten sie den jüngeren und erzählten ihnen von den Vorfahren. Die Aboriginals bauen keine Gotteshäuser als heilige Orte, sondern sehen bestimmte Teile der Landschaft als heilig an, ihre Schöpfungsgeschichten sind in die Landschaft geschrieben. Bestimmte Orte zu besuchen ist darum eine besondere Handlung, damit bewahren sie die Verbindung zur Schöpfung und zu ihren Vorfahren. Alles hängt mit allem zusammen; die Dinge isoliert zu betrachten – das ist eine Sichtweise, die gerade der indigenen Bevölkerung Australiens fremd ist.

»Verteidigt unser Wasser« – hängt als Schild am Tor zum Camp der Klimaschützer, »Nicht ein Tropfen für Adani«, und »Eintritt nur auf Einladung«. Robert Hitchcock öffnet; der Rentner hat sich der »Stop Adani«-Bewegung angeschlossen. Als ein ganzer Konvoi von Aktivisten quer durch Australien fuhr, da fuhr Robert mit. Er findet es wichtig, dass jeder seinen kleinen Teil beiträgt: »Immer nur zu sagen, ach, was nützt das schon, das ist falsch. Jeder kann etwas tun! Und ich möchte diese jungen Leute unterstützen, die für ihre Zukunft kämpfen!«

Ein Ausstieg aus der Kohle ist für ihn das einzig Richtige – in den nächsten zehn, zwanzig Jahren müsse Australien drastische Maßnahmen ergreifen. Als der Konvoi der Kohle-Gegner in einen Hauptort des Kohleabbaus kam, begrüßten ihn die Anwohner nicht unbedingt freundlich, sondern brüllten ihm lautstark »Verschwindet!« entgegen. In manchen Pubs und Supermärkten bekamen die Anti-Adani-Demonstranten keine Getränke und kein Essen verkauft. In den Augen der Bewohner sind die Umweltschützer Wirtschaftsfeinde. Die Mine bringe Jobs und Ausbildungsplätze auch für die jüngere Generation.

In gewisser Weise kann Robert Hitchcock nachvollziehen, dass in den Kohlestädten der Widerstand gegen eine Abkehr von diesem Wirtschaftszweig groß ist, auch gegen die Aktivisten: »Ihr Lebensunterhalt hängt von der Kohle ab; was soll es der Umwelt schon bringen, wenn sie ihre Jobs verlieren, denken sie – und übertragen ihren Frust auf uns.« Mit seinem Hund geht er durch die Wiesen zum ei gentlichen Camp, vorbei am Zeltplatz, wo er sein Lager aufgeschlagen hat. Unter dem weiten Himmel strecken dicke Bäume ihre Äste in den Himmel, davor hängt ein Bild, ein Querschnitt der Wasseradern in der Erde, der Baumwurzeln, des Wassers im Bauminneren und die Verzweigung in den Himmel hinein. Alles hängt mit allem zusammen.

Hinter den Bäumen liegt ein Selbstversorger-Garten, über der improvisierten Küche hängt ein angemaltes Surfbrett, im Design der Aboriginal-Flagge mit dem Schriftzug »Fossil Free Future« – eine Zukunft ohne fossile Brennstoffe. Dafür gibt es Spül- und Kochpläne für alle und eine Chill-Zone, in der gerade eine Reggae-Band probt. In der Werkstatt malt eine Klimaschützerin Protestplakate. Auch Jally ist hier, in gelb-schwarz gekleidet, ihr T-Shirt weist sie aus als Teil der Nanna-Lution, ein Teil der Oma-Revolution: Sie gehört zu den Knitting Nannas, den strickenden Großmüttern. Diese Gruppierung entstand, als in der Nähe der Stadt Lismore eine Gas-Company Testlöcher bohrte – eine Tätigkeit, die laut Nanna Jally unauffällig bleiben sollte. Aber die Bevölkerung erfuhr davon, und schließlich machten sich zwei Damen im besten Alter einfach auf den Weg dorthin, wo die Löcher gebohrt wurden. Sie setzten sich in Campingstühle, hatten Tee und Kekse dabei – und ihr Strickzeug. Sie taten niemandem etwas, sondern beobachteten nur, und berichteten dann, was sie gesehen hatten. Ein simples, aber wirkungsvolles Vorgehen – das eine immer größer werdende Gruppe von Nannas in Australien anwendet. Ihre Art von Revolution – und ihr Wahlspruch lautet: »Well-behaved women seldom make history – a nanna's place is in the revolution! Saving the Land, Air and Water for the Kiddies.«

Sie setzen sich vor Abgeordnetenbüros – wobei sie darauf achten, alle Parteien gleichermaßen zu bestricken –, sie setzen sich an Baustellen für kritikwürdige Bauprojekte, sie stricken bei Demonstrationen – man solle niemals die Energie einer Frau in der zweiten Lebenshälfte unterschätzen, sagen sie. Die Nannas stricken gegen alle Klischees –

niemand solle davon ausgehen, dass Aktivisten jung, ungewaschen und arbeitslos seien. Hier steckt die Kraft im Image der reizenden alten Dame, die durch ihre pure Anwesenheit alles in Frage stellt. Außerdem, so haben sie beobachtet, nimmt es gerade bei Demonstrationen und Blockaden etwas die Spannung raus, wenn Wärme, Freundlichkeit und so etwas Harmloses wie Handarbeit ins Spiel kommt. »Keep Calm and Hug a Nanna« – ruhigbleiben und eine Nanna umarmen, das steht auf einem von Nanna Jallys Hemden, schwarz auf gelb. Das sind die Erkennungsfarben der Nannas – und auch die universellen Warnfarben. Nanna Jally zieht sich eine gelb-schwarz geringelte Mütze auf und zeigt ihren Camper-Van: »Ich bin in Rente, ich habe Zeit und Freiheit und auch die Mittel, ich kann mein Haus verlassen und mich auf den Weg machen – und darum habe ich mich schon einigen Kampagnen angeschlossen.« Sie hat zwar keine Enkelkinder, und stricken kann sie auch nicht besonders gut, meint sie. Aber sie ist eine grandiose Knitting Nanna.

Eine subversive Form des Protestes. Stricken scheint hier in Australien ein mächtiges Instrument zu sein – Stricken für Lämmer, Stricken gegen die Dürre, Stricken gegen Kohle. Auf jeden Fall ist es gewaltfrei, das ist Nanna Jally sehr wichtig, wie eigentlich allen hier im Camp.

Shane Primrose ist Physiklehrer. Er fand es aber immer schwieriger, im Klassenzimmer zu bleiben, »Teil eines Systems zu sein und Kinder für eine Welt zu erziehen, die nicht mehr existieren wird, wenn wir keine drastischen Veränderungen vornehmen.« Für ihn ist ziviler Ungehorsam ein notwendiger Schritt. Seine Argumentation: Die Regierung ist zu korrumpiert, und darum wird es »die Veränderung, die wir brauchen, nicht über die existierenden Wege und Regierungspolitik geben.«

Also blockieren sie nicht nur Eisenbahnlinien, sondern beispielsweise auch, mit Sandsäcken, das Büro des örtlichen Abgeordneten, eines Kohlebefürworters – um ihn vor dem steigenden Meeresspiegel zu schützen. Shane Primrose ist unbedingt *für* zivilen Ungehorsam; er sieht es als Pflicht und als Chance, gemeinsam mit anderen Bewohnern des Camps die Öffentlichkeit zu bewegen. Als Lehrer habe er vielleicht seine Schüler erreichen können – »und das ist auch wunderbar, aber für mich ist es nicht genug, nur 30 Menschen auf einmal zu erreichen – wenn du siehst, wie kritisch die Situation und wie verzweifelt die Notlage ist und wie dringend wir Dinge ändern müssen. Also musste ich das Klassenzimmer verlassen, ich hatte das starke Bedürfnis, mehr Menschen schneller zu erreichen.« Außerdem fühlte er sich moralisch verpflichtet dazu, im Namen der Kinder, die ihm wichtig sind, im Namen seiner Nichten und Neffen für eine Zukunft zu kämpfen. Gerade als Physiklehrer kann er nicht verstehen, wie die Regierung die wissenschaftlichen Belege für die Gefahren des Klimawandels einfach ignoriert.

Die nationale Regierung hatte die umstrittene Adani-Mine schon früh genehmigt, vom Bundesland Queensland aus gab es noch lange Bedenken: Adani musste seine Pläne für den Schutz bedrohter Tierarten immer wieder überarbeiten. Dem Gürtelgrasfink kam dabei eine Rolle zu wie in Deutschland beispielsweise der Kleinen Hufeisennase bei der Dresdner Elbschlösschenbrücke und dem Juchtenkäfer bei Stuttgart 21. Auch die Pläne für sein Grundwasser-Management musste der Kohlekonzern im-

mer wieder erneuern. Im Juni 2019 verkündete Leeanne
Enoch, die Umweltministerin von Queensland, letztlich
doch: »Heute hat die Regulierungsbehörde Adani darüber
informiert, dass nach langen Jahren der Arbeit ihr Grund-
wasser-Umwelt-Managementplan die Auflagen der Um-
weltbehörde erfüllt und darum genehmigt wurde.« Im
Parlament von Queensland brach Geschrei aus, es ist ganz
klar ein äußerst emotional aufgeladenes Thema, vor allem,
weil es so lange gedauert hat – viel Zeit, um auf beiden Seiten für Spannung zu sorgen, wie die Umweltministerin erklärt: »Die Beurteilung des Grundwasserplanes war durch
ein gründliches wissenschaftliches Verfahren begleitet.
Zeitweise hat die Länge des Verfahrens für viel Kritik sei-
tens der Medien und von Teilen der Gesellschaft gesorgt,
die eine schnellere Entscheidung bevorzugt hätten.«

Die Stimmungsmache in den von Rupert Murdoch do-
minierten Medien pro Adani und gegen die Bedenken von
Umweltschützern nahm zu, je länger der Beschluss dauer-
te. Neun Jahre lang war das Verfahren in Gange, eine Zeit,
in der die Auswirkungen des Klimawandels so viel deutlicher zutage getreten sind als noch zu Beginn der Ada-
ni-Pläne. Kohle sei die Energie von gestern, sagen Gegner.
Und Befürworter fürchten, dass internationale Konzerne
von Investitionen in Australien Abstand nähmen, wenn
dieses zähe Beispiel Schule mache. Das sei doch absicht-
liche Zeitschinderei. Dem entgegnet Umweltministerin
Enoch ganz klar: »Die Bewohner von Queensland haben
ein Recht darauf, dass die Regierung verantwortungsbe-
wusst vorgeht, um die Umwelt zu schützen, dass sie die Gesetze befolgt und Entscheidungen trifft, die von den besten wissenschaftlichen Untersuchungen gestützt werden.

Unser Bundesstaat hat eine der strengsten Umweltschutz-
bestimmungen des Landes und dafür werden wir uns
nicht entschuldigen.«

Für die Gegner der Mine konnte es keine schlimmere
Entscheidung geben. Viele entschuldigen sich via Face-
book bei der Welt für ihre »gierige, korrupte Regierung«.
Seit die Adani-Mine genehmigt wurde, organisieren die
Umweltschützer neue Aktionen: »Blockade Adani« heißt
ihr Appell, sie wollen die jetzt beginnenden Bau- und Räu-
mungsarbeiten für die Kohlemine mit Blockaden stoppen.
Aus ganz Australien reisen Unterstützer an, um das zu tun,
was die Politik ihrer Meinung nach versäumt hat. »Auf
welcher Seite der Geschichte stehst du?«, fragen sie auf
ihren Transparenten, und fordern alle anderen Australier
auf, es ihnen gleichzutun: die Bauarbeiten an der größten
Kohlemine der Welt zu stoppen. Eines Morgens hatte sich
ein 63-jähriger Lehrer und Bauer an ein riesiges Bohrgerät
gekettet, denn zu lang habe die australische Regierung die
Botschaft der Wissenschaftler ignoriert. Jetzt seien Menschen wie er die Botschaft – indem sie handelten, um die
Klimakatastrophe zu stoppen.

Das ist die eine Reaktion auf die Bau-Erlaubnis für die
Adani-Mine. Die andere: Als dem indischen Bergbau-Giganten grünes Licht gegeben wurde, feierten die Bewohner in den Bergbau-Städten, und Pub-Besitzer schmissen
Lokalrunden – zur Feier der besten Neuigkeit seit Jahren,
so sagten sie.

Eine Haltung, die bei den Aktivisten im Camp wie dem
52-jährigen Sooty auf Unverständnis trifft: »Ich frage mich,
wie sie das ihren Kindern antun können – klar haben sie
jetzt auf kurze Sicht Jobs und werden gut bezahlt und kön-

nen ihren Kindern eine gute Ausbildung finanzieren. Aber auf lange Sicht hinterlassen sie ihnen riesige Probleme, ihnen und allen Generationen danach.« Eine schwierige Gemengelage.

Wie der christliche Klima-Aktivist Greg Rollens sagt: »Es gibt keine Jobs auf einem toten Planeten.«

Aber vielleicht ist das, was in der Bergbaustadt Collinsville zu sehen ist, ein gutes Zeichen: Direkt neben dem und um das alte Kohlekraftwerk herum entsteht ein großes Photovoltaik-Projekt, die ersten Solarpaneele speisen schon Energie ins Stromnetz ein. Denn Australien hat viel Kohle – aber noch viel mehr Sonne.

Der heiße, trockene Kontinent, der so sehr mit Dürre kämpft, der eine Rekordhitze nach der anderen verzeichnet und der über riesige sonnenbeschienene Landmasse mit viel leerer Fläche verfügt, müsste doch wie gemacht sein für Solarenergie. »Wir haben so viel davon, wir könnten den halben Planeten damit antreiben«, so Tim Flannery vom Australischen Klimarat. Aber um Sonnenenergie effizient zu nutzen, müsste Australien die Bevorzugung der fossilen Brennstoff-Industrien beenden. Doch die beschützen ihre Interessen auf jede nur mögliche Weise. »Sie arbeiten mit Verlangsamungsstrategien und Verschleierung von Tatsachen und setzen auf Inkompetenz der Regierung, um den Übergang zu verlangsamen. Wir haben Solarfarmen hier in Australien, die produktionsbereit sind, aber sie können keine Elektrizität in den Strommarkt schicken, weil die Regierung sagt: ›Oh nein, das ist zu riskant, den Strom in das Leitungsnetz einzuspeisen, da müssen Sie noch auf Upgrades warten und das kann noch zwei Jahre dauern.‹ Und auf diese Weise zerstört die Politik die Möglichkeit dieses Landes, die Vorteile seiner großen natürlichen Ressource zu nutzen – des Sonnenscheins.«

Scheint irrational. Aber Eigeninteressen sind oft stärker als jede Vernunft, meint Flannery. Wenn man der größte Kohle-Exporteur der Welt ist, ein großer Gas-Exporteur, so viele Milliarden Dollar und die wohlhabende Elite eines Landes daran hängen, dann ist es schwer, aus diesen Interessen auszubrechen. Diese Interessen verteidigt die Regierung dann auch gegen die berechtigten Wünsche anderer Nationen. Beim jährlichen Treffen des Pacific Islands Forum, also der Zusammenkunft von 18 Pazifiknationen, hat sich Premierminister Scott Morrison 2019 gegen den Rest der Gruppe gestellt: Südseenationen wie Kiribati, Tuvalu, Vanuatu oder Fidschi, die alle am meisten gefährdet durch den Klimawandel sind, wollten eine entschiedene Deklaration: Starke Maßnahmen gegen die Klimakrise waren ursprünglich gefordert, ein weltweiter Bann für neue Kohlekraftwerke und Kohleminen. Doch in der Abschlusserklärung des Treffens war kein Wort von Kohle zu finden. Australien, das von der Bevölkerungszahl und Wirtschaftskraft mehrfach so groß wie alle anderen Mitglieder zusammen ist, hat sich darin durchgesetzt, riskiert dabei jedoch, sich von seinen Nachbarn zu isolieren. Der Premierminister von Tuvalu erzählte Reportern, er habe zu seinem australischen Amtskollegen gesagt: »Dir geht es darum, deine Wirtschaft zu retten. Mir geht es darum, mein Volk vor dem Untergang zu retten.«

Die Pazifikstaaten sind nicht nur besorgt, weil der Meeresspiegel steigt oder die zunehmenden Stürme ihre Strände erodieren lassen. Auch ihre Korallenriffe, von denen ihr Lebensunterhalt, der Fischreichtum und die Gesundheit des Meeres insgesamt abhängen, sind in immer schlechterem Zustand. Intakte Riffe sind nicht nur Lebensraum für Fische und andere Lebewesen, sondern sie sind auch eine große Hilfe im Kampf gegen die stärker und häufiger werdenden Stürme: Denn sie können 70 bis 90 Prozent der Wellenenergie abfangen und so die Küsten schützen. Bei Inselstaaten wie Kiribati, an denen das Meer nagt und deren Küsten es frisst, ist das überlebenswichtig. Australien, an das sie so dringend appelliert haben, hat nicht reagiert – obwohl es selbst den Zustand der Korallenriffe so unmittelbar vor Augen hat wie wenige Nationen sonst: Das Great Barrier Reef ist Australiens bedeutendste Sehenswürdigkeit. Und es leidet.

»Ich weiß nicht, ob ich die Kraft habe, so etwas noch einmal zu machen«, erzählt Professor Terry Hughes auf Twitter nach seinen Erkundungsflügen zum Great Barrier Reef. Der Wissenschaftler ist einer der führenden Korallenriffspezialisten, er arbeitet an der James Cook University in Townsville an der Ostküste Australiens im »ARC Centre of Excellence Coral Reef Studies«, quasi direkt gegenüber des Great Barrier Reef. Und von Townsville aus ist er mit Kollegen aufgebrochen, um den Zustand des Riffs zu untersuchen. »Wir haben mit unseren Studien begonnen, als im Land langsam die Corona-Einschränkungen in Kraft traten; also arbeiteten wir, so schnell wir konnten. Das war sehr intensiv, elf Flüge in neun Tagen.«

2300 Kilometer lang erstreckt sich das Great Barrier Reef längs der Ostküste Australiens, es ist das größte natürlich entstandene Gebilde der Welt, von kleinsten Organismen, den Korallen geschaffen: Hier leben Seekühe, Meeresschildkröten, Rochen, Feuerfische, Stachelschnecken und

Clownfische, der Artenreichtum rund ums Unesco-Welterbe ist immens. Doch das Riff wird auch von Negativrekorden begleitet: Die Temperaturen an der Wasseroberfläche rund ums Great Barrier Reef waren noch nie so hoch wie in diesem Februar 2020. Das Ausmaß der Korallenbleiche ist so enorm wie nie zuvor. Innerhalb von fünf Jahren gab es drei schwere Bleichen, die erst den Norden, dann die Mitte und jetzt auch den Süden des Riffs betreffen, erzählt Terry Hughes auf dem Videokanal des Zentrums für Korallenriffstudien: »Zum ersten Mal haben wir Riffe, bei denen 60 Prozent oder mehr der Korallen schwer betroffen sind, die sind auf den Karten rot eingezeichnet. Wenn das Ausmaß der Korallenbleiche so gravierend ist, dann sehen wir üblicherweise auch ein hohes Maß an Korallensterben.«

Der offizielle Gesandte für das Great Barrier Reef, Warren Entsch, entgegnet, Korallenbleiche sei wie die Laubfärbung im Herbst. Die Regierung hat ihn ernannt, und auf seiner Website freut er sich über diese Ehre, denn: »Das sollten wir jetzt einmal klarstellen: Wir sind die besten Riff-Manager der Welt. Wir werden global als solche anerkannt. Als Nation sollten wir darauf sehr, sehr stolz sein.«

Stolz: Das ist nicht das, was Terry Hughes empfindet, wenn er den Zustand des angeblich so fantastisch gemanagten Riffs sieht – herzzerreißend sei der Anblick des Verfalls. Konzentriert und beinah etwas melancholisch sitzt er in seinem Büro an der James Cook Universität in Townsville, und wiederholt seine Warnung in alle Mikrofone. Er spricht mit Zeitungen, Fernsehsendern, Radioreporterinnen, er tweetet und geht über den Wissenschaftskanal der Riff-Forschungseinheit. Dafür, dass er beharrlich mahnt, beständig der Öffentlichkeit die Forschungsergebnisse zum Zustand des Riffs mitteilt und die Verfälschung von wissenschaftlichen Erkenntnissen zu Korallenriffen angeht, ist er mit dem »John Maddox Prize for Standing up for Science« ausgezeichnet worden.

Der Preis wird verliehen von der renommierten Fachzeitschrift *Nature* und den ehrenamtlichen Organisationen Kohn Foundation und Sense for Science. Er geht an: »Forscher, die großen Mut und Integrität darin bewiesen haben, dass sie für die Wissenschaft und das wissenschaftliche Argumentieren einstehen gegen heftigen Widerstand und Feindseligkeit«.

In der Tat wird Terry Hughes immer wieder scharf angegangen, es gibt ständig Versuche, ihn zu diskreditieren. Doch das ist ihm egal, je mehr die Zeit davonzulaufen scheint, desto häufiger äußert er sich: »Wir sind jetzt ziemlich sicher, dass das Great Barrier Reef sich nicht mehr erholt. Es wird weder zu dem Zustand zurückkehren, in dem es vor fünf Jahren war, erst recht nicht zu dem vor dreißig Jahren. Es verändert sich überraschend schnell, und wir sind nicht sicher, in welche Richtung das geht. Aber wir sind sicher, dass die Zusammensetzung der Spezies am Riff eine andere sein wird – sie sieht schon jetzt anders aus als vor fünf Jahren – und dass es weniger Korallen geben wird als früher.«

Dabei ist die Mischung der Korallen wesentlich für die Stabilität eines Riffs: Es benötigt sowohl schnell wachsende Korallen, die eine verzweigtere Struktur, aber eine kürzere Lebensdauer haben, als auch langsam wachsende, massive. Einige der Korallen, die bei diesen Bleich-Ereignissen abgestorben sind, waren rund hundert Jahre alt.

Korallenbleiche wird durch zu warmes Wasser ausgelöst. Dann leiden die Algen, die auf den Korallen siedeln, diesen ihre Farbe geben und für ihr Überleben notwendig sind. Um sich zu erholen, bräuchten die Korallen die richtige, also kühlere Wassertemperatur und auch dann würde die Erholung mindestens zehn Jahre dauern. Doch Terry Hughes hat Sorge, dass die Zeit bis zur nächsten Bleiche nicht ausreicht: »Die Geschwindigkeit dieser Ereignisse ist überraschend, wir werden tragischerweise mehr dieser Bleichen erleben. Die einzige Chance, eine Zukunft für die Korallenriffe dieser Welt zu sichern, ist, die Treibhausgas-Emissionen einzudämmen.«

Da stimmt der offizielle Riff-Gesandte der Regierung zu: Ohne Frage zeichne sich der Klimawandel als die ernsthafteste Bedrohung für die langfristige Gesundheit und das Überleben des Riffs ab, darum seien stärkere Bemühungen auf globaler Ebene nötig, um Emissionen und Treibhausgas zu reduzieren. Vor Ort jedoch, so meint Entsch, würden sie die Bedrohungen schon ziemlich gut managen.

Dieses Abschieben von Verantwortung ist häufig zu sehen und zu erleben in Australien – ebenso wie leider in vielen anderen Regionen. Globales Handeln wird gefordert, aber lokal? Das oft benutzte Argument in Australien lautet: »Wir sind mit unseren 25 Millionen Menschen ja nur ein kleiner Teil der Weltbevölkerung, wir können ja nichts ausrichten!« Die Studien sagen etwas anderes: Demnach verursacht jeder Australier einen CO_2-Ausstoß von 57 Tonnen pro Jahr, das Zehnfache des weltweiten Durchschnitts. Als größter Kohle-Exporteur und als drittgrößter Exporteur von CO_2 in fossilen Brennstoffen hat es durchaus Konsequenzen, wenn ein Land entweder diesen Weg weiterverfolgt oder aber seine Rolle ändert – zum Beispiel zu der des größten Solarenergie-Produzenten.

Der Weltbiodiversitätsrat, eine Organisation der Vereinten Nationen, befürchtet, dass 70 bis 90 Prozent aller Korallen verloren gehen, wenn die globale Erwärmung um anderthalb Grad zunimmt. Die gespenstisch weißen Strukturen, die Terry Hughes und seine Kollegen aufgenommen haben, geben eine Vorahnung, wie das aussehen wird. Anstatt bunter Vielfalt – rote Steinkorallen und orangefarbene Weichkorallen, blaue Seesterne, grüne Meeresschildkröten, türkis-lila-gelb-gemusterte Papageienfische – nur noch bleiche Ödnis, abgebrochene Äste, Geisterkorallen.

Statt »schlecht« ist die langfristige Perspektive des Riffes nur noch »sehr schlecht«, das meldete die zuständige Bundesbehörde im August 2019, also noch vor der heftigen Bleiche von 2020. Alle fünf Jahre erstellt die Great Barrier Reef Nationalparkbehörde einen Bericht über den Zustand und die Zukunft des Unesco-Welterbes – und dieser fiel nicht so zuversichtlich aus: Das Zeitfenster, das Great Barrier Reef zu bewahren, ist genau jetzt geöffnet, heißt es dort.

Es gibt weitere erschreckende Meldungen: Die steigenden Temperaturen können die Korallen im schlimmsten Fall direkt töten, das berichten Wissenschaftler von der Universität New South Wales wie Tracy Ainsworth: Sie seien sehr brüchig und morsch, anders als bei der Korallenbleiche sterben nach ihren Beobachtungen ganze Teile komplett, sie brechen ab und lösen sich unwiederbringlich vom Korallenskelett, teilweise schon nach nur zehn Tagen erhöhter Wassertemperatur – und die rasante Geschwindigkeit dieser Zerstörung ist das wirklich Bedeutsame dieser Forschung. Das neue Phänomen zeigt die Veränderung durch den Klimawandel, ein so deutliches Warnsignal wie ein Kanarienvogel im Kohlebergwerk, der von der Stange kippte, wenn zu wenig Sauerstoff da war.

Eine Warnung, die nach Ansicht von Wissenschaftlern wie Terry Hughes und seinen Kollegen dringend erhört werden muss: »Wir können nur eine dauerhafte Zukunft für die Korallenriffe dieser Erde garantieren, wenn wir die Treibhausgas-Emissionen eindämmen. Unsere Regierung hat auf verschiedene Weise auf die Sorgen der Bevölkerung wegen der sterbenden Korallen reagiert. Aber nach wie vor steht die Bedrohung durch Erderwärmung und Klimawandel im Raum.«

Das Ergebnis der Parlamentswahlen im Mai 2019 hat die Situation nicht verbessert. Die Australier haben sich mehrheitlich für eine Regierung entschieden, die erneuerbaren Energien nicht traut und Warnungen vor dem Klimawandel als »alarmistisch« bezeichnet. »Unsere Regierung unterstützt immer noch den Ausbau der fossilen Brennstoff-Industrie, neue Kohleminen, mehr Fracking von Methangas, Kohleflözgas, überall in Australien. Für mich hat die Politik komplett versagt in ihrer Verantwortung für das Great Barrier Reef.« So lautet Terry Hughes' trauriges Urteil.

Die Wirtschaft ist der treibende Faktor, »Jobs jetzt« schlagen »Riffe in der Zukunft«. Australiens Bodenschätze, vor allem die in Queensland, sind ein wichtiger Teil davon, meint der Wirtschaftsförderer von Townsville, Michael McMillan. In Townsville sind nicht nur die James Cook Universität und die Verwaltung des Great Barrier

Reef Nationalparks ansässig, sondern auch das regionale Hauptquartier des Bergbau-Giganten Adani.

Michael McMillan mahnt: »Historisch betrachtet sind die wirtschaftlichen Säulen des ländlichen Queensland Bergbau und Bodenschätze sowie Landwirtschaft. Wenn wir eine davon verlieren sollten durch eine Agenda, die vom Umweltschutz bestimmt wird, dann wird sich das signifikant auf den ganzen Norden auswirken, aber auch auf die Steuereinnahmen von Land und Bund.«

Dieses Argument erkennt Wendy Tubman nicht an. Die Aktivistin und Klimaschützerin lebt ebenfalls in Townsville – die Nähe zum Great Barrier Reef ist auch ein Grund für ihr Engagement. Nicht nur die steigenden Temperaturen und damit die Korallenbleiche machen ihr Sorgen, sondern die Tatsache, dass die geförderte Kohle durch das Riff transportiert wird – »und dann kommt es zu Unfällen, Schiffe verlieren Kohle, Öl, es wird ein Desaster! So ein wunderbares, komplexes Gebilde – und wir bringen es um! Für ein paar Tonnen Kohle!« Also kämpft sie. Mit Ende Sechzig hat sie auch schon mal das örtliche Adani-Hauptquartier besetzt. Jetzt sitzt sie am Strand von Townsville, trägt auf dem T-Shirt ihren Kampfruf: »Stop Adani!« und argumentiert: Die Behauptung von den zahlreichen Arbeitsplätzen durch neue Minen halte der Wirklichkeit nicht stand. Und die Statistiken geben ihr Recht – die Zahl der Jobs durch Kohle wird sehr niedrig bleiben, viel niedriger als die vormals von dem Unternehmen versprochenen 10 000, außerdem wird ein Großteil des Prozesses automatisiert. Demgegenüber stehen wunderbare Zahlen des Riffs, meint Wendy Tubman: »Das Great Barrier Reef bringt nach einer Erhebung einer Beraterfirma

Jobs für 64 000 Menschen und Einnahmen von viereinhalb Milliarden Euro pro Jahr. Und zwar für immer, jedes Jahr! Nicht nur, bis der Preis fällt oder wir aufhören, Kohle abzubauen, sondern für immer!«

Die zitierte Untersuchung der Unternehmensberatung Deloitte setzt den Wert des Riffs auf knapp 40 Milliarden Euro fest, dreimal so viel wie eine der reichsten Australierinnen besitzt, Bergbau-Magnatin Gina Rinehart. Viereinhalb Milliarden Euro Einnahmen pro Jahr – das ist mehr als Länder wie Grönland oder Fidschi erwirtschaften, hat die Huffington Post errechnet.

Aber die wirklich wichtigen Zahlen an dieser Stelle sind die 64 000 Jobs, 39 000 Menschen, die direkt am, für und mit dem Riff arbeiten, 25 000 indirekt: Für die Adani-Mine sind insgesamt gut 1400 Arbeitsplätze prognostiziert. Ein Fünfzigstel der Great Barrier Reef-Jobs.

Stirbt das Riff, dann gehen auch diese Stellen verloren. Wendy Tubman betont: »Es gibt keine starke Wirtschaft, wenn deine Umwelt ruiniert ist. Das funktioniert einfach nicht! Viele unserer Politiker sagen: ›Oh ja, wir werden einen Übergang zu erneuerbaren Energien schaffen, irgendwann in der Zukunft.‹ Aber die Zeit ist so knapp!« Wendy Tubman wird emotional, ihre Ohrringe, Stoppzeichen mit dem Adani-Schriftzug, fliegen hin und her, als sie spricht: »Viele von uns haben sich alle Mühe gegeben, damit die Menschen verstehen, was Klimawandel bedeutet. Nicht nur für die Umwelt, sondern für ihr Leben, für ihre Arbeit und besonders für die Zukunft ihrer Kinder.«

Auch darum sieht sie keinen Bedarf an neuen Kohleminen. Sie will, dass ihr Land nicht länger Kohle-Exportweltmeister ist. Michael McMillan jedoch findet, dass Kohle für Indien aus Australien kommen sollte. »Wenn die Carmichael-Mine nicht arbeitet, dann ist das noch lange kein Ende der Erderwärmung. Wenn die Kohle nicht aus Australien kommt, dann von woanders her.«

Die Umweltschützerin und der Wirtschaftsförderer könnten nicht auf unterschiedlicheren Standpunkten stehen. Dabei vereint ihre Stadt eigentlich beides: Kohleindustrie und Sonnenenergie. In Townsville befindet sich das Adani-Hauptquartier. Und: Hier stehen oder entstehen 39 Kraftwerke, die erneuerbare Energien verarbeiten, vor allem Solarfarmen. Die Sonne sei die größte Stärke ihres Bundeslandes, betonte die Gouverneurin von Queensland, man benötige keine weiteren Kohlekraftwerke. Wie das mit der Genehmigung für die Adani-Mine zusammenpasst? Ein Bergwerk ist kein Kraftwerk, und die Kohle von Adani ist für den Export bestimmt. Doch die CO_2-Emissionen kehren in Form von heißerem Klima zurück.

Kohle und Korallen – Australiens Zwiespalt. Ökonomie gegen Ökologie. Das eine kann nur überleben, wenn das andere im Boden bleibt. Das eine nützt Australiens Wirtschaft, das andere auch, aber es reicht noch weit darüber hinaus, wie Wendy Tubman sagt: »Das Great Barrier Reef ist Welterbe, es gehört nicht Australien, es gehört der Welt und wir sollten die Verantwortung dafür tragen – aber wir tun es nicht. Wir töten es.«

»Let's never forget the real cost of coal« – »Lasst uns nie den wahren Preis von Kohle vergessen«, so steht es am Denkmal und dem Museum in der Bergbaustadt Collinsville. Dort sind damit die Leben der Menschen gemeint, die im Kohleabbau ums Leben kamen. Aber der wahre Preis der Kohle kann noch viel höher werden: Ein Weltwunder wie das Great Barrier Reef wird geopfert. Menschen und Tiere sterben in Hitzewellen und Waldbränden. Ganze Ökosysteme fallen der weiteren Förderung und Verwendung dieser Energieform zum Opfer.

»Strife, struggle, survival and mateship«, Kampf, Anstrengung, Überleben und Zusammenhalt: Das ist eine romantisierte Haltung aus dem Bergbau, die tatsächlich viel Stärke verleiht. Diese Haltung sollte auch der Kampf gegen den Klimawandel tragen. Nicht nur in Australien. Denn, was sich dort abzeichnet, wird auch in allen anderen Gegenden der Welt Wirklichkeit werden.

8 Pack den Orang-Utan in den Tank – Fluch und Segen des Palmöls

VIETNAM
Phnom Penh ▣
● Ho-Chi-Minh-Stadt

Golf von
Thailand

Südchinesisches
Meer

BRUNEI
Bandar Seri Begawan ▣

MALAYSIA
▣ Kuala Lumpur

MALAYSIA

Mount Toba

Borneo   Äquator

▣ SINGAPUR

Sumatra

I N D O N E S I E N

Jakarta ▣
Java

INDISCHER OZEAN

0   250   500 km   ▓ Lebensraum der Orang-Utans

Was wir uns aufs Brot schmieren, gefährdet andere Lebewesen:
Nuss-Nougat-Creme zum Beispiel enthält Palmöl, für dessen
Produktion wird Regenwald gerodet, dadurch verliert der
Orang-Utan seinen Lebensraum. Dieser Zusammenhang
scheint immer mehr Menschen klar – aber ist das alles wirklich
so einfach, wie es sich darstellt? Und wie sieht es überhaupt dort
aus, wo Wälder gerodet werden, wo Ölpalmen wachsen und
Orang-Utans ein scheues Leben führen? Eine Geschichte von ge-
peinigten Tieren, Helden des Dschungels und finsteren Gesellen.
Und über unseren eigenen Konsum. In Indonesien – auf Borneo

und auf Sumatra – habe ich Orang-Utans im Dschungel be-
sucht und nach den Gründen für ihre Gefährdung gesucht.

Ihre Lebensräume werden abgeholzt, für Palmöl-Plantagen oder dubiose Bauprojekte. Ihre Existenz wird geleug-
net von bezahlten Stimmungsmachern. Sie werden gejagt
und als Trophäen gehalten: Orang-Utans. Die rothaarigen
Waldbewohner sind die einzigen Menschenaffen Asiens,
sie gehören zu den nächsten Verwandten der Menschen –
und die könnten sie bald auf dem Gewissen haben.

»Manche Leute wollen mit ihnen Geschäfte machen.
Sie töten die Mütter und nehmen die Babys mit.« Arista
leitet die Quarantäne-Station von SOCP, dem »Sumatra-
Orang-Utan-Schutzprogramm«, in der Nähe von Medan in
Nordsumatra. 400 Orang-Utans haben sie hier schon ge-
pflegt, gerettet, aufgezogen. Der junge Mann weist auf einen geräumigen Käfig im Kleinkinder-Bereich: »Hier diese jungen Babys, die kamen zu dritt hier an; sie wachen um
drei Uhr morgens auf und weinen, dann müssen wir Essen
für sie zubereiten. Diese hier war drei Monate alt, als sie
herkam, das ist wirklich schlimm – jemand hat sie als
Haustier gehalten.«

Vor ihm im Käfig sitzt ein Orang-Utan-Baby, klein, mit
flusig abstehendem, rotem Fell auf dem Kopf, dahinter
sind weitere Affen-Kinder zu sehen. Jeder Menschenaffe,
der hierhergebracht wird, verbringt 90 Tage in strenger
Isolation; die Tiere werden gewogen, gemessen, auf Verletzungen und Krankheiten untersucht, zum Beispiel Tuberkulose. Die Kleinsten werden mit der Flasche gefüttert,
rund um die Uhr kümmert sich jemand um sie. Bei der
Tierärztin Yenni Saraswati klettert gerade Brenda durch

die Praxis. Aus einer Art Wiege schwingt sich das kleine Orang-Utan-Mädchen auf ein Klettergestell aus zusammengeschnürten Ästen, es klettert mit Händen und Füßen greifend daran empor und schaut mit großen Augen fragend zwischen den Ästen hindurch. Schließlich flüchtet sie sich in Sicherheit – auf den Arm von Yenni Saraswati. Die Tierärztin geht ungerührt weiter ihrer Arbeit am Schreibtisch nach, jetzt eben nur noch mit einem Arm, während sie mit dem anderen liebevoll Brenda hält.

Fünfzig Tiere leben hier momentan, die jüngeren in Gruppenkäfigen, die größeren in geräumigen Anlagen. Viele bleiben nur übergangsweise, bis sie wieder ausgewildert werden, aber einige werden nie mehr selbständig überleben können. Wie das große, blinde Männchen Leuser, benannt nach dem Leuser-Ökosystem im Norden Sumatras, einem der größten intakten Regenwälder Südostasiens. Laut SOCP einer der letzten Orte dieser Erde, an dem Orang-Utans, Rhinozerosse, Elefanten und Tiger in Wildnis leben können. Leuser also heißt dieser Orang-Utan, ein stattliches Tier mit ausgeprägten Wangenwülsten.

»Jäger haben auf ihn geschossen, und zwar im Nationalpark«, erzählt Arista. »Sie haben ihn 50-mal getroffen, vor allem am Kopf, die Kugeln haben beide Augen getroffen; er hat immer noch 40 Luftgewehr-Geschosse im Körper, aber es ist zu gefährlich, sie herauszuoperieren.«

Über den Mundschutz hinweg, den jeder im Quarantebereich tragen muss, kann man nur Aristas Augen sehen, voller Sorge und auch Wut. Er arbeitet seit zehn Jahren in der Station. Die Käfige der erwachsenen Affen sind groß und geräumig, mit Kletterplattformen und Nestern ausgestattet, sie stehen von Bäumen umgeben im Freien – trotzdem ist der Anblick der Tiere bitter: »Das ist Hope, ein weiteres Beispiel dafür, was Menschen mit Luftgewehren anrichten können: Auf sie wurde mehr als 74-mal geschossen! Die Leute schießen auf wilde Orang-Utans an den Grenzen des Nationalparks.«

Hopes Schulter war gebrochen, als sie in die Rettungsstation kam, mit all den Luftgewehrkugeln im Körper kämpfte sie um ihr Leben. Ein Schweizer Orthopäde operierte sie, und das Orang-Utan-Weibchen überlebte. Hope erlangte traurige Berühmtheit – ihre schweren Verletzungen, die Brutalität, mit der jemand immer und immer wieder auf sie geschossen hatte, zogen die Aufmerksamkeit der Welt auf sich. Ein Beispiel für die Not, denen diese stolzen Tiere ausgesetzt sind. Wenn sie den Lebensraum haben, den sie benötigen, dann stören sie niemanden. Hoch in den Baumwipfeln ist ihr Revier, hier haben sie ihre Nester. Sobald sie nicht mehr auf ihre Mutter angewiesen sind, leben sie als Einzelgänger und kommen niemandem in die Quere. Doch wenn ihr Lebensraum Stück für Stück geraubt, verkleinert und zerstört wird, bleibt ihnen nichts übrig, als näher an den Raum der Menschen zu kommen. Oft sind das Menschen, die selbst nicht viel Geld haben, die sich um ihre Ernte, ihr Gemüse, ihre Gärten sorgen, die womöglich Angst vor einem so großen Tier wie einem ausgewachsenen Orang-Utan haben. Die vielleicht, um ein wenig Geld zu verdienen, illegal Regenwald abholzen, und dabei die Grenzen der Nationalparks missachten. Je weniger Raum da ist, desto angespannter ist die Situation, desto weniger wahrscheinlich ist es, dass Mensch und Tier einfach friedlich nebeneinander existieren können.

Orang-Utans leben nur in Malaysia und Indonesien, auf den Inseln Borneo und Sumatra. Die Art auf Borneo gilt als stark gefährdet, die auf Sumatra als vom Aussterben bedroht. »Ganz realistisch gesehen glaube ich nicht, dass wir den Niedergang der Orang-Utans und anderer Spezies bis morgen werden aufhalten können. Aber was ich glaube: Dass wir eine realistische Chance haben, diesen Niedergang genügend zu verlangsamen, sodass es diese Spezies noch gibt, in zehn, zwanzig oder dreißig Jahren, wenn Indonesien seine Umweltprobleme besser managen kann.«

Aus diesem Grund ist Ian Singleton bei SOCP. Der Brite hat seine Doktorarbeit über die Sumatra-Orang-Utans geschrieben – und seitdem haben ihn diese Tiere nicht mehr losgelassen. Als die Schweizer Stiftung PanEco ein Schutzprogramm für Orang-Utans auf Sumatra aufbaute, war er sofort mit dabei und leitet das Sumatran Orangutan Conservation Programme seitdem. SOCP arbeitet mit einer indonesischen Stiftung für nachhaltige Ökosysteme und der Regierung zusammen. Eine schwierige Arbeit. Dass immer mehr Lebensraum verloren geht und immer wieder verletzte oder illegal gehaltene Orang-Utans zur Quarantäne-Station gebracht werden, könnte Menschen wie Ian Singleton oder seinen Quarantäne-Direktor Arista frustrieren.

»Ich will einfach das Risiko minimieren, dass Orang-Utans aussterben. Du stehst jeden Morgen auf und fragst dich, ob du Optimist oder Pessimist bis«, sagt Ian Singleton – er sieht auf jeden Fall immer das Positive, ohne die Augen zu verschließen. »Indonesien und seine Regierungsführung machen große Fortschritte, finde ich. Es gibt eine ganze neue Generation, die Studenten der späten

1990er Jahre, die schließlich den alten Präsidenten gestürzt haben – sie wissen um die Macht von Massenprotesten. Und sie sind mit dem Internet aufgewachsen, sie haben alle Informationen, die alle anderen Menschen auch haben, nicht mehr die Lehrbücher aus den 1940er-Jahren. Sie sind extrem fähig. Es gibt immer mehr Nicht-Regierungs-organisationen, die von Indonesiern geleitet werden, die vorher bei Unicef, Oxfam oder Save the Children gearbeitet haben. Und diese neue Generation kommt jetzt an die Macht, als Gouverneure und Senatoren und Bürgermeister. Es ist noch ein langer Weg, aber ganz klar der richtige Weg.«

Mit einer besseren Regierungsführung auf allen Ebenen, mit einer besseren Umsetzung der Gesetze steigen auch die Überlebenschancen der Orang-Utans. Denn Indonesien verbietet eigentlich seit Jahrzehnten per Gesetz, die Menschenaffen zu jagen, zu töten oder mit ihnen zu handeln. Dass sich viele Menschen nicht daran halten, wird in der Quarantänestation klar: »Die meisten Tiere hier sind beschlagnahmt oder im Wald und auf Feldern gerettet worden. Wenn wir sie retten mussten, bedeutet das, ihnen ist etwas Schreckliches zugestoßen, also bringen wir sie in die Quarantäne«, erzählt Arista.

»Viele konfiszieren wir zusammen mit der Regierung. Und fast alle diese Tiere wurden als Haustiere gehalten.« Gemeinsam mit der indonesischen Naturschutzbehörde gehen die Mitarbeiter von SOCP Hinweisen auf illegal gefangene Orang-Utans nach, finden sie, beschlagnahmen sie und suchen die illegalen Wildtierhändler.

Diese handeln nicht nur mit Orang-Utans, viele Tierarten sind in Gefahr durch die seltsamen Bedürfnisse oft reicher Käufer: Gibbons, Paradiesvögel, Malaienbären, Kasuare, Brahminenweihen und viele mehr. Das bringt die Tierschützerin Manohara Odelia Pinot in Wut. Mit ihr bin ich auf Sumatra unterwegs. »Wilde Tiere sind keine Haustiere! Das ist so trendy in Jakarta – man sieht die Celebritys auf ihren Social Media Accounts und sie haben ein gefährdetes Tier als Accessoire, je gefährdeter, desto besser. Es ist so verstörend, dass Menschen das tun!« Die junge Frau, Model und Jungpolitikerin, ist eigentlich stolz auf ihr Land – nur nicht auf das Verhalten einiger ihrer Landsleute. »Es ist wichtig, indonesisches Welterbe zu bewahren, ein Teil davon sind eben wilde Tiere und Wälder. Wir sind eigentlich so reich, was das angeht, aber es ist eine solche Schande, es blitzschnell zu zerstören. Der Regenwald verschwindet in einem unglaublichen Tempo.«

JAAN, das Jakarta Animal Aid Network, für das Manohara arbeitet, wird oft angerufen, sobald ein Tier in Not zu sein scheint. Die Organisation arbeitet in vielen Fällen mit der Regierung zusammen – außer dort, wo ihnen das offizielle Handeln zu lange dauert. Sie retten die Tiere und bereiten sie für die Auswilderung vor. Dafür bringen sie zum Beispiel Kasuare, emu-ähnliche Großvögel, die nur auf Papua vorkommen, dorthin zurück, ganz ans andere Ende des indonesischen Archipels. Ein Malaienbär, der als Einjähriger in Jakarta gefunden und gerettet wurde, kam in eine Schutzstation auf Borneo – dort wird er wohl bleiben, da die illegalen Händler oder seine Käufer ihm die Krallen gezogen haben. Und gerettete Orang-Utans kommen eben, je nach Herkunft, ob aus Borneo oder Sumatra, zu Schutz- und Quarantänestationen wie der von SOCP. Die Tierretter sind leider häufig im Einsatz, denn oft genug werden die Gesetze zum Schutz der Menschenaffen nicht beachtet – sogar Regierungsmitarbeiter oder Militärs haben Orang-Utans als Haustiere. Dabei müssten die Offiziellen es doch eigentlich besser wissen, meint Arista, der Leiter der Quarantänestation. Aber sie hätten jede Menge Ausreden parat. Und oft werden die Gesetze nicht angewendet, Strafen bleiben aus – bei 440 dokumentierten Fällen in den vergangenen Jahren ist es nur in sieben zu einer Strafverfolgung gekommen, in ganz Indonesien.

Die erwachsenen Orang-Utans und die Jungtiere, die sie aus der Gefangenschaft befreien können, haben Glück gehabt – sie haben überlebt. Viele Tiere sterben, an Misshandlung oder Krankheiten. Da Orang-Utans und Menschen 97 Prozent ihres Erbgutes teilen, sind die Tiere anfällig für Krankheiten, sobald sie aus dem Schutz ihrer Wildnis herausgerissen und in menschlicher Nähe eingesperrt werden. Das sehen die Mitarbeiter der Quarantänestation immer wieder: Oft leiden die Neuankömmlinge an Krankheiten wie Tuberkulose, Hepatitis oder an Würmern, alle und alles von Menschen übertragen. Wenn die Affen als Haustiere gehalten werden, spielen die Kinder oft mit ihnen, teilen ihr Essen mit ihnen – und ihre Bakterien und Viren. So verbringen die geretteten Tiere meistens drei Monate in Quarantäne, sie werden geröntgt, ihr Blut wird getestet, viele von ihnen müssen behandelt werden. Manche Tiere haben Knochenbrüche erlitten, von ihren Fängern gepeinigt. In der kleinen Klinik der Station können die Tierärzte sie operieren. Alles, weil große Orang-Utans stören und kleine Affenbabys so niedlich wirken. Aber sie bleiben ja nicht für immer klein, sagt Arista: »Wir versuchen es den Menschen zu erklären, wenn wir die

Orang-Utans konfiszieren – sie haben keine Ahnung, wie groß die Tiere werden können.«

Ein trauriges Beispiel dafür ist Krismon. Er sitzt in der Ecke seiner geräumigen Käfiganlage, augenscheinlich gesund, aber ein bisschen verloren: Bis er 19 Jahre alt war, war er eingezwängt und wurde unter qualvollen Bedingungen gehalten. »Wir haben ihn in einem Käfig gefunden, der zwei Meter breit und einen Meter hoch war – und Orang-Utans sind groß! Als er zu uns kam, konnte er seine Muskeln nicht gebrauchen. Die Tür des Käfigs war 20 Zentimeter breit, das heißt die Besitzer haben ihn als Kind dort hineingesteckt und nicht mehr herausgenommen. Darum funktionieren seine Muskeln nicht, er zittert immer und kann seine Arme nicht benutzen – wir müssen ihn nach wie vor mit der Hand füttern.«

Er kann alleine nicht überleben, er hätte auch viel zu wenig Selbstbewusstsein, um sich als Orang-Utan-Männchen in der Wildnis behaupten zu können. Krismon, Leuser und Hope werden immer auf die Hilfe der Menschen angewiesen sein.

Von den 400 Tieren, die seit 2001 in der Quarantänestation ankamen, sind fast alle ausgewildert worden, viele im Süden in Jambi, wo das Schutzprogramm gemeinsam mit der Frankfurter Zoologischen Gesellschaft eine neue Population etablieren konnte. Aber für Tiere wie Leuser und Hope führt der Weg nie mehr zurück in die Wildnis. Für sie richtet das Schweizer Schutzprogramm PanEco jetzt eine Art Alterssitz ein, den »Orangutan Haven«, einen Zufluchtsort, mit Inseln, Platz, Bäumen und Rückzugsorten. Vier männliche und drei weibliche ausgewachsene Orang-Utans sollen dort einziehen, erzählt Ian Singleton: »Als ich im Zoo von Jersey als Orang-Utan-Wärter gearbeitet habe, acht Jahre lang, da haben wir ein neues Gehege gebaut. Und anstelle der Käfige haben wir Inseln gebaut, von Vegetation bedeckt, mit Kletterstrukturen und all so etwas. Und jetzt dachte ich halt: Wenn diese Tiere schon den Rest ihres Lebens – der leicht noch 40, 50 Jahre sein kann – in Schutz leben müssen, dann sollen sie ihre Zeit nicht in einem metallenen Käfig verbringen. Wäre es nicht fantastisch, wenn sie eine Insel hätten, wo sie sich im Gras rollen können und klettern und den Wind in ihren Haaren spüren?«

Im Juni 2019, als ich diesen Haven, diese Zuflucht besuche, wird noch gebaut. Aber es gibt schon Spektakuläres zu sehen: Der Weg führt über eine bedachte Bambusbrücke; elegant schwingt sie sich über einen rauschenden Fluss, ihr Dach ist aus Holzschindeln und verleiht ihr das Aussehen eines Schuppentieres. Dann geht es einen Hügel hinauf, und dahinter liegt ein kleines grün bewachsenes Tal. Bäche aus frischen Quellen fließen in der Mitte hindurch und umgeben die neun kleinen Inseln – jeder Orang-Utan bewohnt eine, es gibt dort einen dicken runden Turm, auf dem und in dem es sich klettern lässt, Bäume, Gras – wie in Ian Singletons Traum. Der Wald darum herum wirkt wie Regenwald, aber er wird zum Teil landwirtschaftlich genutzt; an einigen Gummibäumen hängen Ernteschalen, Orangenhaine, ein paar Ölpalmen, all das ist hier zu finden; ein paar Frauen ernten gerade in einem Beet neben dem Weg Gemüse.

Es war eigentlich nicht so geplant, aber jetzt wird die ganze Anlage zu einem einzigartigen Zentrum, um der Bevölkerung ein umfassendes Schutzprogramm nahezubringen: »Die Orang-Utans sind der Mittelpunkt, aber wir demonstrieren auch andere Dinge: Bio-Landwirtschaft, ohne Pestizide. Oder wie eine Brücke wie die, auf der wir gerade sitzen, aus nachhaltigem und nachwachsendem Material gebaut werden kann, und nicht aus Beton, Plastik und Zink. Und hier drunter haben wir die Turbine für ein Mikro-Wasserkraftprojekt von einem Damm, nur ein paar hundert Meter entfernt. So zeigen wir den Dorfbewohnern und den Vorstehern der örtlichen Gemeinden, wie diese Art von Stromerzeugung aussieht. Und wir hoffen, dass wir Solarpaneele und all diese Dinge haben werden.«

Ein ganzheitliches, nachhaltiges Entwicklungs- und Bildungsprogramm, das hier im Haven entsteht. Im besten Falle werden auch Forscher und Auszubildende ihren Weg hierher finden, sie sollen Erkenntnisse vermehren und lernen und die Botschaft in die Welt tragen – zumindest in die ihres Dorfes, wo es dann viele Nachahmer in dieser Art der Landwirtschaft, des Bauens und der Energiegewinnung gibt.

Denn je mehr die Bewohner sich von den herkömmlichen Methoden unabhängig machen können, desto günstiger wird es für sie: Pestizide kosten Geld, konventionelles Baumaterial kostet Geld – nachwachsender Bambus viel weniger. Strom von den Kraftwerken oder, wie hier meist üblich, aus dem Generator, kostet Geld – wenn er aus dem örtlichen Fluss kommt, nicht. Und je geringer der finanzielle Druck ist, der auf den Menschen lastet, desto kleiner ist die Versuchung, gefährdete Wildtiere zu schmuggeln oder illegal Regenwald abzuholzen oder ihr Land an Palmöl-Firmen zu verkaufen.

Der Haven, die Zuflucht, liegt unweit der Großstadt Medan. Hier ist die Plantagenindustrie ansässig, wie Ian

Singleton erklärt. Der Großteil des Regenwalds, der verloren geht, wird Plantagen geopfert, sowohl auf Sumatra wie auch auf Borneo. Es begann mit Tabakanbau, dann vor allem Gummi. Jetzt liefert ein Gutteil der Plantagen den Rohstoff für die Papierherstellung, aber dort, wo die Sumatra-Orang-Utans leben, geht es fast nur um Palmöl. Und viele der großen Palmöl-Firmen haben ihren Sitz oder eine Niederlassung in Medan. »Das ist nur 25 Minuten von hier entfernt – und meine Kernzielgruppe!« Der Brite lächelt, während er seinen Plan für den politischen Aspekt vom Haven erläutert: »Dadurch, dass die Orang-Utan-Zuflucht so nah an Medan ist, können die Menschen die Tiere von Angesicht zu Angesicht erleben – und damit den Zusammenhang herstellen zwischen den Unterschriften, die sie in ihren Büros täglich unter irgendwelche Aufträge und Verträge setzen, und den Auswirkungen, die das auf Spezies wie Orang-Utans und andere auf dieser Seite der Insel hat.«

Singleton malt es sich so aus: »Der Direktor einer Plantagenfirma kommt rein und fragt, warum dieser Orang-Utan hier ist. ›Nun, er kann nicht ausgewildert werden.‹ ›Warum nicht?‹ ›Er ist blind.‹ ›Warum ist er blind?‹ ›Weil 78-mal mit einem Luftgewehr auf ihn geschossen wurde.‹ ›Das glaube ich nicht.‹ ›Ich gebe Ihnen gerne die Röntgenaufnahme, dann können Sie die Kugeln selbst zählen.‹«

Es macht dem Orang-Utan-Schützer großes Vergnügen, diese Szene durchzuspielen. Die agitatorische Wirkung des Haven auf die Plantagenbosse, der didaktische Effekt auf die Dorfbevölkerung ringsumher, all das steht natürlich an zweiter Stelle hinter dem Bedürfnis, diesen Tieren, die in freier Wildbahn alleine nicht überlebensfähig wären, eine bessere Lebensqualität zu bieten. »Aber auf diese

Weise können sie trotzdem eine wichtige Rolle im künftigen Überleben ihrer Spezies spielen, eben durch diese pädagogische Wirkung. Auf große internationale Firmen, aber auch auf Schulkinder und jeden, der nicht unbedingt über diese Themen nachdenkt, aber auf diese Weise zwei und zwei zusammenzählen kann.«

Während Leuser, Krismon oder Hope also ihren Propaganda-Teil beitragen, um ihre Art vor dem Aussterben zu retten, trainieren die anderen Tiere in der Quarantänestation von SOCP für die Wildnis. Die Orang-Utans in der Station werden auf ein Leben nach der Quarantäne und nach der Kindheit vorbereitet. Wenn sie gesund sind, kommen sie zunächst mit anderen Tieren gemeinsam in einen Bereich, um zu lernen. In einem dieser eingegitterten Areale, noch im strengeren Quarantäne-Bereich, legt ein größeres Orang-Utan-Kind die Arme schützend um ein kleineres – es hat die Rolle der großen Schwester angenommen, die Waisenkinder helfen sich gegenseitig. Es ist herzzerreißend, wenn sie rufen und eigentlich nur auf den Arm wollen – wie kleine Kinder, die ihre Mutter vermissen. Aber die Pfleger wollen nicht zu viel Nähe zu Menschen aufkommen lassen, da die Tiere irgendwann alleine überleben sollen. Also läuft die Unterstützung auf Orang-Utan-Ebene ab. Die kleineren schauen sich von größeren ab, wie man ein Nest baut oder welches Obst man essen kann. Sie schaukeln und klettern gemeinsam.

Als wir uns der »Sosialisasi area«, dem Sozialisierungsbereich, nähern, hängt ein Orang-Utan nahe des Gitters herum, er schaut auf uns und ruft laut – es sind Warnrufe, erklärt Arista. Wir Menschen, und vor allem ich fremder Mensch, gehören hier nicht her, also informiert das Tier die anderen. Sie sind nach Alter, Größe und Können in Gruppen untergebracht, die Babys, die Großen, die Bereiten (also die, die bald wieder ausgewildert werden können). Die Mitarbeiter beobachten die Tiere immer genau, sie achten darauf, dass es nicht zu gefährlichem Verhalten kommt, ein Tier das andere verletzt. Ganz langsam werden die einzelnen Orang-Utans in die Gruppen eingeführt – es ist für viele der geretteten und aufgepäppelten Tiere das erste Mal, dass sie mit Artgenossen zusammenleben, seit Wilderer sie stahlen und ihre Mutter töteten.

Wenn sie in die »Sosialisasi« kommen, so beobachten es die Mitarbeiter von SOCP, dann bekommen die Affen zum ersten Mal wieder ein Funkeln in den Augen, ihre Lebensfreude kehrt zurück. Sie haben während ihrer Gefangenschaft nur Menschen erlebt, jetzt können sie sich wieder typische Verhaltensweisen ihrer Spezies von ihren Artgenossen abschauen. Vor allem aber gehen sie einmal am Tag in die Waldschule, einen baumbestandenen Wildnisbereich, in den die Orang-Utan-Schützer noch zusätzlich Obstbäume gepflanzt haben. An der Hand der Pfleger oder in der Schubkarre, so kommen die Kinder zur Schule, und Arista erzählt: »Hier führen wir sie an die verschiedenen Bäume heran, auf denen sie Futter finden; für die Babys haben wir einen Spielplatz dort, und alle sind glücklich. Wir bleiben drei bis vier Stunden mit ihnen dort, sie müssen lernen: Sie wissen nicht, wie man klettert – und lernen es von den anderen.«

Wenn die Orang-Utans etwa sechs Jahre alt sind, wird genau überprüft, welches Tier bereit ist, wieder ausgewildert zu werden – je nachdem, wie stark, gesund und beweglich es ist – und wie sehr es sich seiner Spezies gemäß benimmt. Und dann macht es sich auf den Weg in sein neues Leben, im Idealfall mit den Tieren, mit denen es schon in der Sozialisierungsphase zusammen war.

Das Problem mit dem Auswildern, mit dem wilden Leben der Orang-Utans überhaupt, ist, dass ihr Platz immer mehr eingeschränkt wird. Selbst wenn der Regenwald stehen bleibt und »nur« eine Straße hindurch geschlagen wird, kann das fatale Folgen haben. »Fragmentierung« ist ähnlich bedrohlich für eine Orang-Utan-Population wie das Abholzen von 20 000 Hektar Wald. Wenn eine Straße durch dieselbe Fläche geschlagen wird, halbiert sie die Population – und auch die vieler anderer Spezies. Orang-Utans überqueren nicht gerne Straßen, erzählt Ian Singleton, vielleicht gerade noch, wenn sie nur vier bis fünf Meter breit sind. Aber ein häufig auftretendes Phänomen ist: Sobald eine Straße durch den Wald führt, werden Menschen an ihren Rändern Grundstücke reklamieren, sie entwalden und dann ist der Streifen statt nur straßenbreit auf einmal sechs Kilometer breit.

»Bei einem Waldstück mit etwa tausend Orang-Utans hat man dann auf einmal nur noch 500 auf der einen und 500 auf der anderen Seite. Und wenn es zwei Straßen gibt, dann sind es bald nur noch weniger als 300 Tiere in einer Population und die ist dann potentiell nicht mehr überlebensfähig. Einfach dadurch, dass eine Straße gebaut wurde, ist die Gefahr, dass diese Orang-Utans aussterben, massiv erhöht worden.«

Wir wechseln die Insel, von Sumatra nach Borneo oder Kalimantan, wie die Insel für Indonesier heißt. Die drittgrößte Insel der Welt hat einen malaysischen Teil im Nordwesten, darin eingeschlossen ist das Sultanat Brunei, und der indonesische Teil bedeckt die unteren zwei Drittel der Insel. An der Südküste befindet sich der Tanjung Puting Nationalpark, Heim von Camp Leakey und der Orangutan Foundation International.

Der Ruf zur Fütterung hallt durch den Wald. Plötzlich rauschen sie durch die Baumwipfel heran, arbeiten sich vor bis zur Futterplattform: rothaarig, riesig, behände, Arm über Arm über Fuß über Spagat über Fuß, so springen sie und schwingen sie von Baum zu Baum, in großer Höhe, waghalsig und doch sicher.

»Ich liebe es, den Orang-Utans zu folgen, aber es ist traurig, ihren Kampf um ihr Territorium zu sehen; illegale Abholzer und Wilderer bedrohen sie, auch hier im National-park.« Isy ist Touranbieter im Nationalpark Tanjung Puting, Ökotourismus wird hier langsam populär. Auf Isys Boot fahren die Besucher von Pangkalan Buun aus in den Park hinein, essen und schlafen an Bord. Nach einigen Ab-biegungen auf kleinere Flüsse stoppt das Schiff plötzlich: Ein männlicher Orang-Utan sitzt in den Deepak-Palmen, er hat eine ausgerissen und knuspert das Innere daraus – die Männchen sind zehnmal stärker als Menschen, die Weibchen achtmal. Er mampft genüsslich, schaut auf den Fluss und haut dann unter Palmwedelrascheln ab. Wäh-rend das Boot übers Wasser gleitet, werden die Laubbäu-me am Ufer höher, die Vegetation gemischter. Wasserlilien schwimmen in großen Kolonien auf dem Fluss, Regen und Sonne wechseln sich minütlich ab.

Früher war es ein riesiges Waldgebiet, jetzt aber ist es umzingelt von Palmöl-Plantagen; an immer mehr Ecken scheinen sie vorzudringen und die früher geschlossene Fläche zu durchlöchern. Außerdem gebe es im National-park viele Menschen, die dort illegal Gold schürfen. Sie le-ben außerhalb des Parks und dringen tagsüber ein, erzählt Isy. »Früher gab's hier im Wald Nashörner und große Kro-kodile und Nashornvögel. Jetzt sieht man sie nur noch sel-ten.«

Vor knapp 50 Jahren kam die Forscherin Birute Galdikas hier an, mit einem Kanu im tropischen Sturzregen, ohne Strom, Straßen oder Telefon. Tief im Wald legte sie »Camp Leakey« an, benannt nach ihrem Mentor, dem keniani-schen Anthropologen Louis Leakey. Birute Galdikas ge-hört zu den »Trimaten«, den drei Forscherinnen und Schü-lerinnen von Leakey, die Menschenaffen erforschten: Dian

Fossey, die in Ruanda das Leben der Berggorillas studierte, Jane Goodall, die in Tansania zur führenden Schimpansen-Expertin wurde, und eben Birute Galdikas; »Leakey's Angels« werden sie angeblich auch genannt. Seit 1971 studiert Galdikas das Leben der Orang-Utans, entgegen der Vorhersagen von Professoren, dass die Tiere zu scheu und schwer zu fassen seien. Doch sie erforscht die Menschenaffen nicht nur, sie schützt auch ihren gefährdeten Lebensraum.

»Für mich ist sie eine Heldin«, erzählt Isy. Der 45-Jährige stammt aus dieser Gegend Kalimantans, er hat lange für Birute Galdikas und ihre Orang-Utan-Stiftung gearbeitet. »Ohne sie gäbe es keinen Ökotourismus hier; sogar die Forstpolizei bekommt die illegale Abholzung und die Wilderei nicht alleine in den Griff. Sie hat viele Menschen angestellt, die dafür kämpfen, den Wald und die Tiere zu schützen. Birute bezahlt die Polizei. Wahrscheinlich würden sonst die Logger, die Menschen, die illegal den Wald abholzen, oder die Palmöl-Firmen die Polizei bezahlen. Ihr eigenes Leben ist ihr nicht wichtig. Galdikas ist die Quelle und die Wurzel dieses Waldes, seiner Existenz.«

Sie ist eine besondere Frau. Mit ihrer ersten Geschichte in *National Geographic* Mitte der Siebziger Jahre brachte sie die Orang-Utans auf die Landkarte der allgemeinen Öffentlichkeit: Bis dahin wusste man wenig über die scheuen Tiere, die in den Baumwipfeln in schwer zugänglichen Gebieten in Sumpfwäldern leben; dass das Magazin sie auf dem Titel hatte, eine junge Frau mit einem Orang-Utan auf dem Arm und einem an der Hand, trug zu ihrem inzwischen ikonischen Image bei. Und unter allen, die sie kennen, kursieren wahre Heldengeschichten. Isy erzählt von einer großen Demonstration, einer Auseinandersetzung zwischen illegalen Abholzern, der lokalen Bevölkerung, der Polizei und der Forstbehörde. Die lokale Bevölkerung hat demonstriert, das Büro des Forstdepartments wurde zerstört. Birute Galdikas kam dazu, hat sich zwischen die Streitparteien gestellt und geschlichtet, obwohl sie angegriffen wurde und in Lebensgefahr war.

Eine Tierschützerin kann das nur bestätigen und meint: »Die Menschen haben mehr Angst vor Birute als vor dem Chef der Forstbehörde. Sie ist sehr streng, sammelt Müll, drückt ihn Regierungsangestellten in die Hand und verzieht keine Miene.« Müllsammeln scheint geradezu harmlos gegen die anderen Gefahren, denen Birute Galdikas und die »Orangutan Foundation International« OFI oft ausgesetzt sind. Robert Yappi, ein Mitarbeiter OFIs, kann sich erinnern, dass Camp Leakey schon mal belagert wurde. »Das ganze Camp war umstellt, ihr Boot wurde abgefackelt! Und dann gibt es natürlich die Waldbrände, wenn illegal neue Gelände erschlossen werden, auch das gefährdet uns, die Tiere und den Park.« Dabei sei besonders auffällig, dass neulich ein regelrechter Korridor durch den Nationalpark zwischen zwei bereits erschlossenen Gebieten gebrannt wurde. Niemand weiß, wer die Brände legt, aber meist sind sie gezielt und voller Absicht platziert. Ist der Wald erst einmal abgebrannt, dann wird das kahle Land auch nach kurzer Zeit bebaut.

»Die Jäger und Wilderer, die haben auch Angst vor Birute«, erzählt Robert Yappi weiter, »das ist oft eine Geduldsprobe, wer zuerst Schwäche zeigt. Aber OFI ist resoluter als zum Beispiel die Forstbehörde. Und als das Camp belagert wurde, da haben wir OFI-Mitarbeiter eher die Polizei vor den Wilderern beschützt als die Polizei uns.« Ehrfurchtsvoll schließt Isy die Erzählungen über Birute Galdikas ab: »Man hat ihr gedroht: Wenn sie bleibt und den Wald beschützt, werden sie sie töten.«

Sie bleibt und schützt den Wald. Und was für einen Wald: Affen treffen sich zum Frühstück in den Bäumen am Fluss, hoch oben klettern sie von Wipfel zu Wipfel, besonders die Nasenaffen machen Rabatz: Die rotgrauen Tiere mit Knubbelnasen und langen Schwänzen springen in den oberen Stockwerken der Vegetation hin und her, nehmen Anlauf, springen mehrere Meter weit zum nächsten Baum und lassen sich in die Krone fallen. Sie schlagen sich den Bauch voll mit Blüten und zarten Blättern, jungen Trieben und Beeren. Und ab und zu springen sie alle aus zehn Metern Höhe zum Baden in den Fluss. So friedlich, grün, üppig wirkt das alles – und Isy sagt: »Stell dir vor, das ist eines Tages nicht mehr da.« Bei allem idyllischen Eindruck finden hier im Wald regelrechte Kriege und Morde um Holz und wilde Tiere statt – und Menschen wie Isy geraten mitten hinein.

Der Touranbieter stammt aus armen Verhältnissen, seine Familie konnte seine Schulbildung nicht bezahlen, also musste er sich einen Job suchen. Er arbeitete auf einem Boot, für 40 Cent pro Tag. Nicht viel, aber er habe dabei viel gelernt, sagt er, über den Wald und seine Bedeutung; etwas, das ihm nicht so bewusst war, obwohl er von hier stammt. Doch so ist es ja häufig: Man nimmt das, was einen tagtäglich umgibt, als selbstverständlich hin und macht sich keine Gedanken darüber – außer, es gerät plötzlich in Gefahr. Vor allem traf Isy so auf Birute Galdikas und begann, für sie zu arbeiten. »Für mich ist dieses Ökosystem, dieser Wald sehr wichtig, es gibt Arbeit und nachhaltiges Geld für viele Menschen, nicht nur für die Ranger, auch für Ökotourismus-Betreiber wie mich, auch für die Guides und die lokale Bevölkerung – wir alle haben ein Auskommen und schützen den Wald. Er ist kein Selbstbedienungsladen – da liegen die illegalen Abholzer total falsch. Die wollen *jetzt* Geld haben, der Wald und das Ökosystem sind ihnen egal, wenn es um Geld geht.« Im schlimmsten Fall sind ihnen eben auch Menschenleben egal: Immer wieder kommt es in den geschützten Wäldern Südostasiens zu Morden an Rangern, an Wild- und Waldhütern, in Kambodscha, den Philippinen, Indonesien.

»Als ich einmal durch den Wald patrouillierte und nach illegalen Abholzern suchte«, erzählt Isy, »da wurde ich von ihnen bedroht: ›Wenn du nicht innerhalb von drei Tagen hier abhaust, dann töten wir dich.‹ Aber wir haben uns nicht vertreiben lassen.«

Die Orang-Utan-Stiftung und auch andere Organisationen versuchen, die Konflikte zu entschärfen, indem sie Perspektiven bieten. Zum Beispiel Jobs in der Wiederaufforstung, eine Art Tauschgeschäft nach dem Motto »Lass uns zusammen Bäume anbauen und dafür euer Dorf auf Vordermann bringen!« Aber Isys Erfahrung ist, dass viele Dorfbewohner das ablehnen, und er weiß nicht, ob das daran liegt, dass ihnen die Jobs in der Wiederaufforstung nicht passen oder dass ihnen die Palmöl-Firmen mehr bieten.

In anderen Fällen funktioniert es. Einige Ranger sagen, dass es ihnen eigentlich recht gleichgültig sei, ob sie für die Orang-Utans oder für die Palmöl-Industrie arbeiten – letzteres ist körperlich anstrengender, also tun sie lieber das andere.

Etwa 230 Leute arbeiten »für die Orang-Utans«, also für die Orangutan Foundation. 90 Prozent der Mitarbeiter sind von vor Ort, ehemalige Holzfäller oder Arbeiter. Jetzt arbeiten sie bei den zahlreichen Ranger- und Monitoring-Posten im Nationalpark, in Camp Leakey, in den anderen Wäldern, in der Verwaltung im Büro in Pangkalan Bun. Hier sitzt auch Robert Yappi: »Ich bin vor allem Biologe, und alles, was ich kann und was für mich zählt, ist Natur- und Tierschutz. Umweltschutz ist Leben.« Seit mehr als zwanzig Jahren arbeitet er bei OFI, er hat als Student im Camp Leakey geforscht. Viele von Birute Galdikas' Studenten kehren früher oder später zu OFI zurück und helfen bei den Schutzprogrammen.

Sein Kollege Fajar Dewanto hat früher in der Holzgewinnung gearbeitet – aber nur für ein Jahr, erzählt er, dann hat er gesehen, wie sie Baum um Baum gefällt haben, Lebensräume zerstört haben, und konnte nicht mehr mitmachen. Er wollte nicht dort arbeiten, wo sie die Rechte anderer Lebewesen beschneiden, wo sie Leben zerstören. Für die Orangutan Foundation ist er viel unterwegs. Dort, wo die Menschenaffen zwischen alle Fronten geraten. Dort, wo illegal oder auch legal Wald abgeholzt wird und die Menschenaffen den Menschen näher kommen müssen, als ihnen lieb und als gesund für sie ist. Die Menschen brauchen Alternativen, sonst ändern sie ihr Verhalten gegenüber den Orang-Utans nicht, findet Fajar Dewanto. Perspektiven zu schaffen, das sei das Richtige, zum Beispiel Ökotourismus: »Ich verstehe nicht, warum das nicht viel attraktiver ist, es könnte eine Menge Geld bringen! In den vergangenen Jahren kamen immer etwa 19 000 bis 25 000 Touristen. Und pro Person kostet so eine Tour 3,5 Millionen Indonesische Rupiah (etwa 220 Euro) – das Geld geht direkt an die Menschen hier, nicht an große Palmöl- oder Holzfirmen!« Wenn hundert Touristenboote unterwegs sind, dann gehören dazu Köche und Tourguides und schon gäbe es Jobs für zwei- bis dreihundert Menschen, meint Dewanto. Lebende Orang-Utans locken mehr Besucher an als tote.

Es gebe nur einen Nachteil: Wenn die Orang-Utans feste Fütterstationen haben, wie sie im Tanjung Puting Nationalpark angelegt sind, dann gewöhnen sie sich an die Menschen. Und die Besucher meinen, das sei kein echtes »wildes« Tierleben mehr – so bekomme ihr Arbeit ein negatives Image. In der Hochsaison, erzählt Dewanto, kommen 700 Menschen pro Tag an die Fütterstation. Es seien dann eher Orang-Utans, die Menschen bestaunen, und nicht umgekehrt.

Dennoch sorgen diese Futterplätze dafür, dass man die Orang-Utans überhaupt aus der Nähe erleben kann. Denn die scheuen Tiere sind ansonsten schwer zu erblicken.

Die meisten Weibchen, die sich durch die Baumkronen auf den Weg zum Essen machen, tragen ein Jungtier mit sich herum: Das Kind hält sich fest, egal, wie gewagt ein Sprung ist, ob es vom Bauch auf den Rücken wechseln muss – bis zum sechsten oder siebten Lebensjahr bleibt es an seiner Mutter haften. Es macht ein paar Übungssprünge allein, ein paar unbegleitete Schritte zur nächsten Banane, trainiert jede kleine Handlung – bis der Menschenaffe mit den roten Haaren alleine überleben kann. So sollte es im Idealfall sein. Aber das Ideal ist längst zerstört, erzählt die Tierschützerin Manohara Odelia: »Die Orang-Utans können nirgendwo mehr leben, also gehen sie früher oder später in die bewohnten Gebiete, in die Palmöl-Plantage, weil sie nichts mehr zu essen haben. Sie werden zu lästig, und die Bewohner wollen sie so schnell wie möglich loswerden. Meistens töten sie die Mütter und nehmen die Kinder, um sie in den illegalen Tierhandel zu verkaufen oder nach Übersee.« Sie erzählt von dem widerwärtigen Fall, als ein Orang-Utan-Weibchen an ein Bordell verkauft wurde. Rasiert und mit Lippenstift wurde es vor dem Haus angeboten.

Was Menschen diesen Tieren antun, mit denen sie doch so nahe verwandt sind, ist schwer zu verdauen. Hunderttausend Orang-Utans sind seit dem Jahr 2000 in Indonesien gestorben, manche Forscher sagen sogar 150 000 Tiere.

Isy, der Waldschützer, steht eines Nachmittags hinter einem Dorf am Fluss vor einem großen Feld mit dunkelbrauner, schwerer Erde. »Was wir sehen? Nichts! Hier war Regenwald, noch nicht lange her, sechs bis zwölf Monate; jetzt ist es eine Mondlandschaft. Das Land gehört den Dorfbewohnern.« Und die bauen jetzt für eine Palmöl-Firma Ölpalmen an. Deprimiert steht Isy vor der Leere, nur ein Hund mit Krätze strolcht über das Feld.

Im Dorf selbst spielen Kinder in einem Flussarm, planschen, spritzen sich gegenseitig nass, bis ihre Mutter ein Machtwort spricht: Sie sollen sich schließlich abschrubben, nicht rumalbern. Die Wasserqualität sei aber nicht mehr gut, sagt eine Dorfbewohnerin, das ist der Dünger im neuen Feld – sie bekommen davon Ausschlag.

Wo die wilden Tiere hin sind, deren Habitat das Waldstück war, das sie gerodet haben? Das wissen sie nicht. Aber ihnen ist klar, dass sie den Orang-Utans nichts tun dürfen, wenn welche auftauchen. Das schreibt ihnen auch die

Palmöl-Firma vor, für die sie die Ölpalmen anbauen – der Imageschaden wäre viel zu groß. Daher droht sie ihnen heftige Strafen an, sollte irgendeinem Orang-Utan im Umfeld dieser Plantage etwas geschehen.

Also sind die Dorfbewohner vorsichtig, und warten auf ihre erste Ernte. Das Land gehört ihnen gemeinsam, vom Ertrag bekommen sie 30 Prozent, die sie teilen. Ihre Sehnsucht nach einem sicheren Einkommen ist verständlich, doch mit der Abholzung berauben sie langfristig ihr Land seines einzigartigen Reichtums, seiner Natur.

Auf kurze Sicht ist die schnelle Rupiah verlockender, und der Bedarf an Palmöl wächst weltweit weiter. Shampoo, Nuss-Nougat-Creme, Kekse, Tütensuppe – und seit einigen Jahren auch noch so genannter Biosprit: Überall ist Palmöl enthalten. Der Weltmarkt für Palmöl soll im nächsten Jahr auf 80 Milliarden Euro Wert ansteigen. Mehr als die Hälfte davon kommt aus Indonesien. Indonesien liefert vor allem an China, den Nahen Osten und Afrika. In Europa ist der Bedarf ebenfalls noch groß, hier ist Malaysia, zweitgrößter Palmöl-Produzent weltweit, gut im Geschäft.

Wer über diese Länder hinwegfliegt oder sie durchfährt, sieht, wie unsere Abhängigkeit von Palmöl die Landschaft gestaltet: Wie mit dem Lineal gezogen, stehen die Ölpalmen aufgepflanzt, von oben gleichen die dicklichen Bäume Ananas, Reihe um Reihe, Plantage um Plantage, bis zum Horizont – oder eben bis zum Rand eines Regenwaldes, immer näher und immer tiefer hinein. Viele Konzerne sind hier im Geschäft, aber es gibt auch Kleinbauern, wie die Dorfbewohner – die dann oft an die großen Firmen verkaufen. In Indonesien hat Greenpeace vor Kurzem aufgedeckt, dass hinter den heftigen Waldbränden des vergangenen Sommers oft Produzenten stecken, die über Umwege mit Firmen wie Nestlé arbeiten. Sie haben illegale Brandrodung betrieben.

Um weniger schädliche Methoden für den Anbau zu fördern, wurde vor 15 Jahren der Runde Tisch für nachhaltiges Palmöl gegründet. Dort sind aber vor allem Vertreter der Palmöl-Industrie repräsentiert, wie Fajar Dewanto von der Orang Utan Foundation kritisiert. »Das nachhaltige Palmöl ist Unfug, es gibt kein nachhaltiges Palmöl. All unsere Arbeit verlangsamt das Aussterben der Orang-Utans nur, sie hält es nicht auf.«

Diese Bausch- und Bogen-Ablehnung des Runden Tisches kann Ian Singleton vom Sumatra Orang-Utan Schutzprogramm nicht teilen. Er findet allein die Tatsache, dass eine solche Einrichtung existiert, bemerkenswert. »Ich habe noch nie von einem solchen Prototypen gehört. Plötzlich gibt es Hersteller, Verkäufer, Händler, die lokalen Gemeinschaften, die lokalen NGOs, globale Umweltschutzorganisationen, alle an einem Tisch versammelt, um eine weltweite Industrie zu diskutieren. Wenn das boykottiert würde bis zu dem Punkt, an dem sich der Runde Tisch auflöst, dann hätten wir 20 Jahre verloren, das wäre ein großer Schritt zurück.«

Der Runde Tisch entstand aus heftigen Diskussionen zwischen dem Konsumgüter-Giganten Unilever und dem World Wildlife Fund WWF. Von Unilever kam der Vorschlag, doch einmal über die Kritik an ihnen zu reden – und um das zu einem arbeitsfähigen Modell zu machen, wollten sie alle Konflikt- und Produktionsparteien beteiligen. Jedoch ohne dass jemand den Vorsitz hatte – darum der Runde Tisch. Alle waren gleichermaßen stimmberechtigt. »Gemeinsam entwickelten sie den Gedanken: Wenn wir weniger umweltschädlich arbeiten, uns mehr um die Gesundheit und das Wohlergehen unserer Arbeiter kümmern, dann sollten wir einen Premiumpreis für unser Produkt auf Basis der Nachhaltigkeit bekommen«, erklärt Singleton.

Die Liste der Kriterien, Vorschriften und Regeln ist lang, die Liste der Vorwürfe an den Runden Tisch auch: von Kinderarbeit bei den beteiligten Firmen, Zwangsarbeit, dem Roden von unberührten Wäldern, obwohl es brachliegende Graslandschaften gebe, Zweifel an der Verpflichtung zur Nachhaltigkeit. Manche Firmen fälschen ihren Weg zum Premiumpreis, meint Singleton: »Es ist nun mal eine riesige Industrie; es ist sehr einfach, irgendwelche Wissenschaftler dafür zu bezahlen, dass sie sagen, was du willst, damit du dein Produkt als Premium verkaufen kannst.«

Dennoch: Wenn es darum geht, etwas auf eine zumindest akzeptablere Art zu produzieren, dann ist der RSPO ein Schritt in die richtige Richtung – was Umweltauswirkungen, soziale Entwicklung, Wohlfahrt oder Gesundheit angeht. Das weniger Schlechte im nicht so Guten. Was auf den ersten Blick eine so einfache Rechnung ist – Palmöl-Plantagen sorgen für Zerstörung des Regenwaldes, darum für das Aussterben der Orang-Utans – stellt sich oft viel komplexer dar, wenn man nicht nur in eine Kausalrichtung schaut, sondern in mehrere.

Ein kleiner Exkurs nach Malaysia: Für das Land ist die Palmöl-Dattel wie Gold, eine Wunder-Frucht. Mit den Bäumen wuchs die Wirtschaft der letzten Jahre. Das Palmöl selbst ist gesund, die Dattelfrucht reift sagenhaft schnell, der Baum ist robust, so erzählen es Kleinbauern. Und oft arbeiten sie viel umweltfreundlicher, als die generelle Annahme ist: mit Kompost statt Kunstdünger, Schlangen statt Mäusegift. Der Beschluss der EU, ab 2030 kein Palmöl mehr als Biokraftstoff zu importieren, hat in Malaysia für einen Schock gesorgt. Die Bauern haben viel Arbeit in ihre kleinen Plantagen gesteckt, wie Ahmad. Sein Land hat er geerbt, da war der Regenwald schon längst abgeholzt, stattdessen standen da Kokospalmen. Und weil Palmöl mehr einbringt, hat er umgestellt, viel in seine Ölpalmen investiert. Mit dem, was er für seine Datteln bekommt, kann er die Schulgebühren seiner Kinder bezahlen und alles, was seine Familie fürs tägliche Leben braucht. Ohne Palmöl ginge das nicht. Und wenn die EU das Produkt boykottiert, wird es auch nicht mehr gehen. Dabei findet er einen Boykott sinnlos, für anderes Pflanzenöl braucht es viel mehr Landfläche: »Mit Soja benötigst du für den selben Ernteertrag fünf Mal so viel Land – das würde bedeuten: Man muss irgendwo auf der Welt wieder Wald roden – und genau das will die EU doch nicht.«

Malaysia hat versprochen, dass die Hälfte des Staates bewaldet bleibt. Und es steht besser da als Indonesien, was die Nutzung der Plantagenflächen angeht. Die Firmen dort arbeiten oft effizienter als die indonesischen und bekommen mehr Ertrag aus dem Quadratmeter. Der Vorsitzende von Malaysias Palmöl-Verband sieht das europäische Verhalten als heuchlerisch an: Europa sorge sich um die Auswirkungen des Palmöl-Anbaus – aber was die eigene Milchwirtschaft, den Anbau von Raps oder Sonnenblumen betrifft, oder Importe aus Nord- und Südamerika, da stellte es sich unwissend. So Datuk Kalyana Sundram. Er schiebt es darauf, dass es eine starke Lobby gegen Palmöl gibt, weil die Produzenten anderer Pflanzenöle dafür sorgen. Darum werde schlicht ignoriert, wie nachhaltig in Malaysia bereits produziert wird. Malaysias Palmöl-Produzenten seien große Unterstützer von Orang-Utan-Schutzprogrammen, von Artenvielfalt und Nachhaltigkeit. Das alles sei in Gefahr, wenn der Palmöl-Sektor durch Boykotte geschwächt wird. Eine Haltung, die sogar Umweltschützer einnehmen, wie Wee Chin. Er will Malaysias Regenwälder schützen, aber sagt ganz realistisch: »Das Palmöl ist nun mal leider ein Bestandteil des Lebens hier. Ich finde deshalb, die EU könnte mehr für den Regenwald erreichen, wenn sie Gruppen wie uns unterstützt. Statt sich zurückzuziehen, könnte die EU gemeinsam mit Malaysia nach Lösungen suchen.«

Gemeinsam nach Lösungen zu suchen, das war ja auch die Idee hinter dem Runden Tisch für nachhaltiges Palmöl, RSPO. Hier war die Hoffnung, dass Palmöl mit dem RSPO-Label Premiumpreise erzielt. Aber das ist nicht unbedingt der Fall, Abnehmer werden abgeschreckt durch den höheren Preis. Darum lautet eine gängige – und berechtigte – Beschwerde: »Wir produzieren nachhaltiges Palmöl, aber niemand kauft es!«

Mehr als ein Fünftel der weltweiten Palmöl-Produktion wird laut RSPO nachhaltig und verantwortlich hergestellt. Es wäre wichtig, das zu kaufen. Ein Boykott nützt nichts, findet Umweltschützer Wee Chin: »Wenn die EU Treibstoff aus Palmöl ablehnt, dann tut uns das weh. Aber es wird nichts daran ändern, dass Regenwald abgeholzt wird. Denn es gibt andere, viel größere Absatzmärkte: China zum Beispiel – und die kümmern sich weniger um die Umweltfrage.«

Es sei letztlich alles nur Kosmetik und eine Marktverschiebung. Die Grundfrage sollte also nicht als erstes die einer Nachhaltigkeit sein. Sondern: Müssen wir Pflanzenöl in unsere Tanks füllen – oder nicht viel eher aufs Autofahren verzichten? Müssen wir Palmöl in unserem Essen haben, wenn wir es nicht gerade zum Braten benutzen, fragt Ian Singleton in Indonesien: »Warum ist in all diesen Dingen Palmöl? War es in jedem Shampoo in jedem Shop vor hundert Jahren? In jedem Schokoriegel vor fünfzig Jahren? In jedem Lippenstift? Muss es da drin sein? Ich glaube, dass die Verbraucher so wählerisch geworden sind, dass sie nur das luxuriöseste und cremigste und zarteste Produkt wollen. Aber ich glaube, wenn man das Palmöl herausnähme und es nicht ersetzt, macht es auch keinen großen Unterschied. Schokolade bleibt Schokolade.«

Doch wenn Palmöl, dann sollten unbedingt erst einmal die vorhandenen Flächen genutzt werden, meint Singleton. Indonesien könne seine Erträge um mindestens 30 Prozent steigern, wenn es die Flächen besser verwalte, auf denen bereits Ölpalmen angebaut werden. »Und wenn sie Brachflächen nutzen würden, Grasflächen, auf denen kein Wald steht, dann wäre das eine dramatische Steigerungsmöglichkeit!« Doch da spielen die komplizierten Eigenheiten indonesischer Besitzverhältnisse nicht mit. »Wenn es hier entwaldetes Brachland gibt, dann erhebt immer jemand Anspruch darauf, weil es jemand entwaldet hat, entweder sie selbst oder ihr Großvater oder ihr Ururgroßvater. Und wenn man jetzt bedenkt, dass eine Familie hier im Schnitt einen Hektar Land ihr eigen nennt, die großen Firmen aber 20 000 Hektar wollen, dann müssten sie mit 20 000 Familien verhandeln! Und dann noch der Papierkram!« Keine besonders attraktive Aussicht. Also wird gerodet.

Fajar Dewanto hat vor kurzem eine neue Rodung gesehen, eine Plantage, die gerade angelegt wird. In dem Wasserlauf, der das Feld umgibt, hat er einen toten Orang-Utan gefunden: Auf einem Foto sieht man ein ausgewachsenes, starkes Tier, das im torfigen Wasser liegt. Niemand weiß, wer den Menschenaffen auf dem Gewissen hat. Laut Flurkarte ist hier geschütztes Waldgebiet – aber eine Palmöl-Plantage schließt sich an die andere an, ein trister Anblick.

Mit einem Stocherkahn nähert sich ein altes Ehepaar über den Wasserlauf. Der Mann trägt Kappe, hat eine Kordel um die Hüfte gewickelt, darin steckt eine Machete. Er macht das Boot fest, damit seine Frau auch aussteigen kann. Sie hat braungebrannte Hände voller Schwielen und trägt Kopftuch. Die Tagelöhner arbeiten auf der Plantage. Sie ernten die Früchte der Ölpalme, die dann gepresst werden, pro abgeernteter Pflanze bekommen sie 60 Cent. »Wir sind 88 und 75 Jahre alt«, sagen sie und: »Wir verdienen oft nicht genug, um uns etwas zu essen zu kaufen.« Der Besitzer der Plantage stand lange auf der Liste der 50 reichsten Männer Indonesiens.

Vor zwei Jahren war hier alles noch Wald; die alte Frau erzählt, dass sie abends in ihrer Hütte am Rande der Plantage sitzen und öfter mal Besuch bekommen: ein Orang-Utan-Weibchen schaut durchs Fenster. Das Nest sei etwa sieben Kilometer entfernt. Manchmal sehen sie das Tier mit seinem Jungen draußen an der Straße – die Mutter wartet, bis keine Autos kommen und überquert dann die

Fahrbahn, dabei hält sie ihr Baby auf dem Arm. »Wie ein Mensch halt«, sagt die Frau.

Zuerst hatte die örtliche Kooperative das Land erworben, konnte aber die Bebauung nicht leisten, also verkaufte sie an den jetzigen Besitzer. Der wurde von Unilever übrigens als Palmöl-Lieferant gestrichen, weil er die Nachhaltigkeitskriterien nicht einhielt.

»Der Preis von Palmöl sinkt so stark, dass wir bald nicht mehr ernten wollen«, erzählt der alte Tagelöhner, »der Besitzer will uns Arbeiter nicht mehr bezahlen.« Finden sie es denn nicht traurig, dass der Regenwald also beinah umsonst geopfert wird? »Nein, es gibt doch immer noch genug Wald.«

Im Jahr 1900 war die riesige Insel Borneo noch vollständig bewaldet. Auch viele andere Inseln des Archipels standen von Küste zu Küste voller tropischem Regenwald. Mit einem schier unglaublichen Artenreichtum. Dann drangen immer mehr Menschen in die Wälder vor, schlugen Straßen hinein, sodass die grenzenlosen Flächen immer weiter zerteilt wurden, in immer kleinere Blöcke, in immer kleinere Lebensräume. Und auch bei denen, die noch erhalten sind, rücken die Bulldozer, Bagger und Rückewagen immer näher, auch in geschützten Gebieten.

Heute ist Borneo nicht mal mehr zur Hälfte bewaldet. Und es gibt schon zig Anträge, um auch den Rest in Plantagen umzuwandeln. Auch der Druck auf die Schutzgebiete wächst. Die Industrie versucht, Wege dort hinein zu finden. Oft genug werden einfach Fakten geschaffen – durch gezielt gelegte Brände. Fajar Dewanto von der Orang Utan Stiftung meint: »Es ist traurig, aber ganz ehrlich: Ich habe nicht mehr viel Hoffnung für die Orang-Utans.«

Auf Borneo gibt es noch 50 000 – 60 000 Exemplare, auf Sumatra sieht es hingegen anders aus. Denn die Entwicklung, die Borneo gerade erfährt, Abholzung, Brandrodung, Entwaldung – die hat Sumatra schon vor etwa 30 bis 40 Jahren durchgemacht. Die Waldbestände sind kleiner, die Orang-Utan-Populationen ebenfalls, dafür sind die Bedrohungen größer: Vom Sumatra-Orang-Utan gibt es noch etwa 13 000 Exemplare, und vom »Pongo tapanuliensis« sogar nur achthundert Stück. Höchstens. Kaum hat der Tapanuli-Orang-Utan die Weltbühne betreten, ist er schon vom Aussterben bedroht: Der seltenste Menschenaffe der Welt wurde erst 2017 richtig bekannt, damals haben Wissenschaftler um den evolutionären Genetiker Michael Krützen von der Universität Zürich das Tier präsentiert, wie er erzählt: »Es ist erst die siebte Menschenaffenart, die je beschrieben worden ist. Es war wirklich ein zufälliges Ergebnis, damit haben wir so nicht gerechnet. Also, man geht ja nicht raus ins Feld und sagt, ich entdecke jetzt einen neuen Menschenaffen. Aber als ich mit Kollegen auf einer Konferenz in Chicago vor ungefähr zwei Jahren gesprochen habe, wurde klar, dass wir da wirklich von einer neuen Menschenaffenart sprechen können – vor allem in Bezug auf Morphologie, Schädelform, Zahnform und die genetischen Ergebnisse, die wir hier in meiner Gruppe in Zürich gewonnen haben.«

Eine Sensation, die im dicht bewachsenen, schwer zugänglichen Batang Toru-Wald in Nordsumatra versteckt war. Aber eine Sensation in Gefahr: »Es gibt nur noch 800 Tiere, das ist eine sehr kleine Anzahl. Das Problem ist einfach auch, dass sich gerade in Indonesien sehr viel an dem Habitat, das heißt an dem Ort, wo die Tiere leben, verändert hat. Der Druck von Menschen auf dieses Habitat ist sehr groß.«

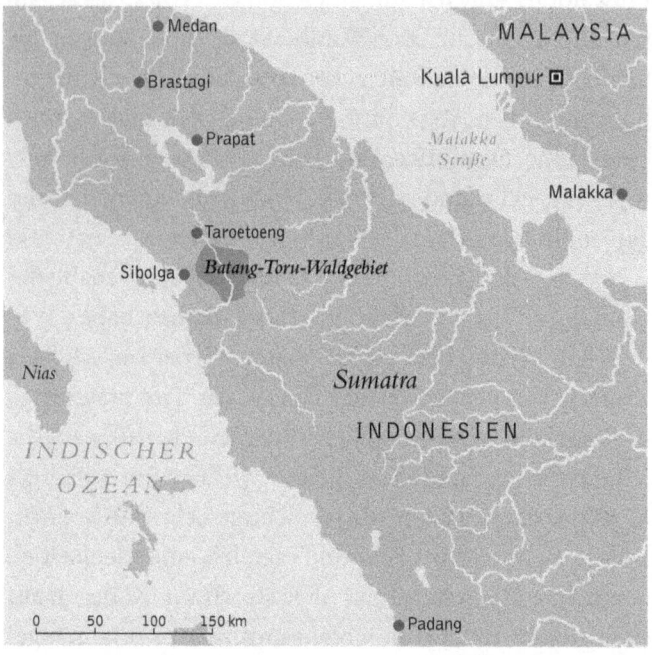

Es geht um die Gegend am Batang Toru-Fluss im Süden der Provinz Nordsumatra. Im Juni 2019 war ich dort. Ein bergiges Gebiet, mit Straßen, auf denen Autos ohne Allradantrieb ins Rutschen geraten. Es gibt waldige Hänge, heiße Quellen, kleine Dörfer, Reisfelder, Kakaopflanzungen. Männer auf Mopeds, Frauen, die auf ihren turbanartig geschlungenen Kopftüchern schwere Lasten transportieren. Hier soll ein Staudamm mit großem Wasserkraftwerk für 510 Megawatt gebaut werden. Die Baumriesen fallen für die Stromleitung, Straßen und Tunnel ziehen sich durch den Regenwald und Teile des Gebiets werden überflutet. »Das ist wirklich ein Riesenproblem, weil dadurch das Habitat umgewandelt beziehungsweise zerstört wird«, erklärt Michael Krützen. »Der Bereich, in dem die Tiere jetzt leben, wird in zwei Teile zerschnitten, also werden die Gruppen noch kleiner. Wir wissen, dass das auf längere Sicht wirklich negative Auswirkungen auf die Anzahl der Tiere hat, die in Batang Toru leben.«

Das alles wird finanziert mit 1,6 Milliarden Dollar von der Bank of China für den Wasserkraft-Riesen Sinohydro. Der chinesische Staatskonzern fungiert als Auftragnehmer und Betreiber der NordsumatraHydroEnergie AG. Es ist ein Teil der »neuen Seidenstraße«: China versorgt Länder weltweit, vor allem in Afrika oder Südostasien, mit Infrastruktur-Projekten – und verschafft sich damit Einfluss. Billionen von Dollar gibt China für diese Belt and Road-Initiative aus, mit der das Land den Globus umspannen will. Der Staudamm ist da nur eines von 7000 Infrastruktur-Projekten rund um die Welt. Vor einem der Eingänge zur Großbaustelle steht ein Schild, »Sprengung heute Zone 5, 14 Uhr«. Es wird gerodet, geräumt, gesprengt, oft auch in geschütztem Waldbereich – denn die Bezirksregierung hat die Genehmigung erteilt.

»Ja klar, weil sie falsche Pläne und Genehmigungen präsentiert haben!«, argumentiert WALHI, die größte Umweltschutzorganisation Indonesiens. Sie haben gegen das Projekt geklagt, das wurde abgeschmettert, aber jetzt ist WALHI in Berufung gegangen. »Der Umweltbericht ist von einem Experten für Biodiversität unterzeichnet, ein Dozent von der Universität Nordsumatra. Aber als er interviewt wurde, sagte er: Das habe er nie unterzeichnet, es ist eine Fälschung. Das hat er auch vor Gericht bezeugt.« So erzählt es Dana Prima Tarigan. Der Leiter von WALHI in Nordsumatra regt sich über das Verfahren auch Wochen später noch auf. »Die Analyse hat überall Löcher, die Genehmigung wurde verfrüht erteilt. Aber der Richter findet das alles nicht schlimm. WALHI hat dem Dozenten jetzt geholfen, Anzeige zu erstatten.«

In ihrer Umweltanalyse sei Sinohydro noch nicht einmal auf Orang-Utans als Teil der betroffenen Artenvielfalt eingegangen, geschweige denn auf den Tapanuliensis. Sie führten nur andere Tiere wie etwa den Tapir auf, lediglich in einem Zusatz werde der Menschenaffe erwähnt, und auch da nur die Sumatra-Art, nicht der besonders betroffene Tapanuli-Orang-Utan.

Dana Tarigan ist aber nicht nur um die Tiere besorgt – der Eingriff in die Umwelt durch das Wasserkraftwerk sei umfassend und folgenreich, auch für die Menschen. »Zum einen wird es viel durcheinanderbringen, weil sie den Wasserfluss für 18 Stunden bremsen und dann für sechs Stunden fließen lassen, also gibt es plötzliche Fluten, plötzliche Dürren. Aber die Bewohner brauchen das Wasser für die Landwirtschaft und den Transport. Außerdem müssen sie über das Erdbeben-Potential informiert werden, denn das kann sehr gefährlich werden für alle Menschen, die am Batang Toru leben, wenn plötzlich der Damm bricht. Aber der Richter sagte, die Menschen von Batang Toru sind nicht repräsentativ vor diesem Gericht, weil sie nicht aus dem Gebiet stammen, an dem der Damm gebaut wird – dabei ist ihr Dorf genau dort!«

Gunung Hasahata ist das Dorf in Batang Toru, das dem Wasserkraftprojekt am nächsten ist. Es ist nur schwer zu er-

reichen, mit Mopeds über eine schmale Brücke, durch große Schlaglöcher, wegrutschenden Sand, mit Anlauf durch
sumpfigen Matsch. Mitten im Wald versperren drei Männer den Weg. Im Auftrag der Sinohydro wollen sie uns aufhalten und verhindern, dass wir in das Dorf gelangen. Die
Neuigkeit, dass wir hier unterwegs sind und recherchieren,
hat sich schnell verbreitet, auf beiden Seiten. Nach kurzer
Diskussion können wir schließlich doch weiterfahren.

Die Dorfbewohner warten schon bei Zigaretten und
Kaffee im örtlichen Speiseraum, einem Schuppen, mit
Wachstuchtischdecke und groben Bänken. Sie wollen ihre
Seite der Geschichte erzählen. 34 Familien leben hier, in-
zwischen mehr schlecht als recht: »Früher hatten wir gute
Ernten: Durians, Blockbohnen, und vieles andere, das wir
essen konnten. Aber jetzt gibt es nichts mehr, kein Land,
keine Bäume, zu heiß. Wir alle waren Farmer und haben
Palmzucker angebaut, Gummi, Kakao – aber das ist alles
vorbei.«

Das erzählt einer der Dorfbewohner. Seinen Namen
möchte keiner nennen, aber sie sind sich einig, dass sie an-
gelogen worden sind. In der Planungsphase des Wasser-
kraftprojektes tauchte ihr Dorf auf keiner Karte auf – obwohl es am nächsten dran ist. Folglich hat auch niemand
ihre Einsprüche beachtet. Man hat ihnen Schulen versprochen und Jobs, doch die gehen nur an auswärtige Arbeiter,
vor allem aus China – die Dorfbewohner gehen leer aus.

»Bald haben wir nicht mehr genügend Nahrung. Als
wir unser Land verkauft haben, dachten wir noch, dass wir
bei der Hydroenergie-Firma arbeiten werden und haben
uns keine Sorgen gemacht. Aber jetzt müssen wir den Rest
unseres Landes verkaufen – wenn wir vier Hektar haben,

verkaufen wir drei, bekommen etwas Geld und bebauen den Rest, pflanzen an, was auch immer wir anbauen können.« Ihr Land, das Land ihrer Ahnen, wie sie immer wieder betonen, haben sie auch nicht immer freiwillig abgegeben: Als Sinohydro begann, hier aktiv zu werden, tauchten viele Vertreter der paramilitärischen Polizei, Brimob, im Dorf auf. Sie übten Druck aus auf die Landbesitzer, erzählen die. »Immer, wenn es Probleme gibt, kommen Brimob-Leute, und wir wissen nicht, warum. Auch als ihr hierhergekommen seid, die Leute, die euch aufhalten wollten, das war auch Brimob. Aber das ist uns egal, wir haben uns daran gewöhnt. Vor zwei Jahren, da fingen sie an hierherzukommen, da hatten wir mehr Angst, da kam auch noch das Militär.«

Jetzt sind sie wütend, sie lassen sich nicht mehr einschüchtern – obwohl auch jetzt noch Spitzel und Handlanger auf der Straße warten. Und noch während des Interviews erzählt ein Mann: Er habe gerade einen Anruf vom Polizeikommissar aus Jakarta bekommen – er solle die Reporterin und ihre beiden Begleiterinnen fortschicken, es würde ihnen sonst nicht gut bekommen. »Ich frage mich, warum die Hydro-Gesellschaft all das macht, wenn sie doch nichts zu verbergen hat.«

Aufs Stichwort schallen Rufe durchs Dorf – »Polis, Polis!« Die Polizei rückt wieder an. Wir gehen lieber, wollen den Dorfbewohnern nicht noch mehr Unannehmlichkeiten bereiten.

Auf dem Rückweg sehen wir wieder die Büttel von Sinohydro, sie begleiten uns auf Mopeds so lange, bis wir weit weg vom Dorf sind. Die Frage des Dorfbewohners bleibt bestehen: Warum benehmen sie sich so, wenn sie doch nichts zu verbergen haben? Dana Tarigan von der Umweltschutzorganisation WALHI meint: »Sie beachten die Auswirkungen nicht, sie sind ihnen einfach egal. Sie unterschätzen, was passieren wird, ein Erdbeben, das Aussterben des Tapanuli-Orang-Utan.« Er sieht die große Frage darin: Wenn es so ein großes Projekt sei, warum würden sie Unterschriften fälschen? »Da ist doch etwas faul. Das Projekt ist noch nicht einmal dringend nötig, Nordsumatra hat genug Elektrizität. Warum baut man es nicht woanders?« Eine mögliche Erklärung: der hohe Energiebedarf einer nahegelegenen Goldmine.

Die Versuche, mit der Sinohydro zu reden, scheitern; in ihren örtlichen Büros ist auf Anfragen kein Weiterkommen, wie von Pontius zu Pilatus geht die Reise. Angeblich mit Voranmeldung kommen wir zum Eingang der Großbaustelle, doch dort weiß niemand Bescheid über einen Besuch. Also heißt es warten, im Kaffeehäuschen der Belegschaft. Am Eingang hängt – ausgerechnet – ein Plakat mit den seltenen Tierarten, die im Wald von Batang Toru leben: der Plumploris, der Sumatra-Tiger, der Schwarzhandgibbon, der Malaienbär oder der Doppelhornvogel. Es gibt hier die Rafflesie, die größte Blume der Welt. Auf dem Plakat ist auch der Sumatra-Orang-Utan zu sehen, Pongo abelii. Kein Wort vom Pongo tapanuliensis. Als ob er nicht existierte. Bezahlte Stimmungsmacher sind übrigens auf YouTube zu erleben, wie sie bei öffentlichen Auftritten leugnen, dass es diesen seltensten Menschenaffen überhaupt gibt.

Der Kaffee im Baustellenhäuschen dauert nur zwei Schlucke lang, dann folgt der nächste Rausschmiss, wieder mit ungewünschter Eskorte. Es bleibt nur die Website der

NordsumatraHydroEnergie: Ihre Studien und Pressemitteilungen halten fest, dass alles ganz anders ist, als die Umweltschützer und Dorfbewohner es ihnen vorwerfen. Alle Betroffenen seien mit einbezogen worden – ein Punkt, dem die Bewohner von Gunung Hasahata deutlich widersprechen. Wie auch der Behauptung, die Tapanuli-Population im betroffenen Gebiet sei sowieso sehr klein und die Rodungsarbeiten würden ihr nicht signifikant schaden. Außerdem soll es, laut Firmenwebsite, Korridore zwischen den zerschnittenen Waldstücken geben, diese will das Unternehmen mit Obstbäumen bepflanzen lassen, die den Tieren als Futter dienen. Dass die Korridor-Idee funktioniert, bezweifelt der Mit-Entdecker des Tapanuli-Orang-Utans, Michael Krützen. Es gebe viele Fälle, in denen diese Korridore nicht angenommen würden.

»Meines Erachtens ist es ein Problem vieler ausländischer Interessen. Die Chinesen investieren nicht nur in Indonesien, sondern weltweit. Dies soll sich natürlich dann mittel- oder langfristig auszahlen. Ich denke, Wachstum muss in gewisser Weise möglich sein, aber: Gerade wenn man hier eine ganz neue Menschenaffenart hat, die es nur an diesem Ort gibt, da denke ich, muss man den Umwelt- und Artenschutz vor die wirtschaftlichen Interessen stellen.«

Indonesien wachse sehr stark, sowohl bevölkerungsmäßig als auch wirtschaftlich. Energiebedarf und Entwicklung sind Bedürfnisse, die erfüllbar sein sollten. Aber die Frage ist, in welcher Form sie erfüllt werden und auf wessen Kosten. »Nun, wenn man sich die Probleme anschaut, mit denen das Land zu kämpfen hatte, dann hatte der Schutz von fluffigen Affen im Dschungel nie höchste Priorität«, konstatiert der Orang-Utan-Schützer Ian Singleton. »Und hat sie immer noch nicht.«

Entwicklung, Wachstum, Energiegewinnung – wie Michael Krützen sagt: Das kann man niemandem verwehren. Trotzdem müssen sich Entwicklung und Umweltschutz nicht ausschließen. Eine neue Studie hat gerade festgestellt, dass bestimmte Programme zur Armutsbekämpfung in Indonesien dazu geführt haben, dass weniger Regenwald abgeholzt wurde.

Seit 2008 gibt es ein Hilfsprogramm, »Hoffnung für Familien« heißt es – hier bekommen Familien mit geringem Einkommen vierteljährlich eine bestimmte Summe bar ausgezahlt, mit der Bedingung, sie in Bildung oder Gesundheit zu investieren. 2008 hat Indonesien begonnen, dieses Programm einzuführen und es über die Jahre hinweg ausgeweitet. Zwei Wissenschaftler haben rund 7500 dieser Dörfer auf Sumatra, Borneo, Sulawesi oder Bali beispielsweise betrachtet, Daten über den jährlichen Verlust von Waldbewuchs damit kombiniert und so herausgefunden, dass die Abholzung in diesen Dörfern um dreißig Prozent reduziert wurde. Je eher die Dörfer das Programm begonnen hatten, desto besser. Und je mehr Bewohner eines Dorfes Geld bekamen, desto größer war der Effekt. Wenn eine Missernte ihr Überleben bedrohte, konnten sie das mit diesen Barüberweisungen ausgleichen – und mussten nicht in den Wald vordringen, Baumstämme verkaufen und neue Anbauflächen freiroden. Die direkte Verbindung zwischen dem wirtschaftlichen Wohlergehen der Dorfbewohner und dem Wohlergehen des Waldes ist offensichtlich. Und wenn die Menschen mit kaum gesicherten Einkommen auf einmal Jobs bekommen zum Beispiel in der Wiederaufforstung, im Ökotourismus, ist der Nutzen für alle Seiten noch größer. »Eine Sache habe ich im Laufe der Jahre gelernt,« hält Ian Singleton fest: »Wenn du einfach immer weiter einen Fuß vor den anderen setzt, dann kommst du irgendwann dorthin, wo du hinwolltest.« Geduld, Beharrlichkeit und kleine Schritte bringen einen ans Ziel.

Welches Ziel das ist, und welche Richtung man dafür einschlagen muss, ist nicht immer so leicht zu erkennen, wie auch das Beispiel des Palmöls zeigt. Es zu boykottieren, bringt nichts – wenn es deshalb durch anderes Öl ersetzt wird, das noch mehr Anbaufläche frisst.

Muss ich stattdessen nicht unbedingt darauf achten, das Produkt mit Palmöl aus dem RSPO-zertifizierten Anbau zu kaufen? Und von den Herstellern zu fordern, dass sie immer und immer wieder überprüfen, dass ihre Lieferanten keinen Regenwald abholzen? Wenn ich Palmöl boykottiere, raubt das nicht auch Kleinbauern ihr Einkommen?

Brauche ich samtiges Shampoo, muss meine Nuss-Nougat-Creme überhaupt mit Pflanzenöl streichfähig gemacht werden? War das schon immer so, lässt sich das ändern? Ich kann sagen, dass ich nach all diesen Recherchen noch weniger Gewissheiten habe als vorher. Dafür viel mehr Fragen. Muss ich Bio-Kraftstoff tanken – als Feigenblatt? Sollte ich nicht lieber das Auto stehen lassen? Oder Elektroauto fahren? Aber woher kommt dann mein Strom? Womöglich aus einem Wasserkraftwerk, das in geschütztem Gebiet gebaut wird?

Gibt es überhaupt Nachhaltigkeit? Eine globale Initiative der Vereinten Nationen namens TEEB, The Economics of Environment and Biodiversity, beschäftigt sich mit dem wahren Wert der Natur. Wer alle Faktoren mit einbezieht, auch die, die nicht in Geschäftsberichten auftauchen, wie Spätfolgen für die Umwelt und ähnliches, stellt fest, dass es keine einzige nachhaltige Industrie auf der Welt gibt.

Aber »The Economics of Environment and Biodiversity« – ist es nicht großartig, dass es so etwas überhaupt gibt? Dass so etwas berücksichtigt wird, was in Firmenbilanzen nie auftaucht(e)? Ist das nicht schon Fortschritt? Oder ist es nur frustrierend, wenn man dann feststellen muss, dass es fast nichts gibt, das nachhaltig ist?

9 Vor uns die Sintflut – Kiribati, eine Pazifik-Nation vor dem Untergang

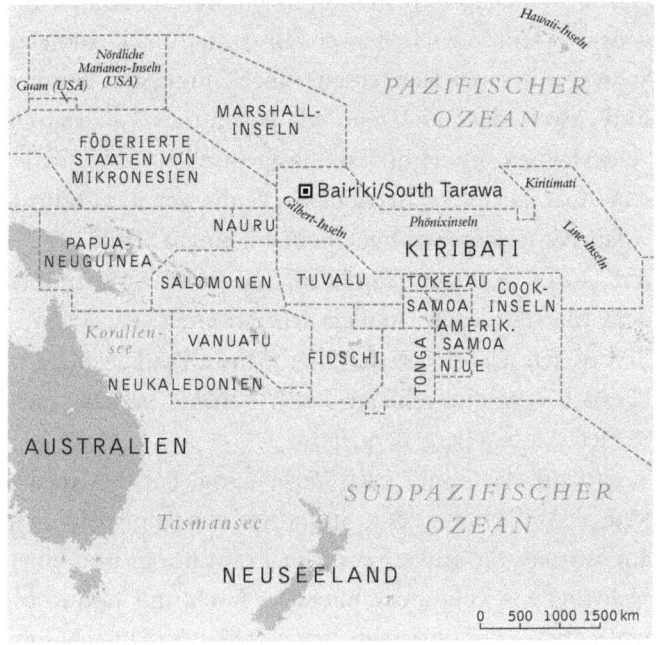

Kiribati, gesprochen Kiribass – bitte, Kiri-was? Es ist eines der kleinsten Länder der Erde mit einem der größten Staatsgebiete, am Ende der Welt, mitten im Pazifik, in dem die Menschen zu guter Letzt vielleicht die Wahl haben werden zwischen Verdursten, Verhungern, Verfetten oder Untergehen. Kiribati eben. Klimawandel pur.

»Wenn die Flut höher ist als sonst, kommt sie direkt in unser Haus.« Auoieta steht neben der großen Hütte aus Palm- und Pandanusgeflecht, aus Maschendrahtstücken und

Wellblechteilen. Sieben Paare mit Kindern leben hier, lagern, schlafen, spielen, kochen. Ganze drei Meter vom Ozean entfernt. Das Meer rauscht heran, beharrlich schlagen die Wellen an den Strand von Tarawa. Süd-Tarawa, um genau zu sein. Zwischen zwei Palmen schaukelt Auoietas Schwager in einer Hängematte, am Stamm eines Baumes sind zwei der hiesigen windschnittigen behaarten Schweinchen am Hinterlauf festgebunden. Eine Idylle, scheinbar, aber hier herrscht die Ruhe vor dem Sturm. »Mauri & welcome to Eita« steht auf einem Schild vor ihrem Dorf, »der höchste Punkt auf Süd-Tarawa 3 Meter über dem Meeresspiegel«. Auoieta lebt an einer Attraktion – drei Meter, das ist fast der allerhöchste Punkt von ganz Kiribati. Nur eine einzige Insel, Banaba, besitzt einen 81 Meter hohen Berg. Berg, naja.

Kiribati, das klingt nach Verheißung: Paradies in der Südsee, Atolle mit weißem Strand, grünen Palmen, Hütten am Wasser, mit sangesfreudigen Einwohnern und einer Nahrung aus Kokosnuss, Bananen, Fisch und Taro-Knollen. Robert Louis Stevenson hat hier Station gemacht und ein glückliches Dasein gefunden, die Fliegerpionierin Amelia Earhart hat hier wahrscheinlich ihre letzte Ruhestätte – es ist der Pfad, der abseits vom eh schon abgelegenen Pfad liegt, wie der örtliche Tourismusmanager nicht müde wird zu betonen. Doch vergebens.

Kiribati, der Inselstaat mitten im Pazifik, ist zu trauriger Berühmtheit gelangt als das Land, das womöglich als erstes ein Opfer des Klimawandels wird. Wer sich Kiribati zu Wasser oder aus der Luft nähert, überquert erst ewiges Tiefblau, und noch länger und noch länger, der Flug vom auch nicht gerade zentral gelegenen Fidschi aus dauert lange, und irgendwann wird das Tiefblau etwas heller, türkisfarben, eine riesige Lagune beginnt, und dahinter liegt ein schmaler Streifen aus weißem Korallensand und grünen Palmen. Und schon rauscht von der anderen Seite der Ozean dagegen. Die Landebahn ist am einzigen Ort angelegt, an dem das Land breit genug war – bis vor Kurzem war sie nicht eingezäunt; wenn zu viele Schweine oder wilde Hunde oder spielende Kinder darüber hinwegliefen, musste der Pilot noch einmal durchstarten, hoffen, dass jemand in der Zwischenzeit die Tiere oder Kinder vertrieb und dann sein Glück erneut versuchen. In der Zwischenzeit konnten die Passagiere noch einmal das unendlich weite Blau betrachten, in dem dieses Eiland liegt. Es sind lediglich Streifen, fragiles Land, 33 schmale Atolle verteilt über eine riesige Wasserfläche, so groß wie Indien – sagenhafte drei Millionen Quadratkilometer. Aber nur 810 Quadratkilometer davon sind fester Boden, ober- und unterhalb des Äquators, links und rechts des 180. Längengrades, Inseln zwischen Himmel und See. Auf der Flagge: Wellen, eine aufgehende Sonne, darüber ein Fregattvogel. Und weil Auoieta und ihre Familie nicht fliegen können wie dieser stolze Vogel, ereilt sie womöglich das Unheil, das die Wellen bringen. »Wir haben versucht, das Haus mit Sand zu schützen, aber der hat nicht gehalten«, erzählt sie. »Wir wissen nie, wann die hohe Flut kommt; wenn sie also nachts kommt, dann wachen wir alle auf und rennen davon, wir versuchen, unsere Sachen noch schnell auf das Dach zu bringen, damit das Wasser nicht drankommt.«

Sie haben eigentlich auf einer der so genannten Outer Islands gelebt, so werden alle anderen Inseln außer der Hauptinsel genannt. Aber weil ihre Kinder hier Schulförderung bekommen, ist Aouietas Familie eben hierher gezogen. Und aus den gleichen oder ähnlichen Gründen kamen andere i-Kiribati, so heißen die Bewohner von Kiribati: Hier gibt es mehr Schulen und es gibt Arbeit, bei der Regierung oder im Verkauf von Süßigkeiten, Getränken und Snacks für die Nachbarn. An der breitesten Stelle ist die Insel ein paar hundert Meter breit – kaum kommt man vom Strand der Lagune, überquert die Straße und geht etwas in die angrenzenden Grundstücke hinein, hört man und sieht man schon wieder das Meer – wenig Platz für viele Menschen. Also versuchen sie mit Seawalls, Schutzmauern, dem Meer Land abzugewinnen, und das, was da ist, zu beschützen. Die Mauern werden aus Sand, Autoreifen, Zementsäcken, Korallenteilen – aus allem, was verfügbar ist – zusammengestückelt. An vielen Stellen hat das Meer diese Versuche scheitern lassen. Die hohen Fluten, die Kingtides, werden immer häufiger, sagen die Bewohner. Winde werden stärker. Für das Jahr 2100 prognostiziert der Weltklimarat IPCC einen Anstieg der Meeresspiegel um bis zu 80 Zentimeter, wenn die Temperatur um zwei Grad im Vergleich zu vorindustriellen Werten ansteigt. 80 Zentimeter – für ein Land wie Kiribati, das meist nur zwei Meter über dem Meeresspiegel liegt, ein Schreckensszenario.

Der winzig kleine Staat am anderen Ende der Welt – 14 000 km und 50 Flugstunden von Deutschland entfernt – scheint mitten im Nirgendwo zu sein. Abgelegener geht es kaum, von der physischen Entfernung her und auch was die Entfernung im Kopf angeht für alle, die hier erstmals ankommen. Kiribati ist maximal weit entfernt von westlicher Hektik, von Großstadtgetriebe – und doch befindet es sich mitten im Weltgeschehen, in einer der entscheidendsten Entwicklungen unserer Zeit: »Wir haben immer gedacht, wir wären so isoliert hier, dass wir weit weg wären von allem, was im Rest der Welt geschieht. Aber das stimmt nicht.« Anote Tong war von 2003 bis 2016 Präsident von Kiribati; unermüdlich hat er auf das drohende Schicksal seines Landes aufmerksam gemacht, auf die Dörfer, die verschwinden, die Süßwasserquellen, die versalzen, die Ufer, die erodieren, die Bäume, die absterben. »Beim Klimawandel, dem wir ausgesetzt sind, gibt es keine Grenzen. Ich habe schon oft gesagt, dass Klimawandel nicht auf nationaler Ebene angegangen werden kann, sondern auf globaler, gemeinsamer Ebene. Wir hier sind im Zentrum des Ganzen. Und zwar sind wir deswegen mittendrin, weil wir die Ersten sind, die verschwinden werden.«

Der drahtige Mann mit dem weißen hochstehenden Haar und Schnurrbart ist um die Welt gereist – ja, sagt er, das ist natürlich verdreht, ständig im Flugzeug zu sitzen, um vor dem Klimawandel zu warnen; doch er wollte keinen der entscheidenden Politiker entwischen lassen – wenn er sie treffen konnte, hat er sie getroffen. Doch es hat nicht viel gebracht, sagt er jetzt: »Ich sehe keinerlei Anzeichen, dass sich irgendetwas ändern wird. Ich weiß, dass es heutzutage mehr Momentum gibt als jemals zuvor. Aber nichts davon rührt an die entscheidenden Punkte. Die Menschen, an die wir uns mit diesen Problemen wenden müssen, das sind diejenigen, die es wirklich überhaupt nicht kümmert, was mit anderen Menschen geschieht. Ich bin überzeugt, dass sie alle unsere Argumente sehen und verstehen, aber etwas anderes bestimmt ihr Vorgehen auf viel stärkere Weise: ihre Gier. Ihre unersättliche Suche nach Reichtum, das ist ihr einziger Antrieb, das Einzige, was ihnen vernünftig erscheint.«

Er sitzt in der Abenddämmerung auf der Plattform seiner Kea-Kea – das ist eine kleine Hütte ohne Wände vor dem eigentlichen Haus, wie eine separate Veranda, so ist es hier üblich. Der Endsechziger ist ruhig, er trinkt ein Bier mit dem Besuch, doch eine latente Frustration spricht aus seinen Worten. Sein Blick geht auf den Ozean, auf das satte, unermesslich tiefe und weite Blau, das seine fragile Heimat umgibt. Er weiß, wie gewaltig die Wellen auf einmal emporsteigen können. Und er schaut auf die Schutzmauern seiner Nachbarn, die von den Fluten zerstört wurden.

»Wir sehen hier auf Kiribati, was geschieht. Wir dachten immer, das wäre alles normal, weil wir keine wissenschaftlichen Erkenntnisse dazu hatten. Aber wenn wir jetzt auf die Studien blicken und das, was wir gesehen haben – das passt genau zusammen, sie untermauern sich gegenseitig.«

Wir dachten immer, das wäre normal – die i-Kiribati erleben den Klimawandel in all seinen Ausformungen, oft, ohne sich dessen in Gänze bewusst zu sein. Das erfährt auch Claire Anterea. Sie kämpft im Auftrag der Regierung für sauberes Wasser und Toiletten für alle in Kiribati. Außerdem, und das ist ihre Herzensangelegenheit, kämpft sie beim Kiribati Climate Action Network Kirican gegen den Klimawandel. Dazu reist sie auf verschiedene Atolle ihres Landes: »Mein Volk leidet unter vielen Naturkatastrophen, und darum wollte ich unbedingt etwas tun. Wenn ich in die verschiedenen Dörfer gehe, dann erwähne ich das Wort Klimawandel nicht, ich stelle einfach nur eine simple Frage: Erlebt ihr irgendwelche Veränderungen, seltsame Dinge, die mit eurem Land geschehen? Die Menschen können es nicht benennen, weil sie nichts mit dem wissenschaftlichen Begriff des Klimawandels anfangen können. Aber sie wissen ganz genau, dass es viel Erosion gibt. Manche von ihnen bauen Schutzmauern, aber die helfen nicht.« Was das Meer sich nicht an dieser Stelle holt, nimmt es sich an einer anderen, und da umso stärker. An einigen Orten geht so viel Land verloren, dass die Menschen wegziehen mussten, sie haben ihre Häuser, ihre Heime verloren.

»Lass es mich so sagen,« meint Claire Anterea, »wir sind Zeugen, dass sich auf unseren Inseln viel verändert. Wenn ein Sturm aufzieht und er bringt eine Flut mit, dann ist das Meer höher als unser Land. Es dringt direkt in die Grundstücke unserer Bewohner ein und zerstört ihre Bauten, es zerstört ihr Heim. Das ist der Wandel, den wir erleben.« Ganz ruhig berichtet die Klimaschützerin von diesen verheerenden Veränderungen. Sie sitzt in einer Hütte über dem Wasser, das Meer rauscht ruhig gegen die Holzpfähle, es zeigt sich von seiner sanften Seite. Wer es so erlebt, kann sich die zerstörerische Kraft schwer vorstellen. Aber das kann sich sekündlich ändern.

Claire Anterea ist vor allem wichtig, dass das, was sie und die i-Kiribati erfahren, nicht als Klagen eines dramatisierenden Inselvolks abgetan wird. »Wir wollen nicht übertreiben. Aber für uns, die wir hier auf diesem Land leben, ist der Wandel ganz deutlich. Es ist etwas, das unser Leben heftig beeinflusst.«

Früher hieß es ganz plakativ und vereinfacht: Die Inseln versinken, wenn die Meeresspiegel steigen. Das versinkende Paradies – ein perfektes Bild, um den Klimawandel zu illustrieren, simpel und verständlich. Doch es ist wie so oft etwas komplizierter.

Studien neuseeländischer Wissenschaftler haben die Veränderungen einiger Pazifikinseln untersucht, über einen Zeitraum von 40 Jahren. Dabei stellten sie fest, dass viele der Inseln wachsen, dass zwar Land, also Sand und Kies an einigen Stellen durch Erosion abgetragen werden. Doch an anderen Stellen dehnen sich die Inseln dafür aus, dort wird das Material angespült. Atolle sind demzufolge dynamische Strukturen, nicht statisch, wie oft angenommen, sie können sich also verändern, was die Fläche angeht. Diese Erkenntnisse werden häufig zitiert, um die Geschichte vom untergehenden Atoll zu widerlegen. Kiribati dient so als Paradebeispiel für beide Seiten, für warnende Stimmen wie für Klimawandelleugner.

Das Land ist damit, wie schon öfter, mitten in einen globalen Streit geraten. Im Zweiten Weltkrieg lieferten sich die Japaner, die einige der Inseln aus taktischen Gründen besetzt hatten, und die Amerikaner hier eine der blutigsten Schlachten im Pazifik: Bei der Schlacht von Tarawa starben insgesamt rund 7000 Japaner und Amerikaner, fast 80 Jahre später tauchen immer noch Gebeine, Flugzeugwracks und Munition aus den Fluten des Pazifiks auf. Der Kampf um die Wahrheit im Klimawandel ist weniger blutig, aber nicht weniger elementar. Für die Bewohner von Kiribati geht es ums Überleben.

Atolle sind ring- oder hufeisenförmige Riffe, meist aus Korallen bestehend. Ihre stetige Erneuerung, wie sie die neuseeländischen Studien gefunden haben, kann nur funktionieren, wenn die Riffe gesund sind. Doch viele Riffe sterben ab, die steigenden Wassertemperaturen führen zur Korallenbleiche und die kann die Riffe töten. Und zum Anderen sagt das noch lange nichts über die Bewohnbarkeit der neu gewachsenen Bereiche, über die Möglichkeit, hier zu leben und Nahrung anzubauen. Auf Kiribati selbst zitieren auch einige Bewohner diese Studien und sagen, dass sich in ihrem Leben nichts verändere – solange man nur weiter seine Wasserschutzmauern erneuere. Dafür lassen sie schubkarrenweise Sand und Zement um ihr Grundstück aufschütten.

Anote Tong ist als Präsident und später als Kämpfer gegen den Klimawandel immer wieder mit diesen Studien konfrontiert worden. Unwillig entgegnet er: »Wie erklären sie, was in den abgelegenen Dorfgemeinschaften geschieht, wo Meerwasser in die Süßwasserquelle eingedrungen ist? Es sind doch nur Untersuchungen von Luftaufnahmen. Das alles bezieht nicht die menschliche Dimension der Geschehnisse mit ein, da geht es nur um einen bestimmten Aspekt, Sedimentbewegungen und wasweißich. Aber Menschen bewegen sich nicht mit dem Sediment. Wenn sie sagen, die Inseln wachsen – sind das denn bewohnbare Bereiche? Das ist unrealistisch.« Mag sein, dass Atolle sich erneuern, so das Fazit, dass Teile dort abgetragen und an anderer Stelle erneuert werden, doch das ändert nichts an der Tatsache, dass bald wenig Bewohnbares übrig ist – Menschen leben in einem anderen Tempo als Riffe.

Das Bild der sinkenden Inseln wurde Anote Tong immer wieder vorgehalten, als etwas, das er instrumentalisiert habe. Doch das wird ihm und seinem Tun nicht gerecht. Als er 2012 den Entschluss verkündete, für seine Bevölkerung Land auf Fidschi zu kaufen, begründete er das nicht mit dem Sinken der Inseln, sondern damit, dass Seewasser ins Grundwasser eindringt. Das Grundwasser sei lebenswichtig für Bäume und Ernten. Wenn sich Regen-, Flut- und Sturmmuster verändern, sei das mindestens so bedrohlich wie der Meeresspiegel, der bisher nur wenig angestiegen sei, so Tong. Tatsächlich ist der Landkauf vonstatten gegangen – so soll vor allem die jüngere Generation die Möglichkeit haben, in Würde auszuwandern, und nicht panisch und chaotisch irgendwohin zu fliehen.

Anote Tong und auch Claire Anterea werden nicht müde, den Außenstehenden die Auswirkungen des Klimawandels auf ihre kleinen Atolle zu erklären. Also nochmal für Doofe – so würde Claire Anterea es nie sagen, aber sie lächelt nachsichtig, als sie erzählt: »Andere Menschen leben in höher gelegenen Ländern. Wenn die Menschen an den Küsten vom steigenden Meeresspiegel betroffen sind, dann ziehen sie ins Landesinnere, weil sie dort höher gelegenes Land haben. Aber was sollen wir auf Kiribati tun? Bei uns sind das einzig Hohe die Kokospalmen; die sind 20 Meter hoch. Und wir haben mehr Menschen als Kokospalmen – wie sollen wir überleben?« Das ist natürlich nicht ernst gemeint, aber die Vorstellung, wie sich die Insulaner mitten in den Wogen des tiefblauen Meeres an ein paar Palmen klammern, ist so absurd wie bitter. Es schadet nicht, sich dieses Bild vor Augen zu führen, wenn über das Schicksal der Inseln im Pazifik in hochgelegenen, klimatisierten Konferenzräumen entschieden wird.

Claire Anterea, die Klimakämpferin, ist eine stolze Kiribati-Frau. Schwarzes Haar, offenes freundliches Gesicht, Ohrringe mit dem Wappentier, dem Fregattvogel, eine bunte Bluse, wie hier üblich, bestickt mit dem Namen ihres Liebsten, dazu Wickelrock, hinterm Ohr eine Frangipani-Blüte, die sie unterwegs gefunden hat. Sie hat Kirican mitbegründet, weil das bestehende weltweite Climate Action Network, das Netzwerk der Kämpfer gegen den Klimawandel, bis dahin keine Vertreter aus dem Pazifik hatte.

»Ich will die Stimme meines Volkes sein«, sagt sie mit großer Entschlossenheit und aus tiefstem Herzen, »so lange ich lebe, will ich diese Stimme sein. Ich will laut rufen und andere Länder um Hilfe bitten!« Sie habe Glück, meint sie, weil sie viele wichtige Menschen trifft. Menschen, die eine Veränderung zum Guten einleiten könnten. Könnten. Aber es nicht tun. »Und ich habe diese Menschen getroffen und sie angeschaut – aber sie hören mir nicht zu! Sie hören nicht auf das, was ich zu sagen habe!« Statt auf die Stimme ihres Herzens zu hören, wie Claire es nennt, würden diese Menschen sie kritisieren oder sich über sie lustig machen. Für Claire ist der Grund für dieses herzlose Verhalten klar: »Ihnen geht es zu gut in ihrem Leben. Wenn es ihnen etwas schlechter ginge, wäre ihnen die Dringlichkeit vielleicht klar. Aber jetzt haben sie es sehr bequem. Sie sind reich.«

Ist es so einfach? Reichtum immunisiert gegen den Appell von Menschen in Not? Vielleicht scheinen die Inseln im Pazifik dann auf einmal doch so weit weg, zu weit, als dass wir wirklich das Gefühl hätten, dass es uns etwas anginge. Dabei träumen wir doch von diesen Orten, dem Paradies am anderen Ende der Welt. Wenn wir dann aber da sind, stellen wir fest, dass unser Verhalten diesen pazifischen Garten Eden schon lange in eine Gefahrenzone verwandelt hat.

Das Meer ist allgegenwärtig auf Kiribati, es rauscht, es kommt, es geht, es kommt wieder, die Lagune fällt trocken in der Ebbe, die Hitze drückt und klirrt – klirrt wie Kristalle, Salzkristalle, denn fast nirgendwo auf der Welt ist die Luft so salzig wie hier … Salz überall, Maschinen haben es nicht leicht hier, alles rostet, die Arbeit der wenigen Entsalzungsanlagen ist oft nicht von langer Dauer.

»Unser Land ist sehr zerbrechlich, es ist der vollen Wucht jedes Wetters ausgesetzt«, sagt Claire Anterea, »wenn wir starke Winde haben und die hohen Fluten über unsere Inseln hereinbrechen – dann brauchen wir am dringendsten Wasser.«

Wasser, ausgerechnet – überall um die Atolle herum, ist Wasser. Aber das falsche. Bevor sie ertrinken, verdursten sie womöglich, hieß es einmal über die i-Kiribati. Ihr Wasser ist entweder verschmutzt, denn es gibt kaum Toiletten; Fäkalien dringen in die Bodenschichten ein und finden schließlich ihren Weg in die Brunnen: Durchfallerkrankungen töten hier zahlreiche Menschen, neben vielen anderen Krankheiten, die Lebenserwartung liegt bei rund 60 Jahren. Wenn das Meer in das Land eindringt und in die Brunnen, dann werden die vorhandenen Süßwasserschichten salzig. Und wenn Dürre herrscht, und es nicht genügend Regenwasser gibt, und alle für ihren täglichen Bedarf die »guten« Schichten abtragen, versalzt das Grundwasser weiter.

Das mit der Dürre sei seltsam, sagen die Kleinstbauern. Es gab fast noch nie eine solche Trockenstrecke. Auch das hat Claire auf ihren Reisen durch die Atolle erfahren: Das Land erstreckt sich über eine Fläche so groß wie Indien, es liegt ober- und unterhalb des Äquators, also gibt es auch klimatisch einige Unterschiede. »Im Norden regnet es immer viel mehr als im Rest von Kiribati. Es gibt zwar nur

kleinere Wolken, aber wenn es regnet, dann direkt tage-
lang. Aber im Sommer 2019 sagen sie, dass sie noch nie
eine solche Dürre erlebt haben. Ihre babai, die Gruben, in
denen sie die dicken Taro-Knollen anpflanzen, sind normalerweise immer feucht und sumpfig. Aber jetzt kannst
du mit dem Motorrad da rein fahren, es ist alles hart und
trocken.«

Die Dürre ist das eine. Das Salz sorgt für das andere, erzählt Kaetara. Der Küster einer kleinen Kirche sitzt in der
gegenüberliegenden Dorf-Versammlungshalle und rasiert
sich gemütlich.»Wir machen Zucker aus Kokosnüssen, das
gehört zu unserer Kultur. Aber die Kokosnüsse werden
vom Meerwasser angegriffen, das Kokoswasser wird weniger, früher waren die Nüsse groß, aber sie werden immer
kleiner.« Auch Zwergbananen und Taro-Knollen, ebenfalls wichtiger Teil der Ernährung auf Kiribati, sind davon
betroffen. So war es auch in einem Dorf auf der Insel Abaiang: Das Meerwasser hatte alle Schutzmaßnahmen zerstört und war in die Süßwasserbrunnen eingedrungen, die
Dorfbewohner gaben ihre Heimat schließlich auf und
siedelten woanders neu; Filmaufnahmen zeigen, dass nur
noch die Kirche und die Maneaba, die Versammlungshal-
le, davon zeugen, dass hier einmal eine ganze Dorfgemein-
schaft ihre Heimat hatte. Zurzeit jedoch gestattet die Regierung Journalisten nicht, dieses Dorf zu besuchen. Ver-
sunkene Dörfer? Das sind Bilder, die nicht mehr mit dem
Pazifikstaat verbunden werden sollen. »Denn eigentlich
lässt sich unser Land ja gut als Touristenziel anpreisen, es
ist ein wunderbares Ziel abseits der ausgetretenen Pfade«,
sagt Petero Manufolau von der Tourismusbehörde, »aber
es ist eine Herausforderung, dies den Menschen klarzuma-

chen, die über Jahre hinweg nur gehört haben, dass ›Kiribati‹ und ›Versinken‹ Ein- und Dasselbe sind.«

Der Präsident, der Anote Tong nachgefolgt ist, hält nichts davon, dass seine Bevölkerung sich darauf vorbereitet, die Inseln zu verlassen. In seiner »Kiribati Vision 20«, einer Vision für die kommenden 20 Jahre, sollen die gefährdeten Atolle befestigt und künstlich vergrößert werden; auch großartige Touristen-Resorts sind geplant. Petero Manufolau, der von »KV 20« überzeugt ist, meint: »Tourismus kann die Auswirkungen des Klimawandels auf unser Land bekämpfen!«.

Viele i-Kiribati finden diese Planung lächerlich und aussichtslos. Sie bekämpfen die Auswirkungen des Klimawandels auf ihre Art: »Die Wurzel hält den Boden fest… die Blätter wachsen« … Die Kinder der Taaken Bairiki Grundschule auf Tarawa singen das Lied vom Pflanzen der Mangroven. Mit verschiedenen Handbewegungen zeigen sie dabei, wie sie die Mangrovensetzlinge einpflanzen, wie die Wurzeln der Bäume sich im Boden festhalten, wie die Fische zwischen den Wurzeln durchschwimmen und wie die Baumkrone sich schattenspendend ausbreitet.

Der Schulhof der Grundschule liegt hinter einer hohen Schutzmauer direkt am Ozean. Die Kinder in der ersten Klasse lernen, wie sich ihr Leben verändern wird. Sie unterhalten sich mit ihrer Lehrerin darüber, ob sie bald nach Neuseeland oder Australien oder China auswandern werden. Denn die Fluten werden immer höher. Und woran liegt das, fragt die Lehrerin? »CLIMATE CHANGE!«, Klimawandel, antworten die Kinder lautstark. Das Bildungsministerium von Kiribati hat allen Lehrern Fortbildungsmaßnahmen zu dem Thema verordnet.

Mangroven anzupflanzen, die das Land vor der Erosion schützen, das ist auch für Kinder ein nachvollziehbarer Prozess. An verschiedenen Stellen der Küstenlinie von Tarawa finden sich frische Mangrovenpflanzungen in der Lagune, dreißig, fünfzig Zentimeter hoch. Eines Tages werden sie vielleicht groß genug sein, um mit ihren Wurzeln das wertvolle Land festzuhalten. Manchmal verteilen Hilfsorganisationen auch Zementsäcke an die Dorfgemeinschaften, damit sie ihre Schutzwände verstärken können. Das geht aber nur, wenn Geld da ist. Und der Anblick der zusammengeschusterten, zerfallenden Schutzmauern zeigt sehr deutlich, dass selten Geld da ist. Also bleibt bei hohen Fluten nur das, was Auoieta und ihre Familie tun: Habseligkeiten aufs Dach werfen, um sie vor dem Wasser zu schützen, und dann schnell davonrennen.

»Alle Probleme sind miteinander verbunden und verkettet«, analysiert Pelenise Alofa die Situation. »Aus nur einem Problem wird ein immer größeres für unsere Gemeinschaft. Darum wollen wir bei unserer Bevölkerung nicht nur das Bewusstsein für den Klimawandel schaffen, sondern den Menschen auch helfen, damit umzugehen und sich anzupassen.« Alofa arbeitet mit Claire Anterea zusammen bei Kirican, dem Kiribati Climate Action Network. Unermüdlich macht sie die Welt auf den Kampf ihrer Heimat aufmerksam – in ihrer Heimat wiederum versucht sie, die Widerstandsfähigkeit gegen die Folgen des Klimawandels zu erhöhen.

Was die Menschen dringend benötigen, ist Nahrungssicherheit. Wenn immer mehr Salzwasser in die Brunnen und Böden eindringt, wird die Ernährung der Bevölkerung schwieriger. Darum gibt es schon mehrere Projekte, bei denen Nutzpflanzen hydroponisch gezogen werden, also ohne Erde. Ihre Nährstoffe und Dünger bekommen die Wurzeln nur in flüssiger Form. Bei einem landarmen Eiland wie Tarawa, wo sich 60 000 Menschen auf kleinstem Ort drängeln, ist das ein großer Vorteil.

Und auch auf den anderen Inseln sind die Netzwerker von Kirican aktiv. »Nahrungssicherheit heißt für uns, dass wir unsere traditionellen Früchte ziehen, denn sie halten lange und sind widerstandsfähig, solange es Land gibt«, sagt Pelenise Alofa. Sie hat auf Abaiang und anderen Inseln geholfen, den traditionellen Anbau wieder zu verbreiten: 19 000 Setzlinge, jeder Haushalt musste mindestens fünf Sorten anpflanzen, Kokospalmen, Pandanusbäume, Brotfrucht, Feigen, Taro... Aber auch das ist etwas, das durch den Klimawandel gefährdet ist: Wenn das Land erodiert und das Wasser verschmutzt oder versalzen ist, ist die Ernte in Gefahr.

»Unsere traditionellen Fruchtpflanzen sind unsere Nahrungssicherheit. Damit müssen wir Reis ersetzen! Denn das ist unser größtes Problem auf Kiribati: Wir sind zu sehr abhängig von importierter Nahrung. Weißer Reis, weißes Mehl, weißer Zucker, weißes Salz – und die ganzen anderen Lebensmittel, die sie nach Kiribati bringen.« Nicht nur die Kosten dieser Lebensmittel sind ein Problem, führt Pelenise Alofa aus. Die Änderung des Lebensstils weg von der traditionellen Kost hin zur importierten, westlichen Nahrung hat eine gefährliche Entwicklung ausgelöst: »Wir haben im Pazifik die Bevölkerung mit der höchsten Zahl an nicht-übertragbaren Krankheiten«, sagt Alofa, also Krankheiten, die auf die Lebensweise der Erkrankten zurückzuführen sind, im Falle von Kiribati: »Das falsche

Essen! Diabetes, Bluthochdruck, Herzkrankheiten, das sind große Probleme hier in Kiribati!« Und durch die Verkettung vieler Probleme sieht die engagierte Kämpferin auch keine Besserung in Sicht: »Wir ermuntern die Menschen, zu ihrer traditionellen Nahrung zurückzukehren. Aber durch den Klimawandel können sie nicht einfach losziehen und ihre eigene Nahrung anbauen: Ihr Land ist erodiert, ihr Wasser ist versalzen und so wird es immer schwieriger, die Probleme zu bekämpfen, die auf uns zukommen. Ohne Klimawandel glaube ich, dass wir unsere Ernährung ändern könnten und sagen: So, lasst uns wieder alles selbst anpflanzen. Aber mit dem Klimawandel ist es wie verwünscht – er verdoppelt all unsere Probleme.«

Ohne Klimawandel wäre Pelenise Alofas Vision klar: Kiribati widerstandsfähiger und autarker machen. Wenn es eine dauerhafte Krise gäbe, so Alofas Argumentation, und keine Frachtschiffe mehr kommen könnten, dann wäre die Hauptinsel Tarawa mit ihren 60 000 Einwohnern nicht alleine überlebensfähig, sie hängen bisher am Reis vom Rest der Welt. Weil es auf Tarawa aber auch keinen Platz gibt, um traditionelle Früchte anzubauen, müssen die Outer Islands diesen Part übernehmen: traditionelle Lebensmittel anbauen und nach Tarawa transportieren. »Wir sollten unsere eigenen Kokosnüsse, Brotfrucht, all das verarbeiten, anbauen, massiv anbauen.« Pelenise Alofa redet sich in Fahrt, das Plädoyer für die traditionelle Nahrung ist ihr ein Bedürfnis. Es ist erst halb acht am Morgen auf Tarawa, doch sie muss gleich weg, zu einer Konferenz, wieder einmal den Kampf für Kiribati und gegen den Klimawandel weiterkämpfen. Das Thema Nahrungssicherheit nimmt für sie in diesem Komplex eine Schlüsselrolle ein. »Auf den Outer Islands gibt es viel Land, auf dem bis auf Kokospalmen nichts wächst. Und dort können wir vor allem Brotfrucht anbauen, viel davon, daraus machen wir Mehl und nutzen es anstelle des Weißmehls. Oder Brotfrucht-Chips. Kürbisse sollte es dort auch geben. Oder Taro – all das können wir anstelle von Reis nehmen. So unterstützen wir auch die Kleinbauern auf den Outer Islands! Und sie versorgen Tarawa. Auch mit Bananen! Wir könnten Tarawa von den Outer Islands aus versorgen!«

Könnten. Wenn der Klimawandel keinen Strich durch diese Rechnung machte.

Nahrungssicherheit: Das Leben auf Kiribati zeigt einmal mehr die Zusammenhänge unserer modernen Lebensweise auf und die Entfremdung, die mit ihr einhergeht. Klar, sagt Claire Anterea, es ist viel komfortabler, weißen Reis zu kochen als Brotfrucht zuzubereiten. Das dauert viel länger. Aber: Brotfrucht wächst auf Bäumen hinter ihrer Hütte, oder zumindest auf den Outer Islands ist es so. Um Reis anzupflanzen, braucht es sehr viel Platz – etwas, das es auf Kiribati nicht gibt und nie gab, schon bevor der Klimawandel seine Folgen zeigte.

Von der Hand in den Mund zu leben, das war das Ideal, das wir Europäer mit dem Südseeidyll verbanden: Bananen, Kokosnüsse, Fisch, jederzeit zur Verfügung. Tatsächlich, dort, wo die i-Kiribati den Platz zur Verfügung haben, können sie Kokosnüsse ernten, ihr Wasser trinken, aus dem Fruchtfleisch Kopra herstellen, Zucker produzieren. Fische fangen, grillen und auf einem Bananenblatt mit Taro-Mus servieren. Aber wenn die babai, die Taro-Gruben, versalzen oder austrocknen und die Kokospalmen nur noch kleine oder gar keine Früchte tragen, wird es schwer.

Die Erwärmung der Meere gefährdet die Korallen, und damit auch das marine Leben rund um die Atolle.

Das führt zum nächsten Problem, das ebenfalls Teil der Verkettung von Klimawandel und Nahrungssicherheit ist: Der wichtigste Anteil der traditionellen Nahrung in Kiribati ist Fisch. Gefangen mit dem Speer, mit dem Netz oder, wie es der Fischer Penetito gerade tut, mit dem Ausleger-Kanu und Leinen. In schwarzen Shorts und gestreiftem Polohemd paddelt er auf die Lagune vor Abaiang hinaus. Er fischt für den Lebensunterhalt seiner Familie: »Ich kann die Fische verkaufen und damit alles bezahlen, was wir benötigen, aber vor allem haben wir selbst immer genug Fisch! Es ist ein traditioneller Teil unserer Kultur, eine alte Kunst der Männer. Die Söhne lernen sie von ihren Vätern, mein Vater hat es mir beigebracht, als ich ein Teenager war.«

Sein Kanu ist gelb, der Ausleger rot, das Wasser türkis – regelmäßig taucht das Paddel ein, aus einem Stück Altholz und einem langen Ast zusammengezimmert. Es taucht erst auf der einen Seite in das bunte Panorama aus rot, gelb, türkis ein, dann auf der anderen, eine Seite, andere Seite, eine Seite, andere Seite, regelmäßig und meditativ. Bis Penetito dort angelangt ist, wo er hinwill: dorthin, wo es Muscheln gibt. Sein Shirt legt er ab und eine auf den Oberarm tätowierte Göttin frei, er gleitet ins Wasser und bringt Muscheln vom Boden der Lagune herauf. Zurück auf dem Kanu knackt er sie – eine Schale mit der Schale einer anderen Muschel, wie mit zwei Bierflaschen, deren Kronkorken man abhebt – und hängt sie als Köder an den Haken. Hier oder vor dem Riff fängt er Stachelmakrelen, Schnapper oder Thunfisch, aber die vor allem auf hoher

See. In letzter Zeit gibt es immer weniger Fische für die einheimischen traditionellen Fischer. Denn Kiribati generiert einen Teil seines Einkommens mit der Vergabe von Fischereilizenzen an Länder wie Korea oder Japan. Und so räumen zwischen den Atollen schwimmende Fischfabriken die Meere leer.

Trotzdem würde es Penetito schwerfallen, dieses Leben aufzugeben. »Ein Leben ohne Fischen? Ich bin hier aufgewachsen, Fischen ist ein Teil der Kultur von Kiribati«, sagt er. Immer wieder diskutieren die Bewohner die Frage, ob sie demnächst auswandern müssen, oder erst ihre Kinder. Wie lange können sie auf den Inseln noch durchhalten, bis das Wasser, die Fische, das Land ausgehen? »Wenn wir Kiribati verlassen müssen, dann hat mein Leben keine Bedeutung mehr, wenn ich nicht fischen kann. Jetzt ist noch jeder Tag voller Hoffnung, so ist das Leben in Kiribati. Aber wenn wir weggehen müssen, dann ist mein Leben ohne Hoffnung und Sinn.«

So ist das Leben in Kiribati – jeder Tag beinhaltet neue Hoffnung, das ist die Auffassung der Menschen hier. Und Claire Anterea schwärmt von dem allgegenwärtigen Geist des Teilens – allgegenwärtig zumindest noch in ihrer Kindheit. Jetzt ändert sich das alles, sagt sie: »Mein Vater ist Fischer. Wenn er seine andere Arbeit erledigt hatte, fuhr er hinaus und fing Hunderte von Fischen. Und dann hat er sie mit den anderen Dorfbewohnern geteilt und etwas für heute und etwas für morgen übrigbehalten und dann ist er wieder fischen gegangen.« Jetzt kämen die Leute vom Fischen und verkauften ihren Ertrag. Ein geldorientiertes westliches Denken mache sich breit. Und das führt dazu, dass die meisten Menschen nur noch Fisch essen können, wenn sie Geld haben, um ihn zu kaufen. »Also essen wir Konserven, das ist billiger.«

Dosenfleisch und Weizenmehl, Reis und weißen Zucker, all das bringen die Transportschiffe nach Kiribati. Die i-Kiribati importieren westliche Ernährung, sehen Fettleibigkeit zunehmen – und wir bedauern es, wenn unsere Südseeträume nicht mehr zutreffen. Das, wovon wir träumen, zerstören wir selbst.

In einer Schule auf Abaiang wird die Abschlussklasse verabschiedet. Knapp hundert Schüler brechen in ein neues Leben auf – wohin ihre Zukunft sie bringen wird, ist ungewiss. Die unteren Klassen singen ihnen ein Abschiedslied: »*The end is the beginning of everything, the World is very wide, we better start it now, moving on, moving on…*« – »Das Ende ist der Beginn von allem, die Welt ist sehr groß, wir beginnen jetzt besser damit weiterzugehen«, so lautet der Text, und: »Es ist nur der Beginn des Auszuges.«

Gilt das für ganz Kiribati?

Was Anote Tong, der frühere Präsident, forderte und förderte, war die »Migration in Würde«, so nannte er es. Darum die frühzeitigen Bitten um Hilfe, der Landkauf auf Fidschi, die öffentlichen Appelle an die Welt und an sein Land, damit das Bewusstsein für die Bedrohung durch den Klimawandel wächst. Seit sein Nachfolger Taneti Maamau im Amt ist, setzt er alles daran, die Idee von der »Migration in Würde« zu stoppen. Momentan äußert er sich nicht gegenüber Journalisten, vor allem nicht zum Thema Klimawandel. In einem Video bewirbt er aber sein Programm des Bleibens und Anpassens: »Wir haben eine Vision für die nächsten 20 Jahre, KV 20. Tourismus und Fischerei sind darin unsere wichtigsten Sektoren, deren Entwicklung wir vorantreiben wollen, um unserer Bevölkerung eine bessere Welt zu bescheren. Doch dafür benötigen wir Hilfe von Partnern.«

Bisher waren diese Partner vor allem die pazifischen Nachbarn wie Australien und Neuseeland, die viel in Infrastruktur investieren. Auch Taiwan half – doch im vergangenen September hat Kiribati offiziell Taiwans Existenzberechtigung aberkannt und sich China zugewandt. China möchte auch hier wie in vielen anderen Pazifikstaaten mit umfangreichen Investitionen seinen Einfluss vergrößern. Es will auch bei KV 20 einsteigen; Kiribati Vision 20 zeichnet eine große Zukunft für das Land, mit künstlich verstärkten Inseln, Luxusressorts und der Möglichkeit für alle Bürger, hier zu bleiben. Das Werbevideo zeigt glückliche Bewohner, die Sätze sagen wie diese: »Ich finde es wunderbar, dass unser Präsident diese Vision hat. Ich bin dankbar dafür, dass er Kiribati in ein Dubai oder ein Singapur verwandeln will.«

Außerhalb der Werbung jedoch lachen die Menschen über diese Vision, kaum jemand nimmt sie ernst. Anote Tong schimpft über die Aktion: »Das ist das Dümmste überhaupt! Eine Sache des Überlebens politisch einzusetzen!« Natürlich müsse man die Widerstandsfähigkeit des Inselstaates stärken, aber zu behaupten, niemand müsse ihn verlassen: »Das ist doch schlimmste Dummheit! Das können sie auch nicht so sagen, denn die Menschen müssen immer die Wahl haben zu gehen, wenn sie wollen. Und die Regierung muss den notwendigen Prozess dafür einleiten.«

All das erzähle der Präsident nur, um wiedergewählt zu werden – was ihm im Juni 2020 auch gelungen ist. Aber die Wirklichkeit sei düsterer – die Dinge würden nun mal nicht besser, alles andere sei unrealistisch. »Es ist eine schlimme, schreckliche Lage. Wir werden in Zukunft nicht mehr all das haben, was wir gerne hätten. Also triff deine Wahl. Nimm die am wenigsten schlechte Option.«

Klar ist Anote Tong Politiker, aber er ist auch i-Kiribati, ein Sohn seines Landes. Und für ihn ist Kiribati vor allem Zusammensein. Wenn er auf dem geflochtenen Boden der Kea-Kea mit Blick auf den Ozean sitzt, dann hört er im großen Haus hinter sich seine Frau, seine Kinder, seine zwanzig Enkelkinder. »Ich war auf der anderen Seite der Welt, in den Vereinigten Staaten, und ich habe gesagt: In euren Filmen sehe ich, wie Menschen nach Hause kommen in diese riesigen Appartements, und niemand ist da, außer ihrer Katze. Bei uns lebt niemand alleine, wir leben immer zusammen. Denn ohne die anderen Menschen existiert die Welt nicht.«

Nicht nur für ihn. Für die meisten der 110 000 Einwohner von Kiribati ist die Gemeinschaft, das Zusammensein und die Familie das Wichtigste. Familie kann hier auch mehr beinhalten als im Westen üblich: Wenn Kinder von den Outer Islands zu einer anderen Insel müssen, weil es auf ihrer eigenen keine weiterführende Schule gibt, dann werden sie oft einfach adoptiert und in eine neue Familie aufgenommen. Und alle sorgen füreinander. Claire Anterea erinnert sich, als sie als Ordensschwester nach Australien ging: »Da arbeitete ich mit alten Menschen, die in einem Heim lebten, und bekam einen Schock – denn das gibt es bei uns nicht: einen Ort, an dem wir unsere alten Menschen aufheben. Sie werden mit uns alt, wir altern und wachsen alle zusammen. Und die Alten werden mit uns alt und wir sorgen für sie. Darin sind wir anders als der Rest der Welt. Darauf bin ich stolz. Als i-Kiribati.«

Wenn die Folgen des Klimawandels sich zu stark auf das Land und das Wasser von Kiribati auswirken, wenn es dazu kommt, dass ihre Inseln unbewohnbar werden, dann will Claire Anterea gemeinsam mit ihren Liebsten auswandern, ob nach Neuseeland oder Australien oder wohin auch immer. Nicht nur mit ihrer Familie, sondern zusammen mit ihrem ganzen Dorf. »Und nicht nur mit meinem ganzen Dorf, sondern mit dem ganzen Land. Wir sind nur ein wenig mehr als hunderttausend Menschen, wir passen in eines dieser großen Stadien, die es in vielen Ländern gibt, ich habe da riesige Stadien gesehen! Nein, kleiner Scherz – aber es wäre eigentlich mein Traum: dass wir gemeinsam auswandern. Denn wir sind Gemeinschaftsmenschen, *togetherness people*. Wir wollen zusammen sein.«

Obwohl Kiribati eine Inselnation ist, weit weg im Pazifik, sind die Bewohner gerade durch diese Togetherness-Idee, durch die Grundstruktur ihrer Gesellschaft sehr sensibel für den Zustand der Welt außerhalb ihrer eigenen Nation. *No man is an island,* kein Mensch ist eine Insel – das haben die Insulaner als erste verstanden. Verstehen müssen. Und wir anderen? Wie Claire Anterea meinte: Zuviel Wohlstand macht die Menschen stumpf für das Leiden anderer. Wer es bequem hat, den kümmert es nicht, wenn andere sich abstrampeln, um zu überleben. Erst wenn auch der Rest der Menschheit schmerzhaft erfährt, was andere durchmachen, werden alle gemeinsam gegen die Ursachen des Übels kämpfen.

Lena Bodewein, geboren 1974 im rheinischen Jülich, ist Hörfunkjournalistin. Für die ARD war sie bereits als Korrespondentin in New York, arbeitete als Kulturredakteurin bei NDR Info und seit 2016 berichtet sie für die ARD aus dem riesigen Gebiet Südostasiens und Ozeaniens, von Myanmar bis in den Pazifik.

Mit ihrem Mann Holger Senzel teilt sie sich nicht nur die Stelle, sondern produziert auch einen gemeinsamen Podcast, der für den Deutschen Radiopreis nominiert war.

Fünf ermordete Frauen, deren Tod
niemand interessiert, ein unentdeckter
Mörder, der Berühmtheit erlangte

Hallie Rubenhold
The Five. Das Leben der Frauen, die von
Jack the Ripper ermordet wurden

Aus dem Englischen von Susanne Höbel
424 Seiten. Hardcover mit Schutzumschlag
24,– € [D] / 24,70 € [A]

ISBN 978-3-312-01186-5

»Wenn Sie diese Fotografien sehen,
dann sind das viel mehr als nur schöne
Bilder oder Geschichten. Es ist mein Leben.«

**Sebastião Salgado mit Isabelle Francq
Mein Land, unsere Erde**

Aus dem Französischen von Sina de Malafosse
192 Seiten. Hardcover mit Schutzumschlag
Mit 16 s/w-Fotografien
€ 22,– [D] / 22,70 [A]

ISBN 978-3-312- 01152-0